*Como Confúcio pediria
um aumento de salário?*

Carol Orsborn

Como Confúcio pediria um aumento de salário?

Cem Soluções Inspiradoras para Problemas Profissionais Difíceis

Tradução
EIDI BALTRUSIS C. GOMES

EDITORA CULTRIX
São Paulo

Título do original:
How Would Confucius Ask for a Raise?

Copyright © 1994 Carol Orsborn.

Publicado originalmente por William Morrow & Co., Nova York, NY.

Publicado mediante acordo com Linda Michaels Ltd., International Literary Agents.

Todos os direitos reservados. Nenhuma parte deste livro pode ser reproduzida ou usada de qualquer forma ou por qualquer meio, eletrônico ou mecânico, inclusive fotocópias, gravações ou sistema de armazenamento em banco de dados, sem permissão por escrito, exceto nos casos de trechos curtos citados em resenhas críticas ou artigos de revistas.

O primeiro número à esquerda indica a edição, ou reedição, desta obra. A primeira dezena à direita indica o ano em que esta edição, ou reedição, foi publicada.

Edição	Ano
1-2-3-4-5-6-7-8-9-10	00-01-02-03-04-05

Direitos de tradução para a língua portuguesa
adquiridos com exclusividade pela
EDITORA CULTRIX LTDA.
Rua Dr. Mário Vicente, 374 — 04270-000 — São Paulo, SP
Fone: 272-1399 — Fax: 272-4770
E-mail: pensamento@cultrix.com.br
http://www.pensamento-cultrix.com.br
que se reserva a propriedade literária desta tradução.

Impresso em nossas oficinas gráficas.

Para o meu parceiro nos negócios e na vida, Dan Orsborn,
por me proporcionar a dádiva de Nashville

O poder das forças espirituais no Universo — como ele é ativo em toda parte! Invisível aos olhos e imperceptível aos sentidos, ele está dentro de todas as coisas e nada pode escapar à sua ação.

— Confúcio

Sumário

Agradecimentos 11

Nota da Autora 12

Prefácio 13

Introdução 21

    Os Princípios da Excelência Interior 31

    Liderança Segundo o Novo Paradigma 36

PARTE UM: O *I CHING*: UM RESUMO EXECUTIVO 37

Dez Grandes Conceitos 41

PARTE DOIS: CEM PROBLEMAS PROFISSIONAIS DIFÍCEIS 59

  1. A Administração de sua Carreira 63

  2. Visão e Objetivos 87

  3. Como Lidar com Subordinados e Colegas 103

  4. Liderança Formada pela Vida 123

  5. Quando é Necessário Assumir Riscos 135

  6. Fracasso e Crise 147

  7. Honestidade 165

  8. Em Busca da Grandeza 179

  9. Equilíbrio e Produtividade 191

10. Paz Interior e Prática Espiritual 205

Índice de Invocações 229

Escreva a sua Própria Oração Formada pela Vida 230

Declaração dos Direitos do Ser Humano Suficientemente Bom 232

Diálogo com seu Eu Superior 232

Tome de Volta suas Projeções 233

Sete Passos para a Excelência Interior 233

Bibliografia Comentada 235

Dê o Próximo Passo 240

Agradecimentos

Aquele que caminha na verdade e é devoto em seus pensamentos, e que venera os homens dignos, é abençoado pelo céu.

— *Confúcio*

À minha agente, Patti Breitman
Ao meu editor, Adrian Zackheim
Aos meus filhos, Jody e Grant Orsborn
Aos meus pais, Lloyd e Mae Matzkin
Aos meus amigos em Marin County, San Francisco e Nashville
Aos meus professores e colegas da Faculdade de Teologia da Vanderbilt University

Vocês têm a minha mais profunda gratidão e reconhecimento.

Nota da Autora

Clientes do The Orsborn Group Public Relations, Inc. e membros da Sociedade para a Excelência Interior contribuíram com relatos de casos e anedotas, ilustrando os princípios dos quais fala este livro. Nos casos em que tal coisa me foi solicitada, respeitei o desejo de anonimato, mudando os nomes de pessoas e empresas e apresentando detalhes fictícios.

Prefácio

No dia em que dei a resposta ao centésimo problema profissional difícil abordado neste livro, vi-me perdida numa rodovia num ponto qualquer próximo à cidade onde vivo, Nashville, em meio à mais forte tempestade — com raios e trovões se abatendo sobre a terra — que já tinha visto. Com meu carro lotado de pessoas, a responsabilidade de permanecer calma e enfrentar o tempo violento era enorme. Embora eu me sentisse ansiosa para parar de dirigir, esconder a cabeça entre as mãos e soluçar aterrorizada, eu não dispunha dessa opção. Em vez disso, lutei para manter meu automóvel — sem mencionar minha respiração — sob controle. Apesar dos vidros subitamente embaçados e da sinalização invisível por trás da cortina de chuva, de alguma forma consegui manobrar meu pequeno *Saturn* branco que, através do campo elétrico que cortava o céu e caía sobre a terra, milagrosamente conduziu-me de volta na direção de minha nova casa.

Somente muito mais tarde, já deitada em minha cama, foi que me lembrei que um ano antes, na época em que estava para começar a escrever este livro, tive um presságio a respeito desse dia — um presságio que indicava os desafios espirituais que eu iria enfrentar no decurso deste trabalho. Lembrei-me em especial de quatro pequenas palavras:

Oh, oh!

Ha, ha!

Quando pensei nas palavras do presságio, os receios que havia levado comigo para a cama — não apenas desse dia de relâmpagos e trovões, mas de um ano de dificuldades — dissolveram-se em gargalhadas de alívio. Repentinamente, compreendi que de alguma forma havia conseguido encontrar meu caminho através de mais um ciclo de desafios, como tinha feito tantas vezes na vida desde que encontrara meu mestre espiritual.

Recordei tão vividamente as palavras do presságio porque elas me vieram no mesmo dia em que pedi ao meu mestre que me orientasse quanto à conveniência de escrever o livro que agora você tem nas mãos. Quando o abordei com toda a sinceridade, inquirindo-o a respeito do assunto, senti somente a mais profunda gratidão por ter um mestre que estava sempre disponível e era capaz de me guiar através dos desafios diários que surgiam em minha vida. Por muitos anos esperei que esse mestre aparecesse. Fiz inúmeros cursos, participei de seminários, sentei-me aos pés de muitos gurus, esperando que um ou outro me atraísse para si e cuidasse de mim para sempre. Embora cada um deles tenha contribuído com lições valiosas, verdades que continuam a me beneficiar a cada dia, de alguma forma sempre me vi de volta à margem da estrada.

Durante décadas, em minha busca, encontrei conforto num livro bastante manuseado, de capa amarela, que eu conservava ao lado da cama. Todas as vezes que consultava o livro, conseguia compreender melhor a situação com a qual me defrontava, o papel que desempenhava e do melhor curso de ação a seguir no meu caminho espiritual.

O livro era o *I Ching* ou *Book of Changes**, traduzido por Richard Wilhelm, um guia de vida com três mil anos de idade, que me fora emprestado por uma colega de quarto quando tive mononucleose durante o meu primeiro ano na faculdade. Como aluna da Universidade da Califórnia-Berkeley, eu tinha me sentido oprimida pela turbulência social e política ocorrida no inverno de 1969 e tinha buscado refúgio temporário no campus Santa Cruz da Universidade da Califórnia. Porém, em vez de encontrar refúgio, fiquei doente, confinada ao dormitório do campus e sentindo-me cada vez mais só e isolada.

A enfermidade veio num momento em que eu sentia que o mundo da minha infância — e naqueles tempos turbulentos parecia às vezes que o próprio universo — estava se desintegrando. Eu me encontrava a vários anos e a milhares de quilômetros do conforto e da tradição da minha educação judaica em Chicago, sem querer admitir a derrota, o que aconteceria se eu telefonasse para casa pedindo ajuda. Evidentemente, aquela doença tinha me lançado de cabeça na crise de iniciação à vida adulta que desabrochava em mim.

Enquanto permanecia ali deitada, muitas das questões cruciais que iriam iniciar e impulsionar minha busca espiritual nas décadas seguintes tomaram forma em meu cérebro febril. Por exemplo, eu havia escrito uma carta para o editor do *Chicago Daily News*, um jornalista que tinha sido meu orientador durante o estágio de verão que eu fizera como repórter naquele jornal. Na carta, eu lhe havia solicitado um emprego permanente no jornal. Mas a resposta que ele me mandou me deixou preocupada. Embora meu orientador preferisse que eu me formasse antes, ele me aceitaria naquele momento se eu realmente achasse que aquela era a coisa correta a fazer.

Devia eu deixar a escola e assumir o emprego? Diante das necessidades prementes do mundo e da sociedade, o tempo que eu passava na faculdade estudando o passado e desenvolvendo minha capacidade de raciocínio não seria simplesmente uma espécie de masturbação intelectual? Seria a minha doença um castigo para essa transgressão? Como eu poderia ajudar a tornar este mundo melhor? Como poderia satisfazer o anseio que sentia em cada fibra do meu ser de um relacionamento com o universo que desse sentido à minha vida?

---

* *I Ching. O Livro das Mutações*, publicado pela Editora Pensamento, São Paulo, 1983.

O livro de capa amarela pareceu acenar para mim. Eu o abri ao acaso e comecei a ler.

Logo vi que, há mais de três mil anos, aqueles que queriam se transformar em grandes líderes também se debatiam com a questão de como dar ao mundo a melhor contribuição possível. Enriquecida pelas histórias dos meus predecessores mais antigos, minha dúvida sobre continuar ou não na faculdade aprofundou-se, transformando-se em caso particular de um dilema filosófico, que desafiou aqueles que vieram antes de mim durante pelo menos três mil anos: Qual é o melhor caminho? Lançar-se no mundo com a esperança de mudá-lo — ou afastar-se do campo de batalha da vida diária para desenvolver o próprio caráter?

Eu engoli avidamente as histórias de líderes que reuniam suas forças e marchavam para a batalha com o intuito de lutar por uma causa na qual acreditavam profundamente. Eles nem sempre venciam. Às vezes, eram traços de caráter que os derrotavam — a arrogância ou a impaciência. Às vezes, a derrota era causada pelo destino imutável. Às vezes, eles decidiam que o curso mais sábio de ação era simplesmente não lutar, ou então identificar o momento perfeito de recuar. Eles se recuperavam para depois tentar novamente — ou transcendiam a corrente da vida de todos os dias para aperfeiçoar-se e desenvolver-se mais.

Enquanto isso, as estações mudavam. A natureza continha a chuva ou a derramava para nutrir o solo. Raposas afogavam-se em rios transbordantes. Cavalos brancos surgiam como se tivessem asas. Pássaros desciam para os seus ninhos.

No início, eu passava ao acaso pelas imagens vívidas, sentindo-me às vezes desencorajada por uma terminologia que ofendia a minha sensibilidade feminista contemporânea; com freqüência, não tinha a mais vaga idéia do que a linguagem poética e as frases enigmáticas encontradas naquelas leituras significavam no contexto da minha vida. No entanto, estava fascinada por tudo aquilo. Aos poucos, percebi que o *I Ching* estava atuando no campo onde as respostas para as minhas perguntas mais importantes seriam encontradas.

Em pouco tempo, senti a tentação de me levantar da cama e lançar as três moedas chinesas no chão do quarto; surpreendentemente, as combinações aparentemente fortuitas formadas pelas faces das moedas ao cair me conduziam com grande precisão a passagens adequadas do livro, cuja leitura e contemplação se mostravam úteis.

À medida que as imagens do livro começaram a fazer mais sentido para mim, percebi que as orientações que eu estava recebendo diariamente eram, em geral, tão desafiadoras quanto confortadoras. Recusando-se a fornecer respostas simplistas, como "sim" ou "não", o *I Ching* continuamente me devolvia as indagações, forçando-me a percorrer um caminho espiritual que seria unicamente meu.

Por exemplo, quando perguntei pela primeira vez se a minha vontade de continuar na faculdade — desenvolvendo-me interiormente em vez de sair para assumir um papel ativo no mundo — era fruto do egoísmo, foi-me dada a imagem de um homem que tentava caçar numa floresta estranha sem o auxílio de um guia. O *I Ching* explicava: "Ele se perderá. Quando estiver em dificuldades, ele não deve tentar sair delas impensadamente e sem orientação. O destino não pode ser enganado; um esforço prematuro, sem a necessária orientação, termina em derrota e desgraça."

Quando li essa passagem pela primeira vez, senti um calafrio de reconhecimento ao me ver como o caçador perdido na floresta. Sem um apoio adequado, meu desejo de abandonar a faculdade naquele ponto, na esperança de contribuir mais para o mundo, representava simplesmente uma fantasia escapista. A verdade era que eu não estava nem mesmo lidando direito com os desafios que já estavam nas minhas mãos. Tentar realizar algo grande naquele momento seria prematuro e levaria à derrota.

Eu deveria continuar na faculdade? Joguei as moedas novamente — e obtive exatamente a mesma leitura. Quais são as probabilidades de isso acontecer duas vezes seguidas? Por brincadeira, querendo testar a resposta, joguei as moedas outra vez — e novamente obtive a mesma combinação de caras e coroas.

Quando as joguei pela quarta vez, fui conduzida a uma nova leitura. Esta me repreendia por minha obtusidade, informando-me que: "Se a desconfiança ou a falta de inteligência a fazem persistir na pergunta, isso servirá apenas para aborrecer o instrutor. Ele fará bem em ignorá-la por meio do silêncio, assim como o oráculo dá somente uma resposta e se recusa a ser tentado por perguntas que implicam em dúvida."

Nas vezes seguintes em que joguei as moedas, as respostas foram completamente ininteligíveis para mim.

Finalmente, arrependida, aceitei o comentário do *I Ching* sobre o assunto examinado: "Uma certa medida de autocontrole, obtido por meio de uma disciplina estrita, é uma coisa boa."

Finalmente, captei a mensagem. Em resposta à oferta de trabalho no jornal, escrevi ao meu orientador e lhe contei que eu tinha decidido ficar na faculdade até me formar.

Primeiro, tinha havido o choque de olhar para mim mesma: tive de admitir minha arrogância juvenil. Oh, oh. Depois, veio o alívio de ter sido libertada da ilusão, de poder permanecer num caminho que, por mais que me parecesse confuso naquele momento, constituía, na verdade, o modo mais rápido e mais eficiente de realizar o meu destino. Ha, ha!

Foi assim que começou o diálogo constante que me levou a explorar e a descobrir novas e fascinantes facetas da minha vida. Quando, por exemplo, eu finalmente terminei meu curso, ansiosa para salvar o mundo, mas em vez disso me contentei com um primeiro emprego como sub-redatora do *San Francisco Chronicle*, o *I Ching* misericordiosamente diminuiu o ritmo de minha incansável ambição, ensinando-me que: "tudo o que é durável só pode ser criado aos poucos, por intermédio de um trabalho prolongado e cuidadosa reflexão."

Enquanto meu caminho profissional aparentemente continuava a se afastar cada vez mais dos meus impulsos idealistas — fundei uma agência de relações públicas que chegou a representar desde empresas que fabricavam salame até seguradoras —, o *I Ching* pacientemente permaneceu comigo, mostrando-me como me relacionar com o meu ambiente de trabalho, que representava o campo do meu crescimento espiritual.

Quando o sucesso que alcancei depois, ao dirigir a agência, ameaçou controlar a minha vida, o *I Ching* delicadamente me lembrou dos perigos do entusiasmo ilusório, guiando-me de volta ao equilíbrio e colocando as coisas dentro de uma perspectiva correta.

No decorrer de todos esses anos eu havia esperado e rezado para encontrar um mestre que me ajudasse a estabelecer um relacionamento com o universo que desse sentido à minha vida. Em várias ocasiões, eu suspeitei que esse mestre estava se apresentando a mim sob a forma de uma mulher idosa e sábia que usava um manto de um terapeuta jovem e inteligente ou de um palestrante evoluído, que vestia terno. O *I Ching* aconselhava paciência e persistência.

Recentemente, quando ficou claro que tinha chegado o momento de eu deixar o conforto do meu papel como mulher de negócios para abraçar uma nova missão como escritora e palestrante, meu desejo de que um mestre se manifestasse e se apresentasse a mim atingiu sua intensidade máxima. Eu não seria capaz de fazer aquilo sozinha. Como sempre, voltei-me para meu velho amigo, o *I Ching*, e lhe perguntei como e quando iria conhecer o meu mestre. Entretanto, antes mesmo que as moedas deixassem a minha mão, reconheci a ironia do momento.

Oh, oh.

Ha, ha.

Evidentemente — o livro era o próprio mestre que eu havia buscado durante tantos anos. Ele tinha estado bem ali, ao meu lado, o tempo todo, a cada dia da minha vida adulta. Não apenas isso, mas, guiada pelo *I Ching* todos esses anos, eu estava agora preparada para partilhar a sabedoria que tinha adquirido durante nossas numerosas sessões e escrever um livro voltado para homens e mulheres de negócios.

E foi assim que, um ano atrás, sentei-me para uma sessão muito séria com o *I Ching*, pedindo-lhe seu veredicto sobre a minha intenção de apresentar, neste livro, a interpretação que eu dava a ele, *I Ching*. Eis o que ele me disse:

O choque traz o sucesso.
O choque acontece — oh, oh!
Palavras engraçadas — ha, ha!
O choque aterroriza a uma distância de 150 quilômetros,
Mas ele não deixa cair a colher e o cálice sacrificial.

O comentário explicava:

Quando um homem aprendeu no íntimo do seu coração o que o medo e o tremor significam, ele está protegido de todos os terrores produzidos por influências externas. O trovão poderá ribombar e espalhar terror numa área de 150 quilômetros ao seu redor; ele permanecerá tão sóbrio e reverente em espírito que o rito sacrificial não será interrompido. Este é o espírito que deve animar os líderes e governantes dos homens — uma seriedade interior profunda da qual todos os terrores externos desviam os olhos sem causar dano.

Senti-me estimulada pelo desafio que o *I Ching* me propunha — escrever um livro com a energia da criatividade irrompendo dos céus sob forma de relâmpagos e trovões, envolver-me nesse processo, conservando ao mesmo tempo uma profunda seriedade interior da qual todos os terrores externos iriam desviar os olhos sem causar danos.

No fim das contas, o período de tempo necessário para escrever este livro coincidiu com a época mais tumultuada da minha vida até agora — um período que fez com que minhas febris deliberações a respeito de continuar ou não na faculdade várias décadas atrás se afigurassem relativamente suaves.

Durante vários anos, principalmente devido à fé e ao apoio que recebi do meu marido e sócio, Dan, fui capaz de me dedicar intensamente ao meu trabalho de escrever e ensinar. Negócios e espiritualidade fundiram-se num único todo — o conflito interior entre minha ambição e meu espírito, iniciado durante meus anos de faculdade, resolveu-se por fim. Nessas condições, uma pessoa pode ter a esperança de viver feliz para sempre.

Contudo, logo depois de ter assinado o contrato para escrever este livro, o meu terceiro, Dan sentiu-se inspirado para tentar realizar o seu sonho, que também era o de encontrar um meio de integrar as esferas separadas de *sua* vida num único todo; no caso dele, essas esferas eram os negócios e a música *country*. Em resumo, ele propôs que nossa família se mudasse da casa que tinha sido o nosso lar durante várias décadas, em Marin County, na Califórnia, para Nashville, no Tennessee.

Será que eu iria corresponder ao desafio, encontrando dentro de mim a força para apoiar o impulso da integração de Dan, como ele havia me apoiado? Encontraria uma maneira de dar aos nossos filhos o apoio que eles iriam precisar para passar pela transição sem perder o eixo, adaptando-se bem à nova escola e ao novo ambiente? Eu seria capaz de não perder a cabeça durante aquele processo, não apenas para cuidar da parte logística da mudança

— mas simultaneamente para escrever este livro? Como o *I Ching* havia me alertado, para segurar firme a colher sacrificial diante do choque assustador eu teria não somente de renunciar à vida confortável de Mill Valley, impondo-me uma disciplina quase sobre-humana para encontrar o tempo e a energia necessários à elaboração deste livro, mas também teria de fazer o maior sacrifício de todos: ver a velha idéia que eu fazia de mim mesma como uma mulher amorosa e protetora — uma mulher de fé — seriamente posta em questão, e repetidas vezes, durante esse ano de transição.

Não pude resistir à idéia de descobrir o que iria acontecer. Assim, enquanto escrevi este livro, me envolvi no desgastante processo de deixar para trás nossa casa de Mill Valley e fazer vida nova em Nashville.

Como parte desse processo, passamos as rédeas do nosso escritório em San Francisco aos nossos funcionários mais antigos, sabendo que teríamos de desistir do gerenciamento diário e nos render ao processo de transformação à medida que a empresa passasse por uma reconfiguração — às vezes dolorosa — para se adequar à nossa nova realidade. Dan partiu para Nashville, com a incumbência de estabelecer os fundamentos da nossa nova vida; eu, por outro lado, depois de vender a casa, procurei manter uma certa aparência de normalidade em Mill Valley, passando a morar e a escrever num quarto de motel enquanto nossos filhos terminavam o ano escolar.

Finalmente, nós nos reunimos a Dan em Nashville, onde estou agora — rodeada de caixas sem abrir e de tinta fresca — digitando estas palavras.

Encontro inspiração numa história que Richard Wilhelm contou no prefácio de 1923 do *I Ching*. Durante a Primeira Guerra Mundial, um grupo de estudiosos chineses instalou-se num acampamento nos arredores da cidade de Tsingtao, naquela época fortemente sitiada. Wilhelm, responsável pela Cruz Vermelha chinesa, usava suas horas livres para prosseguir em seus estudos da sabedoria chinesa. Ele relatou: "Mais feliz que todos, entretanto, era um velho chinês, tão absorto em seus livros sagrados que nem mesmo uma granada caindo a seu lado pôde perturbar a sua calma. Ele estendeu a mão para pegá-la — ela não explodira — e depois recolheu-a; observando que a granada estava muito quente, voltou incontinenti aos seus livros."

Após a difícil jornada através das ondas de choque causadas pelos relâmpagos e trovões, mantendo-me firmemente ancorada ao meu centro de fé, contra todas as probabilidades, o meu último dia de trabalho neste livro representou uma conclusão apropriada para o que esse período de tempo significou para mim.

O que aprendi?

Resumo-o em quatro pequenas palavras.

Oh, oh!

Ha, ha!

— Carol Orsborn
Nashville, Tennessee

Introdução

Nas palavras e ações do passado esconde-se um tesouro que os homens podem usar para fortalecer e elevar o próprio caráter. O estudo do passado não deve limitar-se ao mero conhecimento da história; pela aplicação desse conhecimento, é preciso dar atualidade ao passado.

— I Ching

Os homens de negócios de hoje têm, como nunca antes, acesso a princípios espirituais de épocas e culturas que há pouco tempo atrás seriam reverenciados como "conhecimentos secretos". No decorrer da história, esse conhecimento secreto foi usado em assuntos importantes — para lutar e vencer guerras, construir dinastias financeiras e políticas, acumular poder e riqueza e, algumas vezes, até mesmo para obter o prêmio mais elevado de todos: a paz interior.

Embora a gente possa entrar em qualquer livraria esotérica do país e comprar livros que tratam da sabedoria desses escritos sagrados, percebemos que uma coisa é ter acesso a esses princípios — outra completamente diferente é aplicá-los à nossa vida profissional.

Felizmente, um número cada vez maior de homens e de mulheres de negócios no mundo inteiro estão se propondo a desvendar os códigos misteriosos, forjando seu futuro por meio da aplicação de princípios espirituais a suas próprias carreiras e empresas. Eles são movidos pela percepção básica, que vem tomando corpo em muitos níveis da sociedade ocidental — desde indivíduos que procuram encontrar o significado do sucesso em suas vidas até empresas que sofrem o impacto destes tempos de mudança —, de que o velho paradigma do mundo dos negócios não funciona mais para nós. Como o teor e os resultados da eleição presidencial norte-americana de 1992 demonstraram, as pessoas estão desesperadas para mudar; uma parte cada vez maior da população está disposta a arriscar a sua própria percepção da realidade nessa mudança.

Não se trata de um mero jogo de palavras — pois é de fato em nossa própria percepção da realidade que a mudança do velho paradigma para o novo paradigma se opera.

Na obra pioneira, *Creative Work: The Constructive Role of Business in a Transforming Society*,* Willis Harman e John Hormann acompanham numerosos fios históricos da cultura ocidental desde a sociedade pós-medieval até os tempos modernos; com isso revelam e explicam muitas das crenças fundamentais que nós involuntariamente herdamos e aplicamos à nossa vida profissional.

Por exemplo, eles apontam o movimento de modernização do século 17 — o surgimento dos racionalistas e a compreensão de que o Sol, e não a Terra, era o centro do sistema solar — como uma profunda transformação. O que aconteceu foi uma mudança de visão de mundo, passando-se de uma concepção na qual o universo e todas as suas criaturas são interligadas e fazem parte da "Grande Cadeia da Vida" para uma concepção mais fragmentada, na qual os recursos naturais da Terra passam a ser encarados como existentes aqui para ser usados pela humanidade. A expressão contemporânea desse ponto de vista materialista é a separação que existe entre o homem e a natureza, o fato de colocarmos a prosperidade individual antes da proteção e da preservação dos sistemas globais de apoio à vida. Atualmente, muitas empresas estão operando com um nível tão baixo de consciência ecológica que a própria sobrevivência do planeta encontra-se ameaçada.

Outro aspecto do velho paradigma que vem influenciando a sociedade há mais de 5.000 anos é o modelo patriarcal, o poder arbitrário, segundo um padrão masculino e paterno; esse modelo encontra a sua expressão contemporânea na instituição da igreja tradicional, no conceito de estado nacional e na empresa moderna.

O modelo patriarcal deriva de uma idéia essencialmente negativa da natureza humana; ele presume que a estabilidade da sociedade exige o controle dos seres humanos, exercido por algum tipo de autoridade exterior e hierárquica. Esse aspecto do antigo paradigma expressa-se hoje nas organizações que dependem de dogmas aceitos, na excessiva burocracia e na dependência para com a habilidade e a autoridade de terceiros — limitando a capacidade individual de agir com independência e espontaneidade. Isso é o que alimenta a epidemia de desgaste e *stress* que se abate sobre o ambiente empresarial hoje, uma vez que o moral baixo apresentado pela força de trabalho mina não apenas o bem-estar dos trabalhadores, mas também o sucesso financeiro das empresas.

E mais: a idéia de resolver todos os problemas por meio da tecnologia — idéia que nasceu com a revolução científica — deslocou involuntariamente o centro do ser individual, afastando-o das soluções espirituais, tais como a aceitação e a transcendência inspiradas pela fé, e levando-o a buscar as in-

---

* *O Trabalho Criativo — O Papel Construtivo dos Negócios numa Sociedade em Transformação*, publicado pela Editora Cultrix, São Paulo, 1992.

venções e o consumismo como maneira de lidar com o incômodo e a dor. Isso criou uma estratégia reativa de solução de problemas, a qual tenta aliviar os sintomas e não curar as causas.

A convergência dessas várias partes do todo explica a nossa ética de trabalho contemporânea — um sistema de crenças altamente destrutivo, fundamentado na premissa obsoleta de que se você trabalhar bastante e for suficientemente esperto poderá controlar seu meio ambiente, solucionando qualquer problema concebível por intermédio da ciência e da tecnologia ou comprando as mercadorias e serviços de que necessita para eliminar o desconforto.

Felizmente, nesta época em que a percepção dolorosa dos maus efeitos do pensamento fragmentado na vida e na sociedade está vindo à tona, outros fios mais positivos da história estão convergindo — aparentemente no último momento oportuno — para formar um novo paradigma.

O novo paradigma baseia-se na idéia alternativa de que existe uma unidade maior entre nós, enquanto indivíduos — e nossas carreiras, nossos países, nosso planeta e nosso universo — do que aquela que nós, no Ocidente, julgávamos existir desde há vários séculos. Por ironia, os mesmos métodos científicos que contribuíram para a fragmentação do conhecimento e da compreensão do mundo estão agora nos reconduzindo à apreciação do inter-relacionamento entre céu e Terra. Ficou claro que um *spray* de cabelo aplicado na França destrói parte da camada de ozônio sobre a Antártida; que árvores queimadas no Brasil alteram a atmosfera na América do Norte.

Investigando nossa interconexão num nível ainda mais profundo, certos cientistas-filósofos como o médico Deepak Chopra, autor de *Ageless Body, Timeless Mind*, demonstraram que o próprio ar que respiramos contém moléculas que já circularam nos corpos de cada organismo vivo que veio antes de nós. De Júlio César a Marco Polo, de Diógenes a Martin Luther King, há cada vez mais provas científicas de que somos de fato um.

Ao mesmo tempo, os cientistas que voltaram sua atenção para a dimensão humana contribuíram para a compreensão de que a mente e o espírito humanos têm um potencial e uma profundidade — sem mencionar uma unidade interpessoal — muito maiores do que se supunha anteriormente. Considerem a descoberta de Sigmund Freud dos múltiplos níveis da consciência humana e a identificação do inconsciente coletivo feita por Carl Jung. São descobertas que arruinaram o antigo paradigma.

Finalmente, a ciência e a tecnologia suscitaram uma verdadeira explosão no campo das informações, oferecendo a estudiosos e comerciantes ferramentas de alta tecnologia que permitiram decifrar e disseminar os segredos contidos em fragmentos esmaecidos de escritos antigos, abrindo acesso a paradigmas filosóficos e espirituais de outras tradições culturais. Textos sagrados, ensinamentos e rituais de lugares como a Índia, a África, o Tibete e a China abriram os nossos olhos e corações para um mundo de amplas possibilidades — uma nova maneira de nos relacionar com o mundo, com nós mesmos e uns com os outros.

À medida que o novo paradigma se desenvolve, vemos uma mudança não só na forma como as empresas são dirigidas — a tradicional hierarquia sendo substituída pelo poder descentralizado e pela desburocratização, por exemplo —, mas num segundo nível, ainda mais elevado, o próprio modo de funcionamento da economia está sendo reformulado. Há um movimento no sentido do uso de uma tecnologia mais adequada e de uma ação ambiental preventiva, percebe-se mais a nossa responsabilidade pelos países em desenvolvimento, e a nossa ligação com eles; e por aí afora.

Operando num terceiro nível — o interpessoal —, o pensamento ligado ao novo paradigma nos conduz da idéia de dominação para a de parceria, à medida que exploramos a possibilidade de um relacionamento respeitoso e amoroso, não somente na família, mas também no ambiente de trabalho.

Porém, é num quarto nível — o pessoal — que, acredito, o efeito mais profundamente transformador do novo paradigma se opera. Esse é o nível que deve ser abordado pelo indivíduo de maneira integral, antes que qualquer trabalho importante nos três níveis anteriores possa de fato criar raízes. Harman e Hormann qualificam os paladinos dessa quarta abordagem como "aqueles que percebem que os problemas estão ligados à natureza essencial ou condicionada dos seres humanos e por isso exigem novas formas de ser".

Essa nova maneira de ser é a chave da mudança, é aquilo que o consultor administrativo Peter Senge, autor de *The Fifth Discipline*, chama de motivação intrínseca, opondo-a à motivação extrínseca.

Referindo-se à minha idéia de excelência interior, Senge explica,

Muitos administradores buscam construir "a nova organização", capaz de aprender e adaptar-se nesta época de interdependência e mudança contínua. A ironia disso é que muitos vão tentar mas poucos vão conseguir, pela simples razão de que, se essa organização foi criada puramente em reação a desafios externos, provavelmente não se conseguirá gerar o compromisso necessário ao sucesso... Esse compromisso só poderá se manifestar a partir de um desejo profundo das pessoas de realmente trabalhar juntas de maneira nova e diferente.

O que é essa nova forma de ser? Seus fundamentos foram lançados por filósofos, líderes espirituais, psicólogos, ativistas, visionários e futuristas, que criaram, demonstraram e legitimaram a crença fortalecedora de que uma vez fora da sombra do velho paradigma, os seres humanos tornam-se ansiosos para dar expressão à sua bondade básica. Reinventamos nossos relacionamentos, nossos ambientes de trabalho e nossa economia, baseados na convicção de que estamos ligados um ao outro de tal modo que o conceito de comunidade se amplia até incluir o universo inteiro. Descobrimos que temos o direito e a capacidade de nos sintonizar com a nossa própria sabedoria interior; de conhecer e agir de acordo com as verdades universais maiores que nós mesmos e das quais nós fazemos parte, dando precedência ao nosso impulso inato de expressar e realizar o nosso potencial de seres humanos, e não a uma autoridade externa arbitrária. Temos capacidade para assumir uma ação corajosa, em nosso benefício e em benefício do próximo.

Religados ao sentimento de um todo maior do que nós mesmos, somos libertados da ilusão arrogante de que estamos sozinhos no universo, separados do controle absoluto sobre o nosso destino por um desenvolvimento insuficiente da tecnologia. Com uma humildade recém-descoberta, reconhecemos a necessidade e exigimos o nosso direito a um relacionamento com o universo que nos ajude a encontrar significado em nossa vida. Tornamo-nos dispostos a nos afastar da órbita do meramente mecânico e racional e começamos a explorar os mistérios da nossa nova fronteira: o interior do nosso próprio coração.

Esse é o reino da espiritualidade, o profundo ponto vital dentro de cada um de nós que anseia pela realização.

Esse é o nível em que conceitos como fé, compaixão, perdão, aceitação e entrega transcendem o racionalismo do antigo paradigma, tornando-se instrumentos úteis para nós — não somente quando nos perguntamos qual o significado e o objetivo da nossa vida, mas também quando abordamos as questões práticas com que nos defrontamos a cada dia no trabalho.

Esse é o nível em que um número cada vez maior de homens e mulheres de negócios está começando a operar. Eles estão aprendendo a abrir acesso a fontes interiores que lhes permitem tomar melhores decisões nos negócios, encontrar as soluções mais criativas e inspirar as pessoas com as quais trabalham. Desde uma firma de tecnologia de computadores que instituiu "dias de saúde mental" e repousos sabáticos — e viu seus lucros crescerem astronomicamente — até a secretária de uma empresa que teve coragem de deixar o emprego e iniciar um empreendimento florescente no campo dos seus sonhos, um número cada vez maior de pessoas está começando a compreender que não é necessário haver discrepância entre espiritualidade e sucesso no ambiente de trabalho. Aliás, muita gente está descobrindo que é das nossas crenças mais profundas que pode nascer o nosso maior sucesso.

Vista sob essa nova perspectiva, a verdadeira tarefa de uma pessoa é ascender a seu nível mais elevado de desenvolvimento como ser humano, inspirando outros a fazerem o mesmo. Essa é a verdadeira liderança, a definição de uma nova maneira de ser que se aplica à pessoa fortalecida, quer ela exerça autoridade externa sobre outras pessoas, quer não.

Minha nova definição de liderança tem suas raízes pessoais na década de 80. Naquela época — durante a segunda década da minha carreira —, comecei a me perguntar por que, assim como tantos outros companheiros nos negócios, eu estava me sentindo tão frustrada. Não que a minha carreira não estivesse progredindo, ou minha empresa não estivesse crescendo; eu dispunha de redes de referência e sistemas de apoio que correspondiam à minha boa reputação. Porém, os negócios sempre pareciam exigir mais de mim do que aquilo que me davam. Semanas de setenta horas, antes reservadas a pessoas excepcionalmente inspiradas ou dedicadas, tinham se tornado, para mim e meus contemporâneos, a norma.

Eu já não tinha a opção de enfrentar da maneira usual os desafios que se apresentavam: batalhar com mais empenho, trabalhar mais ou me esforçar para conseguir mais excelência — as únicas soluções oferecidas pela corrente principal do pensamento administrativo norte-americano. Eu já tinha chegado ao limite. Estava claro que eu teria de parar de insistir comigo mesma e com os meus funcionários para alcançar alturas cada vez mais autodestrutivas; devia, em vez disso, tentar algo novo.

Captei esse veio subterrâneo de descontentamento em meados da década de 80 com a publicação de *Enough is Enough*, elaborado como manual para o Overachievers Anonymous. Essa organização, que se destinava a pessoas já muito ocupadas, atraiu 15.000 associados, baseando-se numa plataforma que prometia "nada de reuniões, nada de aulas, nada de levantamento de fundos". O grupo continua a existir sob um novo nome: Society for Inner Excellence [Sociedade para a Excelência Interior].

Enough is Enough foi um dos primeiros livros a encorajar pessoas que, como malabaristas, mantinham no ar as múltiplas bolas da carreira, da família e da qualidade de vida, levando-as a questionar o mito de "ter tudo" e começar a fazer escolhas difíceis mas necessárias. Minha posição era a de que os problemas enfrentados diariamente não poderiam ser simplesmente resolvidos por mais um livro sobre gerenciamento de tempo, priorização ou competição. Teria de haver algo mais — algo que transformasse e não apenas manipulasse o sistema.

Naquela ocasião, meu marido e eu, como diretores da nossa empresa, diminuímos as nossas horas de trabalho, buscando conseguir tempo e espaço para uma investigação pessoal de alternativas. Tínhamos a disposição sincera de pagar pelo tempo retomado em nossas vidas e esperávamos tornar-nos mais pobres; reduzimos as dimensões da nossa empresa e saímos da nossa "casa de sonhos", mudando-nos para um chalé mais modesto.

Contudo, para nossa surpresa, a convivência com o fluxo social descendente durou pouco. De fato, sem sacrificar nenhum dos valores recém-descobertos, os negócios floresceram. Num período de três anos, voltamos ao nosso faturamento antigo, ao mesmo tempo que passávamos bem menos horas no escritório. Se por um lado nós e nossos funcionários nos dedicávamos às nossas tarefas, por outro não nos deixávamos mais consumir por elas.

A busca de alternativas nos tinha afastado de um caminho já bastante batido e nos levado a explorar um novo terreno. Para nos orientar, tínhamos abandonado os livros tradicionais de administração e adotado fontes alternativas de inspiração — dos mitos à literatura esotérica, do folclore à história.

Começamos a compreender cada vez melhor que os problemas administrativos difíceis que todos nós enfrentamos na vida diária têm soluções cujas raízes se encontram não apenas no plano exterior, mas também no espiritual. Por exemplo, comecei a perceber que a tentativa de satisfazer clientes injustos e exigentes não era só um reflexo do autoritarismo deles, mas provinha também da minha falta de fé em que algo melhor pudesse se apresentar se eu tivesse coragem de renunciar às contas desses clientes. Passamos a abordar todas as situações que enfrentávamos nos negócios como se nelas houvesse algo mais do que tínhamos nos acostumado a perceber... uma dimensão espiritual. Nossa vida profissional deixou de ser um campo de batalha em que o sucesso era o prêmio a ser ganho mediante o sacrifício da nossa vida no altar da nossa carreira e passou a representar o campo onde o sucesso era compreendido agora como o crescimento espiritual, se manifestava sempre, independentemente dos resultados que obtivéssemos em qualquer momento determinado.

Embora muitas coisas estejam sendo escritas atualmente sobre a necessidade de aplicar princípios espirituais ao mundo dos negócios, nós com freqüência não temos noção do que a espiritualidade significa e do que ela representa — e de como, na verdade, aplicá-la ao campo da vida diária. Mesmo aqueles que foram muito bem instruídos no campo das práticas religiosas ou espirituais mostram-se hesitantes em aplicar o que conhecem no "mundo real", particularmente no setor dos meios de subsistência, pelo fato de questões de sobrevivência estarem em jogo.

Este livro é uma tentativa de ajudar a preencher essa lacuna.

Antes de penetrar na essência do livro, devo começar enunciando uma negativa. Não creio que o mundo dos negócios seja o ambiente apropriado para comentar-se e ensinar-se princípios espirituais. Ao contrário, acredito que ele seja o lugar onde a pessoa *age*, baseada em suas convicções interiores. O papel do líder não é ensinar a seus subordinados os princípios que vou delinear nas páginas seguintes, mas sim viver de acordo com esses princípios, inspirando as outras pessoas pelo exemplo.

Esse é o caminho que percorri durante 24 anos. No decorrer dessas décadas, meu guia constante no caminho espiritual foi o *I Ching*, um livro de sabedoria da China antiga, que data de mais de 3.000 anos. Ele exerceu uma profunda influência sobre a forma pela qual dirigi minha empresa e minha carreira.

Durante anos, uma grande número de ocidentais tem partilhado da minha fascinação pela promessa de conhecimento contida no clássico volume amarelo, o qual pode ser encontrado nas estantes de muitos executivos. Entretanto, mesmo na excelente tradução de Richard Wilhelm, grande parte da rica sabedoria do *I Ching* está envolta numa linguagem esotérica e num simbolismo mais adequados ao estudante dedicado do que ao homem de negócios que procura respostas urgentes.

Aqueles que investiram nisso o tempo necessário estão descobrindo que o *I Ching* se aplica de modo surpreendente aos desafios do ambiente de trabalho moderno. Alguns empresários, estudiosos e eruditos do mundo inteiro estão ligados pelo *The I Ching Network*, um informativo fundado em 1985 pelo professor Kidder Smith, do Departamento de Estudos Asiáticos do Bowdoin College, cuja proposta é a troca de informações entre os pesquisadores do *I Ching* e a investigação da pertinência contemporânea desse livro e da sua aplicação prática. Uma edição recente do *Network*, que divulgou os resultados de uma pesquisa Nexus, relata que um curso interno de treinamento da IBM chamado "Apto para o Futuro" inclui um curso completo de *I Ching*. Mais de 600 funcionários fizeram o curso num período de cinco anos. Tenho citado o *I Ching* para públicos arrebatados formados por empregados de empresas que vão desde a Apple Computer até a Prudential Insurance, e apresentando seus conceitos a profissionais liberais, comerciantes, funcionários de organizações de grande porte como a AT&T e pequenos empresários principiantes, empresas com um único funcionário; tenho encontrado nessas pessoas uma disposição cada vez maior para considerar novas abordagens para velhos problemas.

O que torna o *I Ching* tão valioso no ambiente de trabalho atual é a sua aplicabilidade universal em questões vitais. A sabedoria que ele oferece não é dogmática; antes, é uma sabedoria processual.

O *I Ching* não pretende que exista uma única resposta correta para todos sob qualquer circunstância. Além disso, ele não faz nenhum esforço para negar tradições individuais e legados espirituais que podem ser importantes para aqueles que o consultam. Aliás, o livro orienta seus estudantes a honrar e respeitar seus ancestrais — um conceito que segundo a interpretação a que cheguei, inclui a tradição religiosa na qual nasceram.

Em seu livro *The Philosophy of the I Ching*, Carol K. Anthony paradoxalmente afirma: "A chamada filosofia do *I Ching* simplesmente não existe. O livro não é um sistema de crenças nem dá uma explicação sistematizada da nossa existência." Pelo contrário, o *I Ching* guia delicadamente o que os consultam em sua busca individual, ajudando-os a entrar nas profundezas da sua própria percepção intuitiva. A consciência interior, quando não é obstruída por traços de caráter separativos como o medo, a impaciência e a ambição, conecta a pessoa com as verdades universais, que são reconhecidas como que por instinto.

Anthony, usando imagens tiradas diretamente do *I Ching*, qualifica esse fenômeno como "a universalidade da verdade que jaz como um lençol d'água sob todos os poços de uma comunidade. Essa verdade universal existe em todos, sob a forma de um conhecimento intuitivo e inconsciente. Ela é uma espécie de mínimo denominador comum que se aplica igualmente a todos".

Essas verdades universais, na linguagem do *I Ching*, são chamadas "Tao", o Princípio Unificador que tira a ordem do caos, o significado do vazio, a harmonia da discórdia.

O caractere chinês que representa a palavra *Tao* se compõe de um pé guiado por uma cabeça. O pé representa aquilo que é racional, intelectual, capacidades que prevalecem no ambiente empresarial de hoje — a preocupação com a ação no mundo exterior que vem dominando a nossa tradição cultural ocidental há tantos séculos. A cabeça representa a intuição e a sabedoria interior, as abordagens espirituais, aquelas características que são mais plenamente desenvolvidas nas tradições não-ocidentais.

São necessárias ambas as qualidades para abranger o Tao — e elas devem estar equilibradas de maneira saudável. Porém, é importante notar que o progresso depende de a cabeça conduzir o pé: temos de respeitar a nossa própria intuição, o nosso conhecimento interior, respeitá-los mais do que a nossa capacidade racional ou intelectual.

Tendo sido formada pelos ensinamentos do *I Ching*, observo o contexto mais amplo — ao mesmo tempo que me dedico a conhecer e divulgar a sabedoria universal contida em muitas tradições espirituais que exerceram influência sobre mim no decorrer dos anos — visando construir uma ponte entre as imagens que nos vêm da antiga obra chinesa e a nossa própria herança ocidental. Ao escrever este livro, todas as vezes que me senti atraída por fontes alternativas de imagens e inspiração, eu segui o meu impulso e às vezes caminhei em direções que surpreenderam até mesmo a mim.

Contudo, antes de me sentir suficientemente forte para incorporar esse nível de criatividade ao projeto, tive de vencer um importante obstáculo. Confúcio, o antigo filósofo chinês cujas idéias passei a conhecer por intermédio dos meus estudos do *I Ching*, teve uma profunda influência sobre a sabedoria dos séculos. Sem diplomas acadêmicos, sem uma posição oficial e sem ter recebido qualquer revelação divina, quem era eu para pensar que poderia abordar questões contemporâneas com uma sabedoria sequer próxima à que ele demonstraria?

Entretanto, meu desconforto felizmente me levou a aprender mais sobre o grande filósofo e mestre; e foi aquilo que aprendi sobre o próprio Confúcio que me facultou tomar a decisão que eu buscava.

No livro de Daniel J. Boorstin, *The Creators: A History of Heros of the Imagination*, li que Confúcio não atribuía os seus ensinamentos a nenhuma fonte divina nem se afirmava possuidor de uma inspiração vedada à maioria das pessoas.

Confúcio não foi crucificado nem martirizado. Não guiou um povo pelo deserto nem comandou exércitos em batalha. Deixou poucas marcas na China de sua época e reuniu poucos discípulos durante a sua vida. Depois de seguir a carreira de um ambicioso burocrata reformista, terminou seus dias frustrado em seus intentos. É fácil vê-lo como um antigo Dom Quixote. Porém, a malograda contenda que empreendeu no correr de toda a sua vida contra o mal que atingia os caóticos estados chineses da sua época de alguma forma despertou seu povo e, por fim, moldou 2.000 anos de cultura chinesa.

Confúcio não acreditava que tivesse acesso a informações, percepções e noções vedadas às outras pessoas dispostas a buscar a verdade. Ele também se voltava para o *I Ching*, tomando-o como uma fonte importante de conhecimento e orientação. Contemplava essa obra e aplicava a sabedoria nela contida aos desafios que ele mesmo enfrentava, oferecendo seus comentários, baseados na experiência, aos seus contemporâneos.

Ao extrair do *I Ching* os dez grandes conceitos, que se tornaram particularmente significativos para mim — os quais partilharei com vocês no "Resumo Executivo" que se segue —, e também ao responder aos "Cem Problemas Profissionais Difíceis" na Parte Dois deste livro, tentei corresponder à definição de sabedoria proposta por Confúcio. Segundo o filósofo, a sabedoria é: "Quando você sabe uma coisa, reconhecer que você sabe e quando você não sabe uma coisa, reconhecer que você não sabe."

Minha interpretação do *I Ching* repousa sobre as bases filosóficas do meu trabalho anterior, no qual se reflete uma ampla gama de influências espirituais, do zen aos processos de Doze Passos [como o dos Alcoólicos Anônimos], de minha herança judeu-cristã ao misticismo indiano. Em meus outros trabalhos — o mais recente dos quais foi *Inner Excellence: Spiritual Principles of Life-Driven Business** (New World Library, 1993) —, partilhei essa base filosófica com os leitores. Antes de iniciar o "Resumo Executivo" do *I Ching*, gostaria de expor de maneira concisa os elementos essenciais dos princípios da excelência interior.

---

* *Excelência Interior. Um Livro Pioneiro que Estabelece a Ligação entre a Ética nos Negócios e a Espiritualidade*, publicado pela Editora Pensamento, São Paulo, 1994.

Os Princípios da Excelência Interior

ENTREGA

Como vimos acima, nós herdamos da civilização ocidental pós-medieval uma ética de trabalho contemporânea que se ergue sobre a seguinte premissa do velho paradigma: se você trabalhar bastante e for suficientemente esperto, poderá controlar as coisas que acontecem, eliminando assim a dor e o desconforto. Essa premissa parece ser verdadeira enquanto tudo lhe é favorável. Contudo, no momento em que as coisas derem errado pela primeira vez — como inevitavelmente acontecerá —, o móvel da ação deixa de ser a inspiração e passa a ser o medo.

Por outro lado, quando você começa a aprender que é necessário aceitar suas limitações humanas, a crença de que é possível ter controle sobre tudo o que lhe acontece — crença essa movida pela ansiedade — desaparece e você sai do mundo da ambição. Esse é o princípio da entrega.

Quando você pára de desperdiçar energia na repressão de possibilidades negativas, abre-se o acesso ao seu potencial mais elevado.

Para ilustrar esse princípio, vou contar-lhes uma história pessoal. Quando fui trabalhar após o início da Guerra do Golfo, os telefones estavam silenciosos. Pareciam mortos. Não havia nenhuma negociação para novos contratos, os telefonemas não eram respondidos — nada.

Janeiro é tradicionalmente um mês importante em nosso setor; aliás, nós dependemos dele para substituir os contratos que terminam no final de cada ano. Porém, naquele ano a tinta vermelha foi-se insinuando em nossas contas mensais — algo que não nos acontecia havia bastante tempo e que esperávamos fervorosamente não ver outra vez.

O que fazer? Nós nos entregamos. O curso da guerra — e seu impacto sobre os nossos esforços de conseguir novos contratos — estavam além do nosso controle. Em vez de prejudicar o nosso espírito ainda mais, reunimos os nossos funcionários e reconhecemos que aquele não era o momento adequado para um novo crescimento.

Decidimos considerar aquele período como um tempo de incubação — o momento de implementar alguns dos programas e planos de médio prazo para os quais parecia que nunca tínhamos tempo devido às pressões rotineiras. Durante aquele período, Dan decidiu envolver-se ativamente numa área que encerrava uma grande promessa para o futuro — relações públicas para empresas de serviço profissional. Na realidade, ele se tornou o presidente nacional da Associação de Relações Públicas da Seção de Serviços Profissionais dos EUA. Além disso, aproveitou a oportunidade para fundar o primeiro e o mais bem-sucedido diretório local da sociedade no país. Mantendo a equipe unida e acreditando que um dia a guerra iria terminar e os negócios retomariam seu curso, lançamos projetos promocionais no campo dos serviços profissionais — artigos a ser colocados no mercado, prospectos e folhetos a ser distribuídos. Ao fim e ao cabo, quando o ciclo da ruína e das sombras se completou — como sempre acontece —, estávamos já posicionados num nível inteiramente novo de percepção pública. Em pouco tempo assinamos contratos — de altíssima responsabilidade — que compensaram plenamente as nossas perdas durante a guerra.

Existe uma diferença entre entrega e resignação. Quando você se resigna, está admitindo a derrota perante um universo hostil, que é naturalmente injusto e não se interessa por você. Quando se entrega, entretanto, você conserva a crença de que este é um universo amoroso e que os obstáculos que encontra, embora aparentemente o desviem da direção que gostaria de seguir, conduzindo-o numa direção diferente, fazem parte de um contexto maior, que você ainda não é capaz de compreender. Em outras palavras, a diferença entre resignação e entrega é espiritual em sua natureza. Mas qual é a fonte dessa qualidade espiritual?

Fé

A capacidade de entrega se origina da fé. Se você acreditar que este universo recompensa e castiga, segundo o seu comportamento seja "bom" ou "mau", será preso na armadilha do modelo de desempenho preconizado pelo velho paradigma. Você não vai mudar a maneira como pratica a liderança em sua carreira ou empresa até mudar suas crenças sobre a natureza dos negócios e da vida.

Para ter fé é preciso mergulhar numa nova crença: que o universo não oferece recompensas condicionadas ao bom comportamento. Ao contrário, ele o apóia, quaisquer que sejam as circunstâncias — incondicionalmente, o tempo todo, apesar das aparências adversas num determinado momento. Na tradição judeu-cristã, nós chamamos a essa força pessoal e amorosa em nossa vida, que nos atrai para o bem, de Deus.

Mesmo se tiver dúvidas de que este seja um universo amoroso, você poderá "agir como se" isso fosse verdade e obter os mesmos resultados. Se você aceitar como hipótese que o universo quer que você seja bem-sucedido, você perceberá que está mais disposto a correr riscos — seja em ter coragem de falar honestamente, em ser mais autêntico no ambiente de trabalho, em tentar transformar suas idéias e aspirações em realidade. Você saberá como estabelecer limites e se proteger daqueles que querem manipulá-lo ou maltratá-lo.

Essas qualidades são atraentes — a essência da vitalidade. Ofertas de emprego, novos clientes e oportunidades são atraídos para as pessoas que demonstram entusiasmo — não é por acaso que a raiz grega da palavra *entusiasmo* significa "estar repleto de Deus".

COMPAIXÃO

A fé lhe permite ter por você mesmo a qualidade de que mais necessita para ser bem-sucedido: a compaixão por suas limitações. Em quanto tempo você é capaz de perdoar-se e encontrar coragem para tentar novamente? Consegue ter compaixão por aqueles que trabalham para você e com você? Esta é uma das chaves da liderança — a expressão da espiritualidade, pela qual os que o cercam podem dar ao trabalho, todos os dias, o que neles há de melhor, e não de pior.

Durante muitos anos, nós representamos um dos principais grupos de restaurantes do país. Na promoção dessa empresa, nossa tarefa era torná-la conhecida em âmbito nacional usando os meios de comunicação. Estávamos subordinados a um diretor de *marketing* muito exigente, que estabelecia para nós padrões excessivamente elevados, aos quais tínhamos de atender a cada semana, a cada mês. Embora fosse inflexível, ele também era justo.

Depois de vários anos, o diretor de *marketing* passou por uma estimulante mudança de carreira. Ele decidiu sair da empresa e usar todo o dinheiro que havia economizado para abrir uma franquia local de uma cadeia nacional de *fast-food*. Pediu que atuássemos como seus agentes.

Ficamos entusiasmados, acreditando que o nosso longo relacionamento iria se transferir para esse novo campo de desafios e oportunidades. Porém, houve um problema. Agora que estava administrando seu próprio dinheiro, ele nos avisou que nós não poderíamos nos dar ao luxo de cometer nenhum erro. Tudo que fizéssemos teria de dar certo da primeira vez — e o mais depressa possível.

Organizamos a inauguração das inaugurações — conseguimos até que estivessem presentes os principais representantes da imprensa local para fazer a cobertura do evento. Fomos para a nossa próxima reunião, após a inauguração, preparados para a agradável troca de elogios à qual tínhamos nos acostumado. Em vez disso, sentamo-nos frente a frente com um cliente extremamente mal-humorado.

O comportamento da imprensa fora ótimo, mas as hordas de felizes freqüentadores que ele esperava receber como resultado da campanha não tinham aparecido. Um erro muito grande fora cometido e a culpa tinha sido nossa. Nós tínhamos de fazer alguma coisa para corrigir a situação, e imediatamente.

Para resumir a história, nunca mais conseguimos apresentar-lhe outra grande idéia. O medo havia destruído sozinho anos e anos de camaradagem — a ilusão de estarmos todos na mesma equipe, fazendo o melhor possível diante das circunstâncias.

A alternativa espiritual — a estratégia que teria dado a ele e a nós uma oportunidade melhor de vencer as difíceis circunstâncias — teria nos permitido preencher com fé, confiança e compaixão as lacunas entre a realidade e os resultados que ele queria obter. Contudo, as nossas limitações não foram perdoadas pelo nosso cliente. Como ele tinha ficado subitamente à deriva num universo aparentemente hostil, seu próprio fracasso lhe pareceu como um castigo. Destituído de compaixão por si mesmo e por aqueles que contratava, ele em pouco tempo destruiu sua oportunidade de utilizar de forma satisfatória os serviços de várias outras agências competentes. No fim, foi obrigado a fechar sua franquia de refeições rápidas.

RECEPTIVIDADE

Esse cliente é um exemplo típico daqueles que acham que nós temos direito ao poder de fazer as coisas caminharem na direção que gostaríamos. Somos assim seduzidos a dar tudo que temos — e mais ainda. Entretanto, a verdade é que muito daquilo que fazemos é trabalho árduo, que só serve para amortecer o nosso espírito por meio da exaustão e do temor. Quanto mais nos esforçamos, mais as metas parecem se afastar de nós.

Para parar de "despender" e começar a receber, você tem de fazer um sacrifício. Tem de sacrificar a ilusão de que pode subornar o destino com o seu bom comportamento — mas, em troca, vai receber o prêmio da parceria com o universo.

Quando conseguir fazer isso, você vai fluir na direção dos acontecimentos. Não terá necessidade de forçar ou controlar os resultados. Sentirá no coração a disposição de se sentar pacientemente ao lado da complexidade e da imperfeição, sem se sentir obrigado a encontrar uma solução superficial.

Desapegando-se dos conceitos grandiosos a seu respeito, irá recuperar a clareza e a objetividade sobre você mesmo e sobre o que é realmente importante para você. A verdadeira humildade lhe permitirá começar a ver não apenas suas limitações e fraquezas, mas também a verdade sobre a sua força e as maneiras pelas quais você pode contribuir com o bem maior. Essa é a chave para alimentar a ambição por meio da inspiração e não do medo. Esse é o princípio da receptividade.

Para ilustrar esse conceito, cito o caso de Robin, uma amiga do setor de roupas sob medida, no qual as pressões são muito fortes; contei a história dela pela primeira vez em *Excelência Interior*. Durante um inverno particularmente difícil na agência, marquei um encontro com Robin em busca de consolo. Contei-lhe que a cada janeiro, desde sempre, eu tinha medo do sentimento de que teria de recomeçar tudo outra vez no ano que se iniciava, "trabalhar seriamente" e "fazer as coisas acontecerem". Esforçava-me para agir da melhor forma possível diante das circunstâncias — dia após dia. Porém o esforço de desempenho estava se tornando cada vez mais insuportável.

Ela tinha uma solução perigosamente simples: "A próxima vez que você se aproximar da porta da empresa, pergunte-se como está se sentindo. Se estiver bem, vá em frente. Se não, não entre."

Robin me contou que um dia tinha ficado parada na calçada oposta à sua loja por mais de uma hora, sentindo-se oprimida pelos desafios que enfrentava e sem saber por onde começar. Normalmente, ela teria se censurado por sua falta de entusiasmo — regalando-se com cada fracasso — real ou imaginário, pessoal ou profissional — com cada falha de caráter.

Porém, naquele dia, ao ficar lá parada, Robin não se impediu de se sentir perturbada; não pensou que o fato de estar confusa tivesse alguma relação com uma suposta incapacidade de fazer o seu trabalho. Enquanto se deixava sentir todos esses sentimentos, começou a imaginar se teria recebido um importante telefonema que estava esperando. Pensou numa certa manga que gostaria de desenhar. Reconheceu na combinação de tecidos que viu numa transeunte a solução simples para um dos desafios de criação mais espinhosos que enfrentava. Robin atravessou a rua praticamente *correndo* e entrou na loja.

Se você for capaz de encontrar fé suficiente dentro de si para parar de forçar as coisas, descobrirá que o "fazer nada" nem sempre é perda de tempo. Não tem apenas o valor de recuperação — embora este fosse um benefício suficiente. Esvaziando-se do esforço ditado pelo medo, você abre espaço para receber informações, intuições e soluções criativas que não podem surgir por meio de um comportamento orientado para a ação. Você faz uma pausa para ponderar, apreciar, sonhar acordado.

Você renuncia à arrogância do seu intelecto controlado para expor-se pacientemente a um mundo de imagens obscurecidas, planos e conhecimentos que insistem, como que por vontade própria, em tomar forma. Confiando nas forças superiores a você que estão atuando na sua vida, você desiste de exigir os resultados que pensa querer e aprende a abrir espaço para a surpresa.

Aprender a renunciar ao esforço e ao controle, deixar as coisas fluírem, entregar-se e receber exige uma coragem enorme. Quantas horas, das muitas que você investe em sua empresa, são movidas pela inspiração — e quantas são movidas pelo medo?

Liderança Segundo o Novo Paradigma

O ambiente profissional baseado no novo paradigma terá novos modelos de liderança: um chefe deixa de lado a raiva em meio a uma crise para reconhecer uma acusação maldirigida e desculpar-se por isso; um trabalhador tem a coragem de abandonar um ambiente de trabalho onde não é tratado como deveria ser, para procurar algo melhor; o presidente dos Estados Unidos, atingido pela gripe antes de uma reunião crítica, tem fé e compaixão suficientes para se afastar pelo tempo necessário e cuidar de si até recuperar a saúde, em vez de forçar-se a participar da reunião.

A transformação da cultura empresarial norte-americana vai exigir esses saltos de fé. O desassossego que muitos estão sentindo atualmente é o primeiro sinal de um despertar espiritual saudável, o prenúncio de uma nova era para os negócios, de uma época em que valores espirituais não serão barrados à porta do escritório.

Precisamos nos abrir para uma perspectiva mais ampla quanto ao significado do verdadeiro sucesso — lembrando-nos dos valores que permanecem; temos de confiar em nossa própria sabedoria interior, nossa capacidade de empreender uma ação corajosa; e repousar a cabeça num travesseiro confortável quando estamos cansados e confusos... amar a nós mesmos e ter fé na vida em qualquer circunstância.

Os desafios do futuro vão levar os homens e mulheres de negócios a buscar mais do que nunca os recursos interiores. Só levarão vantagem sobre a concorrência os que se dedicarem à realização do difícil trabalho interior de crescimento espiritual abordado neste livro.

O exterior e o interior estão convergindo para formar um novo paradigma, que se destina a mudar o modo como fazemos negócios neste país. A ironia é que ao agir de uma forma que parece diametralmente oposta a todas as nossas idéias ancestrais quanto ao que é necessário para sermos bem-sucedidos, encontramos o único caminho que pode conduzir a uma experiência de sucesso duradouro.

Você poderá experimentar esse tipo de sucesso em sua vida. O presente livro lhe mostrará como.

PARTE UM

O *I Ching*: Um Resumo Executivo

Os destinos dos homens estão sujeitos a leis imutáveis que têm de se cumprir. Contudo, o homem tem o poder de forjar seu destino, segundo a sua conduta o exponha à influência de forças benéficas ou destrutivas.

— *I Ching*

Acredita-se que o *I Ching* seja o livro mais antigo que ainda circula nos dias de hoje. Com mais de 3.000 anos de idade, ele se desenvolveu no decorrer de muitos séculos. Trata-se de uma síntese de provérbios de sabedoria popular, da mitologia, da poesia e de lições simbólicas tiradas da história da antiga China. Um livro de adivinhações mas também de desenvolvimento de intuição, o *I Ching* apresenta 64 leituras, chamadas hexagramas, cada uma das quais descreve uma situação de vida arquetípica. Cada um dos 64 hexagramas contém seis variações, denominadas linhas mutáveis. Ao lançar três moedas, o consulente chega a um esquema de caras e coroas que o guia para as leituras que refletem com maior precisão as forças específicas que estão em jogo em sua vida naquele momento. Ao contrário de alguns outros métodos de adivinhação, o *I Ching* não apenas fornece informações sobre as forças com as quais a pessoa se defrontará, mas também aconselha a conduta correta nessas circunstâncias. Assim, ela pode obter a sabedoria e o conhecimento necessários para influenciar positivamente as circunstâncias de sua vida. Paul O'Brien, que capturou o espírito do *I Ching* em *Synchronicity*, sua versão em *software* do livro clássico, descreve o antigo sistema como "um instrumento intuitivo de tomada de decisões, que nos ajuda a lidar com certos problemas que a lógica não consegue resolver".

No mínimo, o *I Ching* é respeitado como uma ferramenta utilíssima para aquele que busca obter acesso à sua própria sabedoria e conhecimento interiores. Considerado sob o prisma de uma "teoria da decisão," o *I Ching* oferece informações que podem ser usadas tanto para questionar quanto para corroborar um determinado ponto de vista. Analisado em seu nível mais sério e profundo, o *I Ching* tem uma abrangência muito maior, relacionando-se com o estudante sério como se contivesse, nas palavras do grande psicólogo Carl Jung, "uma alma vivente".

Consultado com esse espírito, o livro transmite respostas sempre inteligentes e pertinentes; às vezes elogia, às vezes alerta ou repreende, sempre cuidando do crescimento espiritual do seu estudante — além de proporcionar orientação prática e cotidiana ao enfrentarmos os desafios apresentados pela vida.

Jung estudou o *I Ching* durante trinta anos, cunhando a palavra "sincronicidade" para explicar como e por que a casualidade aparentemente fortuita de se jogar as varetas (o método original) ou as moedas poderia resultar numa orientação inteligente, dirigida para um objetivo determinado, que transcendia aquilo que o mero acidente seria capaz de produzir.

O'Brien explica que, tendo de alguma forma desvendado o segredo da sincronicidade, os antigos autores do *I Ching* conseguiram usar as leis numéricas do acaso para colocar o ser humano em contato com profundos padrões de significado, baseados na noção de que a maneira como as três moedas caem seis vezes seguidas está relacionada com a influência que todas as coisas exercem na vida do consulente naquele momento do tempo.

Quer decida desenvolver esse tipo de relacionamento pessoal com o aspecto divinatório do *I Ching*, quer não, você poderá usar as antigas palavras de sabedoria do livro para obter uma orientação prática e um conhecimento aplicável ao seu ambiente de trabalho em cada dia de sua vida. Para os iniciantes, defino a seguir grandes conceitos, formulados a partir dos hexagramas, linhas mutáveis e comentários do *I Ching*, que descobri ser particularmente úteis para mim, como empresária, no decorrer dos anos.

Dez Grandes Conceitos

Conceito Número Um: Equilíbrio

O *I Ching* vê o mundo como uma interação dinâmica entre opostos: masculino e feminino, dar e receber, atividade e repouso, razão e fé, e assim por diante. Cada pessoa traz em si forças que se opõem — e o mesmo ocorre com cada empresa. Qualquer entidade pode se beneficiar com a expressão pura de uma ou outra dessas qualidades num dado momento. Porém, de maneira geral, a longo prazo, é a tensão dinâmica entre os opostos que cria o verdadeiro poder. Isso é chamado de equilíbrio.

Uma das forças que se encontra mais fora de equilíbrio no mundo dos negócios no Ocidente é a insistência numa conduta ativa: a fixação de objetivos, a realização, o impulso e o esforço, que se opõem à idéia de uma atitude intrínseca, como o desapego, a receptividade e a observação. O *I Ching* ensina que o equilíbrio dessas duas formas de conduta é mais produtivo e benéfico a longo prazo do que o excesso de confiança numa delas em detrimento da outra.

Um cliente da nossa agência, presidente de um escritório de advocacia pequeno mas movimentado, descobriu de uma forma dramática a validade desse princípio. Como sócio-gerente, esse advogado dirigia o escritório como se ele fosse um exército. Com seu estilo patriarcal, autoritário, ela exigia que tanto os outros sócios quanto os funcionários cumprissem o que ele mandava, sem questioná-lo.

Ele era muito competente quando se tratava de dar ordens, mas nunca deixava espaço para que as outras pessoas lhe fornecessem quaisquer dados sobre a atividade da empresa. Simplesmente, não queria ouvir comentários dos outros — o que os fazia sentir-se mal aproveitados no trabalho, ignorados e depreciados. Em virtude do excesso de ênfase dado por esse diretor à eficiência e à disciplina, a equipe de trabalho passou a se mostrar insatisfeita e desleal, o que levava a uma grande rotatividade de funcionários. Devido aos problemas resultantes desse caos, ele foi logo forçado a passar mais tempo lidando com questões internas da equipe do que atendendo a seus clientes.

Durante o desenrolar dessa situação, houve um ponto luminoso: o advogado se apaixonou. Casou-se e logo o casal teve um bebê. Não demorou muito para que ele tentasse conduzir a família como fazia com a empresa. Sua insistência em dirigir a família como se fosse um exército começou a causar tantos problemas entre o casal que a esposa passou a cogitar o divórcio. Percebendo que além de ter problemas no trabalho ele estava perdendo a esposa e o filho, nosso cliente chegou ao fundo do poço. Foi durante esse período de desespero que ele compreendeu que estivera se apoiando quase exclusivamente na extremidade ativa da balança. Um de seus amigos, um psicólogo esportivo, sugeriu que ele suavizasse sua estratégia por meio da integração de princípios receptivos em sua maneira de pensar.

Em vez de encarar a empresa e a família como campos de batalha, nosso cliente começou a considerá-las como campos de jogo. Em vez de ver a empresa e o casamento como "eu *versus* o inimigo", passou a pensar neles em termos de trabalho em equipe. Começou a prestar atenção ao que diziam sua esposa, seus sócios e empregados e empenhou-se em receber as informações e comentários que eles tinham a oferecer, abrindo espaço para que expressassem a própria criatividade. Ao afrouxar o controle, a saída de funcionários caiu drasticamente. Seu casamento melhorou e em pouco tempo o escritório se recuperou da crise.

O *I Ching* adverte que há um lugar dentro de cada um de nós onde as forças de ação e receptividade encontram-se em perfeito equilíbrio, permitindo-nos sentir e exercer o verdadeiro poder. Imagine que você está cozinhando e coloca no fogo uma panela cheia d'água. Se o fogo estiver muito baixo, a água não vai ferver. Se o fogo estiver muito alto, a água irá evaporar. É só quando o equilíbrio de forças for exatamente correto que a água estará livre para realizar o trabalho que lhe tinha sido destinado.

Conceito Número Dois: Ciclos

A interação entre opostos expressa-se numa série de polaridades. As que dizem respeito à interação dinâmica entre os opostos no decorrer do tempo são chamadas de ciclos. Criação e destruição, crescimento e diminuição, avanço e recuo — estas e muitas outras forças cíclicas contrastantes, e às vezes conflitantes, aparecem naturalmente na visão de mundo do *I Ching*.

Fascinante a respeito da noção que o *I Ching* tem dessas forças é a idéia de que tudo está em constante movimento, fortalecendo-se ou enfraquecendo-se continuamente. Quando uma qualidade qualquer se torna suficientemente forte, ela atinge um grau máximo — e depois se transforma na qualidade oposta.

O conceito de ciclos é baseado na natureza. Segundo o *I Ching*, cada qualidade contém o seu oposto: mesmo durante o inverno mais rigoroso as raízes da primavera estão se preparando para florescer novamente. O fracasso contém as raízes de um futuro sucesso, assim como no outono as folhas de ontem voltam à terra, fertilizando-a para um novo crescimento.

Para ilustrar esse conceito, cito a história de Stan, um gerente de vendas que passou os primeiros vinte anos de sua carreira no setor vinícola. Depois de duas décadas, o setor entrou em colapso e a empresa para a qual Stan trabalhava faliu. Embora arrasado com o fracasso de sua empresa, ele achou que logo encontraria emprego numa empresa com um perfil financeiro mais saudável. Porém, apesar de sua qualificação, ele não conseguiu encontrar um único cargo de gerente em qualquer das empresas vinícolas que tinham vencido com sucesso a recessão.

O fracasso o envolvia. Contudo, depois de alguns meses de procurar emprego sem resultados, tendo ouvido a mesma alegação de falência iminente em todos os lugares aonde ia, Stan teve uma idéia brilhante. Ele percebeu que em decorrência do fechamento de sua empresa, tinha agora experiência não só na área de vinhos, mas também em falências e reorganização. Sabia como ajudar outras vinícolas a aprender com as suas experiências. Conhecia tanto os desafios do negócio como as dificuldades emocionais que as empresas enfrentavam. Havia, na verdade, um campo para os seus serviços. E assim Stan se tornou um especialista em reorganização de vendas no setor vinícola. Com a sua experiência em vendas, ele pôde trabalhar com essas empresas para maximizar as oportunidades de que elas ainda dispunham — além de ajudá-las a lidar com a realidade da reorganização. Atualmente, Stan ganha bem e está entusiasmado com o significado e os resultados do seu trabalho.

Porém, assim como o sucesso lança as suas raízes no fracasso, este tem as suas raízes no sucesso. O sucesso só é garantido durante a sua ascensão — antes de alcançar o ápice. Pois o ciclo do sucesso augura, mesmo na pessoa mais nobre, a tendência para se tornar arrogante, perder contato com a sua essência ou comprazer-se em si mesma, o que resulta em fracasso — e o ciclo todo recomeça.

Contudo, os ciclos não são apenas internos. O *I Ching* vê ciclos naturais na vida empresarial — expansão e contração — e na economia — crescimento e recessão. Embora ele nos ensine que algumas coisas podem ser feitas para nos ajudar a determinar o nosso próprio destino — prolongando a fase ascendente do ciclo, por exemplo —, também oferece conselhos sobre como aproveitar ao máximo o período de declínio do ciclo — sem nos voltar contra nós mesmos ou nos desgastar pela resistência inútil. Há um tempo certo para o esforço e um tempo certo para a paciência. Saber o que fazer e quando fazê-lo é a chave para se obter o máximo sucesso em cada situação. Ao se defrontar com uma certa perda, por exemplo, é possível à pessoa recuar sem demora — preservando a própria dignidade e a própria força para uma estratégia alternativa numa oportunidade futura —, em vez de esperar demais, deixando passar o momento oportuno.

Uma certa empresa chegou ao ponto de basear toda a sua organização nesse conceito. Chamo essa concepção de "gerenciamento do fracasso". Operando uma cadeia de lojas de brindes para festas em toda a Califórnia, esses empresários aproveitam cada tendência no seu início, sempre atentos aos sinais de que a mesma atingiu o auge. Seu triunfo mais recente foi o fenômeno dos gnomos — os simples bonecos de plástico que apaixonaram crianças em idade escolar no país inteiro, como os repolhinhos e as Tartarugas Ninja, entre outros, haviam feito antes deles. Para capitalizar sobre a popularidade deles, o proprietário praticamente mudou de ramo, passando a vender só gnomos, e armazenou as fitas e papéis de embrulho numa sala dos fundos. Com o mais leve indício de mudança, as lojas de brindes tornaram-se lojas de bonecos de gnomos da noite para o dia.

Ele continuou vendendo essas mercadorias exclusivamente, até perceber os primeiros sinais de que a febre estava passando. Quando os lucros começaram a declinar, voltou a vender brindes para festas, efetuando a transformação loja por loja — prevendo o final da tendência. No momento em que a demanda diminuiu, seu estoque de gnomos limitava-se a uma prateleira em cada loja. A rede já estava, então, estável e preparada para quando a tendência seguinte se revelasse.

Conceito Número Três: Humildade

Para estar sempre alerta e poder usufruir plenamente dos ciclos naturais em sua vida, você precisa ser humilde. O *I Ching* nos ensina que o "homem superior" é aquele que se mantém vigilante em seu coração — livre de preconceitos e arrogância e pronto para receber orientações vindas de qualquer fonte a qualquer momento.

Reflito aqui sobre a coragem de um cliente nosso — uma indústria produtora de salames que lutava por um segmento do mercado. Eles haviam recebido o telefonema de um repórter de um grande jornal, que se empenhava em denunciar o uso de aditivos alimentares em frios. O produto dessa empresa continha nitratos — a exemplo de cada um dos outros similares disponíveis no mercado. A reação inicial da empresa foi ignorar a chamada telefônica, esperando evitar ser mencionados no artigo.

Quando eles nos procuraram em busca de orientação, entretanto, estavam abertos — apesar de seu receio — para o que tivéssemos a dizer. Dissemos que, se resistissem à investigação, poderiam se indispor com o jornalista. O resultado seria uma cobertura muito mais abrangente e prejudicial do que a planejada. Sugerimos que, em vez de resistir, eles cooperassem integralmente.

Eles seguiram o nosso conselho e abriram mão da resistência, confiando em que, se acompanhassem os acontecimentos à medida que estes fossem se desenrolando, teriam mais possibilidade de obter uma entrevista justa e um relatório equilibrado. Decidiram assumir o papel de educadores e não de acusados. No fim, essa atitude franca quanto ao papel dos nitratos no setor de alimentos transmitiu ao repórter a idéia de que eles não tinham nada a esconder. O enfoque do artigo mudou, e a condenação dos aditivos foi relativizada.

A humildade em si representa uma polaridade. O *I Ching* nos ensina que uma modéstia excepcional e uma postura conscienciosa serão certamente recompensadas com o sucesso. "Entretanto, para que um homem não se anule, é importante que ele não se transforme numa forma vazia e subserviente." Saber quem você é — e em que ponto do seu ciclo pessoal você está —, é fundamental para o verdadeiro poder.

Ao contrário dos livros contemporâneos que preconizam o "pensamento positivo", o *I Ching* não acredita que se você realmente quiser algo e esforçar-se com grande empenho para obtê-lo, o seu sucesso estará assegurado. Em *Excelência Interior*, contei a história de uma poetisa que, frustrada com a rejeição de seu livro de poemas pela vigésima vez, pediu conselhos à sua tia, conhecida por seu bom senso e sabedoria.

"Pensei que se uma pessoa se despisse corajosamente de sua fachada e corresse o grande risco de expressar seu verdadeiro eu abertamente, o dinheiro viria."

A tia ofereceu-lhe um copo de limonada.

"Querida sobrinha", ela comentou, "é mais provável que isso aconteça se, depois de retirar as camadas exteriores e chegar ao seu íntimo, você descobrir que o seu verdadeiro eu é um banqueiro de investimentos."

O *I Ching* ensina que é fundamental ver a si mesmo de forma precisa — os pontos fortes e os pontos fracos. Vamos supor que você reconheça que está numa posição de autoridade para a qual, por natureza, não foi realmente talhado. Mesmo nessa circunstância infeliz, o *I Ching* oferece uma orientação prática para ajudá-lo a fazer frente à situação. De fato, quando a humildade é vista como parte do ciclo natural da vida, você começa a compreender como, por que e quando as suas limitações podem se transformar em sua maior virtude.

Aprendi essa lição pela primeira vez com meu pai, que, no início da vida adulta, se viu num momento particularmente difícil da história norte-americana: a Grande Depressão. Meu pai fazia um grande esforço para juntar dinheiro para pagar as mensalidades da faculdade de medicina. Ele respondia a todos os anúncios nos quais conseguia pôr as mãos, e por fim foi ver uma oferta particularmente atraente para ser motorista de caminhão nos Correios de Chicago.

Havia apenas um empecilho. Ele não sabia dirigir.

No dia da entrevista, os candidatos às preciosas vagas lotaram a Agência dos Correios. O entrevistador entrou na sala e fez uma única pergunta para a pequena multidão: "Quem aqui não sabe dirigir?"

Abatido, meu pai foi um dos poucos que ergueu o braço.

"O restante do grupo pode sair", o entrevistador disse. Depois, voltando-se para os poucos cujas mãos tinham se levantado, anunciou: "Vocês começam a dirigir amanhã."

Mais tarde, o entrevistador explicou que ele talvez tivesse dispensado motoristas competentes, que tinham a qualificação e o perfil exigidos para o trabalho. Mas, utilizando outro método de seleção, ele também poderia ter desperdiçado tempo com alguém que não tivesse nem o caráter nem a capacidade necessária. Com o método de seleção que usou, ele tinha certeza de pelo menos uma coisa: iria contratar pessoas honestas, que tinham humildade e disposição para aprender. Ensiná-las a dirigir era a parte fácil do trabalho.

Estar disposto a encarar a realidade objetiva — superar suas preferências e preconceitos com o objetivo de lidar de maneira mais competente com o que é real — não é tarefa simples.

A história de uma empresária que conheço ilustra esse ponto. Ela vinha de uma longa linhagem de proprietários de restaurante. Durante décadas a família construiu a sua reputação, baseada na qualidade do alimento e do serviço. A filha, entretanto, decidiu aprimorar o legado da família. Seu restaurante ia se tornar o novo "ponto" da cidade.

Apesar de saber, pela história da família, da importância de contratar garçons experientes, ela acreditava que com a sua sensibilidade para descobrir talentos poderia treinar qualquer pessoa para servir comida. Porém, ao contratar principiantes que demonstravam uma determinada "atitude", ela logo se viu cercada por pessoas arrogantes que se preocupavam mais com as aparências e o estilo do que com o serviço.

Começaram a chover reclamações dos fregueses e a substituição de garçons tornou-se corriqueira. Ela foi forçada a admitir que não sabia como transformar seu restaurante no próximo lugar da moda da cidade. Humildemente, procurou sua família em busca de ajuda.

Engolindo o orgulho, retomou o estilo administrativo da sua família, numa estratégia que, aliás, correspondia aos seus verdadeiros valores: oferecer um lugar com boa comida e serviço, que valorizasse seus clientes. Começou a contratar garçons experientes — independentemente do estilo. À medida que a rotatividade de funcionários diminuiu e o serviço melhorou, o restaurante começou a prosperar. A empresa tornou-se mais forte quando ela desistiu do desejo de ser melhor do que qualquer outro membro da família. Confrontou sua arrogância e os negócios floresceram.

Conceito Número Quatro: Liderança

A humildade conduz o "homem superior" a sacrificar suas próprias metas egoístas, levando-o a agir de acordo com aquilo que ele acredita ser correto. Em tempos de adversidade, sua disposição de obedecer ao comando de um propósito superior lhe proporciona "a estabilidade que é mais forte do que o destino".

"Aquele que deixa seu espírito ser esmagado pela exaustão certamente não obterá sucesso. Porém, se a adversidade apenas abalar um homem, vergando-o como a um bambu, ela criará nele um poder de reação que está destinado a se manifestar com o tempo", afirma o *I Ching*.

Uma pessoa assim, ao expressar as qualidades do "homem superior", oferecerá uma liderança de ordem muito elevada. Qualquer que seja o seu título ou posição, ou a autoridade formal que tem sobre os outros, essa pessoa irá influenciá-los pela própria qualidade do seu ser.

A proprietária de uma das maiores empresas de pesquisa de mercado na costa leste do país descobriu a veracidade desse conceito em sua própria carreira. Sua empresa tinha a missão de fornecer estatísticas a outras organizações, ajudando-as a tomar decisões relacionadas com o lançamento de novos produtos.

A empresa dessa mulher era uma das melhores. Ela tinha um grande quadro de funcionários e uma clientela estável. Contudo, apesar do sucesso, percebeu que acreditava cada vez menos nos números que obtinha. Seus clientes pagavam enormes somas pelas pesquisas e cálculos, repassando os custos para os seus consumidores sob a forma de preços mais elevados. Em seu coração, ela compreendeu que na maioria das vezes tinha um sentimento intuitivo sobre quais seriam as respostas, antes que os interessados incorressem nas imensas despesas que aquele trabalho exigia.

Além disso, ela percebeu que com freqüência seus clientes também conheciam as respostas corretas instintivamente. Cada vez mais ela via o seu papel como o de encorajá-los a superar seus receios e a confiar na própria intuição — uma função que se opunha à sua atividade de proprietária de uma empresa de pesquisas estatísticas. Acreditando que havia uma maneira melhor de trabalhar no setor das pesquisas de mercado, ela ressentia-se das horas longas e cansativas que passava debruçada sobre números. Ansiava em seguir o que lhe falava o coração.

Quando seu mal-estar aumentou, devido às táticas exigidas pelo negócio, ela decidiu vender a empresa. Sem saber o que viria a seguir, mudou para o outro extremo do país e começou a ter aulas na área do desenvolvimento psíquico e da espiritualidade.

Desistiu do seu título e posição para prestar um serviço que ela sentia contribuir para o bem maior: uma forma melhor e mais honesta de abordar a pesquisa de mercado, que tornasse os clientes independentes de autoridades externas, sintonizando-os com o próprio coração em busca de respostas. A despeito do sacrifício financeiro que foi obrigada a fazer a curto prazo, ela acreditava estar agindo da maneira correta. Depois de cerca de um ano, sentiu-se forte o suficiente em suas convicções para fundar uma empresa de consultoria que se propunha a ajudar as empresas a tomar decisões baseadas em informações intuitivas e não em estatísticas. Ela era uma testemunha viva de suas crenças, atraindo contratos para si pela própria essência de seu ser. Depois de dois anos, sua empresa de consultoria se transformou num negócio lucrativo.

O verdadeiro líder é aquele que está disposto a defender sozinho o que acredita ser correto. Ao contrário do "caça-cargos obsequioso" do *I Ching*, que se opõe ao homem iluminado e se lança avidamente às oportunidades, a pessoa superior encontra o equilíbrio entre a ação e a espontaneidade, por um lado, e a prudência e o discernimento do outro — confiando em que os ciclos de tempo se voltarão a seu favor mais cedo ou mais tarde.

Conceito Número Cinco:
O Relacionamento Correto

Nem todos nasceram para ser líderes. Embora sejamos todos iguais em nosso potencial de servir ao bem comum, não somos iguais na capacidade e no nível de coragem. Contudo, ao contrário da cultura ocidental, com sua ênfase na realização individual, o *I Ching* vê nobreza em servir os superiores com alegria. Se você admite que não tem a estabilidade necessária para defender isoladamente o que é certo, para ser o ponto focal da sua comunidade, o *I Ching* o estimula a prestar apoio a alguém que tenha essas características,

Dez Grandes Conceitos 49

juntando-se a outros que pensam da mesma forma e são liderados por alguém digno de seu apoio.

Em troca do serviço dedicado dos subordinados, o *I Ching* ensina o líder a "não abusar de sua grande influência", mas usá-la em benefício de todos. "Um governante iluminado e um servidor obediente — eis a condição da qual o progresso depende."

Vi essa idéia funcionar na prática durante o contato que tive com Tom, repórter de um jornal metropolitano. Novo no emprego, Tom tinha de escrever uma reportagem sobre *Excelência Interior* para uma coluna do caderno de economia. Ele tinha sido incumbido de traduzir meus princípios numa série de instruções práticas — um desafio além da capacidade dele, uma vez que esses princípios não se baseiam nos conceitos empresariais tradicionais com os quais ele estava familiarizado.

Como tivesse acabado de assumir o cargo, Tom queria provar sua capacidade de tomar iniciativas. Porém, depois de manusear os dados durante boa parte do dia, compreendeu que estava à deriva. Humildemente, dirigiu-se ao seu editor e pediu ajuda. Depois que a coluna foi publicada, Tom me contou que o editor tinha ficado muito contente com a atitude dele. Geralmente, os repórteres jovens não pedem ajuda no início do processo, desperdiçando um tempo precioso e entregando um material inaceitável. Ao pedir ajuda logo quando percebeu que estava perdido, ele demonstrou ter um relacionamento correto com o seu superior, pela disposição de assumir um papel servil numa relação de discípulo-e-mestre com o seu editor. Isso fez com que ele fosse destacado para muitos projetos importantes dali em diante.

O editor também ilustrou o princípio do relacionamento correto, criando um ambiente em que mesmo o membro mais vulnerável da equipe poderia admitir suas fraquezas sem medo de ser castigado. O próprio editor e o jornal beneficiam-se com essa filosofia aberta e receptiva, cujos adeptos são pessoas inspiradas que, libertas do fardo da ilusão, usam seu precioso tempo e energia para criar e não para se proteger.

Para confirmar mais uma vez esse conceito, lembro-me da história de uma decoradora de interiores de uma cidade pequena, que tentou criar uma empresa própria. A pedra no sapato da sua vida profissional era uma outra empresária que concorria com ela e tinha a vantagem de anos de prática, bem como um tino comercial inato.

Depois de passar vários anos lutando para se estabelecer, essa decoradora finalmente aceitou a sugestão de uma de suas amigas. Vencendo o orgulho, procurou a concorrente e lhe perguntou se poderia passar seus poucos clientes para a empresa maior. A outra empresária não apenas concordou como ficou radiante em aceitá-la — não como empregada, mas como sócia.

Os negócios floresceram para ambas, uma vez que, juntando as forças, elas tornaram-se para todos os efeitos a única opção na cidade.

Conceito Número Seis: Bondade

Você foi criado com uma natureza sincera, que é intrinsecamente boa. Quando se entrega ao espírito divino dentro de você, é instintivamente levado a fazer o correto e o melhor em cada circunstância, como quer que ela se afigure a você ou aos outros naquele momento. É pela entrega ao seu verdadeiro eu — a expressão do desenvolvimento mais elevado da sua natureza — que você irá alcançar a suprema experiência do sucesso. Seu Tao pessoal lhe pede para seguir aquilo que é bom em você, corajosa e pacientemente, espelhando e expressando o grande Tao, a manifestação suprema da regeneração, da vida, da luz e da bondade no universo.

A verdade desse princípio se expressa na história de Sybil, uma amiga minha que é apaixonada pela questão das crianças maltratadas. A certa altura, seu conhecimento e credibilidade nesse campo cresceram a ponto de ela ser convidada para fazer palestras sobre o tema.

Para aplacar seu medo, Sybil começou a procurar os melhores oradores de sua cidade; participou de suas palestras e seminários e estudou-lhes o estilo e a técnica. Finalmente, quando sentiu que compreendia o que era necessário para prender a atenção do público, subiu ao pódio.

Iniciando suas palestras com uma piada, Sybil deu um tom vivaz e despreocupado às suas mensagens. Ela queria que os ouvintes gostassem dela e lhe fizessem críticas favoráveis. Ficou chocada e desalentada, portanto, quando começou a ouvir comentários quase unanimemente negativos. Quando pediu conselho aos seus colegas, Sybil percebeu que tinha colocado a preocupação de agradar e divertir as platéias à frente da verdadeira razão que tinha para subir ao palco — educar e alertar as pessoas quanto aos horrores dos maus-tratos cometidos contra crianças.

Ela decidiu parar de se preocupar com seu desempenho e concentrar-se nos sentimentos reais que tinha a respeito do assunto. Entregou-se ao espírito divino dentro dela, que a levou a comunicar seus verdadeiros sentimentos e objetivos. Sybil se tornou uma palestrante controvertida, mesmo cáustica às vezes. Em vez de receber a aclamação universal que buscara com tanto empenho, ela passou a polarizar o público. Alguns concordavam com ela. Outros se opunham. Porém, as questões difíceis que Sybil abordava foram finalmente tratadas com sinceridade e eficiência.

Sybil entregou-se à sua verdadeira natureza, dando expressão a um bem maior. Quanto mais ela renunciava à sua meta de fazer-se querida e enveredava pelo caminho mais corajoso da fidelidade a si mesma, mais solicitadas se tornaram as suas palestras.

Outro exemplo prático desse princípio é a história de Thomas, um planejador urbano, que tinha sido criado para seguir a tradição profissional da família. Ao começar a carreira, Thomas logo compreendeu que tinha pouco interesse pelo desenvolvimento urbano. Porém, o trabalho não era totalmente desgastante do ponto de vista emocional, pois ele gostava dos aspectos do planejamento urbano ligados ao paisagismo. Por fim, descobriu que sua verdadeira inclinação era a própria jardinagem — o trabalhar com a terra e o cultivo orgânico de plantas. Seguindo o seu coração, Thomas demitiu-se de seu prestigioso emprego. Saiu de sua casa no bairro fino da cidade, instalou-se numa cabana com um terreno à volta e começou a fazer jardinagem orgânica. Sua paixão logo floresceu, trazendo-lhe um sucesso muito maior do que lhe seria possível obter como planejador urbano. Thomas fundou uma empresa que veio a se tornar uma das mais respeitadas empresas sem fins lucrativos de sementes orgânicas do país.

Esse tipo de sucesso não pode se manifestar pela pressão ou pela manipulação que visam obter vantagens ou recompensas pessoais. Ele não acontecerá se você tentar tomar um atalho, deixando que a busca da glória pessoal e a separação do bem comum impulsionem suas ações. O *I Ching* nos revela que a senda do progresso, que leva ao sucesso supremo, é simplesmente esta: "Quando ele descobre o bem nos outros, ele o imita e assim torna seu tudo o que existe sobre a terra. Se ele percebe algo mau em seu íntimo, se liberta disso... Essa mudança ética representa o mais importante incremento à personalidade."

Conceito Número Sete: Perseverança

Cresça lentamente e deixe que suas raízes penetrem fundo no solo. O *I Ching* ensina que as coisas boas que lhe acontecem são o resultado do trabalho que você realiza em seu caráter:

O homem só produz o verdadeiro desenvolvimento quando cria em si mesmo as condições para esse crescimento, por meio da receptividade e do amor ao bem. Assim, aquilo pelo que ele luta surge por si só, tão inevitável quanto as leis da natureza. Quando o crescimento, portanto, está em harmonia com as leis superiores do universo, ele não pode ser impedido por nenhuma constelação de acidentes...

Para um homem assim, a perseverança no decorrer do tempo é o fator-chave que determina o sucesso. Você acumula muitas coisas pequenas ao longo do caminho para descobrir, no fim, que conseguiu algo grande. O *I*

Ching usa a água como imagem da perseverança; a água estabelece um exemplo de conduta correta ao fluir sem esforço, rodeando os inúmeros desafios da vida. Quando a água encontra um obstáculo, ela se acumula sobre si mesma, finalmente transbordando para encontrar a liberdade.

Esse conceito esteve em ação recentemente, quando a minha agência procurou um cliente. Nós realmente queríamos esse cliente em particular e investimos muito tempo e energia na pesquisa do setor industrial no qual ele atuava, chegando a uma proposta bem sedutora. O setor industrial que esse cliente representava é altamente competitivo e especializado. Nós estávamos ansiosos para nos lançar naquele campo de atividade — e esse cliente constituía o acesso perfeito para nós.

A apresentação correu bem e pensamos que tínhamos conseguido a conta. Porém, logo depois, um envelope fino chegou, informando-nos sobre as más notícias: outra agência tinha sido selecionada.

Sentimo-nos derrotados — mas o nosso aborrecimento foi temporário. Pois quase imediatamente, um segunda empresa ligada ao mesmo setor industrial soube que a concorrência tinha contratado uma empresa de relações públicas. Eles nos procuraram e nos pediram para assumir sua conta — tratava-se de um contrato maior do que havíamos proposto à empresa original. Todo o trabalho que tínhamos realizado antes com o objetivo de entrar naquele segmento de mercado, embora parecesse desperdiçado, na verdade nos qualificara para o início rápido que essa empresa estava procurando. Se tivéssemos obtido a primeira conta, perderíamos a oportunidade de chegar a esse contrato melhor.

Conceito Número Oito: Condições

Numa cultura que valoriza a ilusão de que "se pode ter tudo", aprender com o *I Ching* que "a vida humana sobre a terra é condicionada e não tem liberdade" exerce sobre nós um efeito moderador e libertador. A raiz pode até querer brotar no inverno — porém, ela não é livre para fazê-lo. Existem no cosmos forças harmônicas e benéficas que operam em nossa vida. Encontramos o sucesso quando abandonamos o nosso esforço arrogante para controlar e dominar a vida, visando a ganhos pessoais — e nos permitimos agir de acordo com essas forças.

Uma colega de trabalho que também faz parte do meu círculo de amigos, gerente de recursos humanos de uma grande empresa de seguros, aprendeu sobre esse conceito em primeira mão. Profissional dedicada, acreditava que se você quiser um trabalho bem-feito, deve fazê-lo você mesmo. Ela realmente achava que se não estivesse presente, a empresa inteira viria abaixo. Trabalhava à noite, nos fins de semana — chegando facilmente a oitenta horas semanais.

Então, ficou grávida. Pensou que poderia vencer qualquer desafio que o destino lhe apresentasse, mas sua gravidez era de risco e exigia repouso absoluto. Subitamente, teve de se afastar de suas responsabilidades e ficar somente com as partes essenciais do trabalho, que poderiam ser providenciadas em sua casa, onde ela usava um computador portátil.

Ela foi forçada a confiar em que seus funcionários iriam mostrar-se à altura da situação. Estes, que tinham sido dolorosamente subutilizados durante o seu reinado, ficaram contentíssimos por assumir a responsabilidade, e todo o trabalho foi realizado com o mesmo alto nível de qualidade. De fato, em virtude das circunstâncias, os funcionários tornaram-se mais eficientes. O moral permaneceu elevado o tempo todo.

Depois do nascimento do bebê, a gerente de recursos humanos voltou ao trabalho. Ela resistiu à ânsia de retomar sua maratona de trabalho anterior à gravidez. Por causa da limitação forçada, havia aprendido que não era uma orquestra de um homem só, mas fazia parte de uma equipe. Adotando esse conceito, cortou seu trabalho semanal em 50% — e viu a produtividade crescer vertiginosamente.

Outro exemplo de alguém que agiu em conformidade com as condições da vida é o de Clark, um homem de muitos talentos, que seguiu dois caminhos principais em sua carreira — o de cantor e o de orador, dedicado a motivar as pessoas. Sem querer escolher entre ambos e achando que poderia ter tudo, Clark dividia seu tempo entre dois mundos incompatíveis, alcançando um sucesso moderado em ambos. Ao se aproximar dos 40 anos, sentiu que as oportunidades de se tornar realmente grande como cantor, num mercado cada vez mais dominado pela juventude, lhe escapavam. Percebeu que poderia optar por lutar contra os estereótipos — ou fluir com as condições que o tempo e o destino lhe impunham. Clark tomou a decisão de continuar cantando como passatempo — apresentar-se-ia como voluntário em hospitais e casas de repouso — concentrando porém suas energias nas palestras motivacionais. Esse era exatamente o impulso de que suas conferências precisavam. A carreira de Clark como palestrante e instrutor no campo da oratória motivacional se desenvolveu, assim como sua própria experiência de sucesso e realização. As limitações da vida tinham aberto sua grande capa negra para lhe revelar maravilhosos dons — oportunidades de felicidade que transcendiam seus sonhos mais extraordinários — lá dentro.

O *I Ching* ensina que "as possibilidades ilimitadas não são adequadas para o homem; se elas existissem, a vida dele iria apenas se dissolver no infinito. Para se tornar forte, a vida de um homem precisa das limitações ordenadas pelo dever e voluntariamente aceitas. O indivíduo só atinge o grau de um espírito livre cercando-se dessas limitações e determinando para si mesmo qual é o seu dever".

O mundo vegetal deve sua vida ao fato de se fixar ao solo no qual as forças vitais se expressam. Ocorre o mesmo na vida do homem. Para "alcançar influência sobre a terra", você tem de se entregar à sua verdadeira natureza.

Entretanto, isso não quer dizer que, depois de você agir assim, tudo vai acontecer como você quer. O *I Ching* nos ensina a perceber que mesmo a oposição tem um propósito. Quando você assume as suas limitações humanas, resta apenas uma forma de conseguir a realização: cultivar o amor pelo ciclo integral de criação e destruição no qual a vida se desenrola. Ao se render à vida, você sente de tudo, desde o êxtase até o desespero. O ciclo da vida lhe dará oportunidades de comemorar — e de lamentar. Você se submete à incerteza e à inconsciência. O *I Ching* indica que a chave para um coração sereno é desistir da resistência e aceitar o lugar onde você está agora, por mais desconfortável que ele possa ser.

Conceito Número Nove: Simplicidade

O *I Ching* não impõe restrições aos conceitos de prosperidade e "sucesso supremo", mas nos alerta para o fato de que o acúmulo de riquezas no topo da pirâmide vai fazer ruir toda a estrutura. O livro sugere que o leitor, em vez de acumular riquezas para uso pessoal, defina para si mesmo o que lhe é suficiente. Exaltando as virtudes das limitações auto-impostas, o *I Ching* adverte que "se vivermos com economia em tempos normais, estaremos preparados para tempos de escassez".

Em concordância com o pensamento ambientalista contemporâneo, o *I Ching* nos mostra que o mundo possui recursos limitados e que a simplicidade voluntária é uma maneira de viver em harmonia com as forças cósmicas. Porém, mesmo a moderação exige moderação. "Se um homem procurasse impor limitações dolorosas à sua própria natureza, isso lhe seria prejudicial. E se ele se excedesse ao impor limitações aos outros, estes iriam se rebelar." O livro nos guia no sentido de encontrar e definir para nós mesmos o "caminho do meio".

Um homem de negócios que trilhou o caminho do meio com sucesso foi um promotor de exposições ecológicas. Gene Farb, um antigo cliente nosso, apaixonara-se pela idéia de elevar o nível de consciência das pessoas quanto às questões ambientais.

Com a finalidade de promover a ética ecológica na população em geral, ele e vários sócios decidiram organizar exposições que seriam levadas a diferentes cidades do país todos os anos. Organizadas em grandes áreas abertas, as mostras visavam educar os visitantes sobre questões ambientais; estandes ofereciam produtos e serviços correlatos. Infelizmente, embora as apresentações fossem bem-organizadas e bastante freqüentadas, o investimento de tempo e dinheiro necessário para a produção do evento era enorme. Depois de algumas exposições, Gene e seus sócios abandonaram o projeto.

Havia, entretanto, uma luz na escuridão. Um estande dirigido por Gene, com a ajuda de sua família, dentro de cada exposição, havia suscitado grande interesse e muitas vendas. No estande eram demonstrados e vendidos produtos ligados à conservação de água, ao uso da energia solar, à redução de fumaça nas lareiras e assim por diante.

Gene percebeu que não precisava de uma exposição tão elaborada e tão grande para chegar ao que pretendia. Uma pequena operação de varejo atenderia às suas necessidades. Tomando o caminho mais simples possível, ele e seus sócios aplicaram seu capital na apresentação desses produtos ao melhor preço possível — evitando gastos com publicidade e vitrines requintadas. O ponto de venda foi chamado de Whole Earth Acess Company [Companhia de Acesso à Terra Inteira].

Essa loja foi muito bem recebida e já cresceu de forma orgânica, gerando várias novas filiais no norte da Califórnia. Parte do seu atrativo está na simplicidade, na sensação de armazém antigo, proporcionada pelas prateleiras e pela iluminação — a ausência de sofisticação e a ênfase na educação. Foi o caminho do meio de Gene e de seus sócios que provou ser a rota mais direta para um grande sucesso.

Outra empresa que se beneficia do caminho do meio é a Patagônia, fabricante e comerciante de roupas e equipamentos para serem usados ao ar livre. Na década de 80, a empresa cresceu até se transformar numa das maiores do país em vendas pelo correio; era impulsionada principalmente pelo desejo de ganhar o máximo possível de dinheiro para doá-lo ao movimento ecológico. No outono de 1991, a empresa oferecia 420 estilos diferentes de roupas em seu catálogo, noventa a mais do que no ano anterior.

Reconhecendo a ironia de que, ao "crescer por crescer", estavam inadvertidamente contribuindo para a poluição ambiental (para seu cultivo, o algodão utilizado na confecção de roupas exige o uso de pesticidas, os quais no decorrer do tempo tornam o solo estéril), os proprietários tomaram a decisão radical de simplificar. "Estamos limitando o crescimento da Patagônia nos Estados Unidos, com o objetivo final de interromper completamente sua expansão", anunciaram em seu catálogo.

Então, a empresa diminuiu em 30% sua linha de produtos, com o comentário: "O que isso significa para você? Bem, no último outono você podia escolher entre cinco diferentes tipos de calças para esqui; agora suas opções limitam-se a dois modelos. Isso, evidentemente, vai contra as concepções norte-americanas de liberdade de escolha, mas dois estilos de calças de esqui é tudo o que qualquer pessoa precisa."

O que a simplificação significou para a Patagônia? Ironicamente, 1992 foi o ano mais lucrativo até agora para a empresa.

Conceito Número Dez: Vigilância

O *I Ching* o alerta para permanecer sempre vigilante, com o objetivo de reconhecer os momentos que contêm as sementes do futuro — do sucesso ou do fracasso — para você. Ele nos ensina que a indiferença aos detalhes é "a raiz de todo o mal": "Aqui temos a regra que indica o curso normal da história. Porém essa regra não constitui uma lei inelutável. Aquele que compreende isso está em condições de evitar os efeitos dela, à força de uma perseverança e cautela incessantes."

O pré-requisito mais importante do sucesso é a consciência cada vez maior das alternâncias dos ciclos de tempo, de maneira que a pessoa possa fazer as correções necessárias com o objetivo de permanecer em harmonia com as forças do cosmos. Você só poderá fazer isso se tiver humildade suficiente para abandonar a busca incansável dos objetivos pessoais, entregar-se à sua natureza inata e dedicar-se ao bem comum. Se isso trouxer à tona para você a necessidade e a disposição de se manter no rumo certo sozinho, você terá descoberto a única expressão da verdadeira liderança que pode sobreviver às vicissitudes do destino.

Foi isso que aconteceu com Steven, representante de vendas de uma grande empresa de mudanças. A filosofia da sua empresa exigia dos funcionários a afirmação exagerada de um desempenho superior ao das empresas concorrentes. À medida que as inevitáveis queixas e problemas surgiam, Steven sentia-se cada vez pior em relação à cultura criada em sua empresa. Finalmente, ele decidiu que não poderia mais dar uma falsa impressão de si mesmo a seus clientes. Reconhecendo as sementes do futuro — somente o fracasso e a infelicidade descortinavam-se à sua frente se ele persistisse em lutar contra o seu próprio espírito —, começou a procurar outro emprego.

Durante o tempo em que procurou trabalho, Steven permaneceu vigilante, não se deixando levar por ofertas ou filosofias fascinantes na superfície, mas que lhe causavam uma sensação estranha na boca do estômago. Sua esposa preocupava-se, pois a conta bancária do casal diminuía; ela incentivava Steven a "comportar-se de forma mais realista" e aceitar o próximo emprego que lhe fosse oferecido, independentemente de suas dúvidas. Entretanto,

Steven manteve-se firme. Depois de algum tempo, ele encontrou um velho colega de faculdade que lhe falou sobre uma pequena empresa de mudanças que tinha contratado por ocasião de sua última mudança. A empresa pareceu perfeita para Steven. Ele lhes telefonou e descobriu que estavam procurando alguém com as suas qualificações e a sua experiência. Steven juntou forças às da empresa, encantado com o fato de seu novo grupo partilhar sua consciência crescente de que a honestidade é a melhor política.

Em vez de apresentar aos clientes um pacote fechado de vendas, percebeu que era capaz de dizer-lhes toda a verdade — educando-os a respeito dos riscos envolvidos na mudança de aparelhos e objetos domésticos de um lugar para outro. Depois de apresentar a explicação, ele assegurava aos clientes que faria tudo o que fosse humanamente possível para minimizar os danos. Mostrava-se sincero, autêntico — e essa atitude criou nos clientes um nível de confiança muito maior do que suas tentativas anteriores de fechar negócios.

Dada a natureza cíclica da vida, a cada momento certos aspectos seus estão se desenvolvendo, enquanto outros estão morrendo. O *I Ching* ensina que a única coisa importante é fazer tudo o que deve ser feito — integralmente — e seguir adiante. Faça uma pausa para lamentar aquilo que você está deixando para trás, mas invista sua energia vital naquilo que está nascendo. Este é o caminho do sucesso supremo.

Estes, portanto, são os Dez Grandes Conceitos extraídos do *I Ching*, que considero particularmente úteis no mercado de trabalho contemporâneo. Eles são, de fato, a base de sustentação daquilo que chamamos de "O Novo Paradigma". É irônico que o "novo" paradigma tenha tanto em comum com a sabedoria de três mil anos atrás. Enquanto o *I Ching* nos instrui quanto aos ciclos de tempo, os conselhos contidos em suas imagens poéticas — tão vitais e pertinentes há três mil anos — voltam ciclicamente à nossa consciência renovados e revitalizados.

Sou muito grata por ter encontrado um mestre tão sábio, capaz de transcender as limitações de uma e outra era histórica, ao mesmo tempo que oferece orientação para resolvermos os problemas enfrentados no mundo dos negócios atualmente. Na próxima parte deste livro, delicadamente guiada pelas muitas horas que passei imersa na visão de mundo do *I Ching*, vou responder a cem questões difíceis do mundo dos negócios, levando o leitor a uma solução sempre que possível — ou à invocação de esperança e de recuperação, naqueles casos em que a abordagem prática do problema é insuficiente.

Prepare-se para se surpreender.

PARTE DOIS

Cem Problemas
Profissionais Difíceis

O que nasce do céu sente-se ligado ao que está acima. O que nasce da terra sente-se ligado ao que está embaixo. Cada qual segue o que se lhe assemelha.

— *Confúcio*

Nota da Autora

Foi fácil para mim identificar cem problemas profissionais difíceis que o trabalhador contemporâneo pode ter de enfrentar no curso de sua carreira. Muitos deles foram tirados das sessões de perguntas e respostas que eu sempre promovo, com o maior gosto, ao final de cada uma das minhas palestras; e das cartas enviadas à minha publicação *Inner Excellence: The Bulletin of Success and Spirituality*. Outros foram extraídos dos milhares de situações complicadas com que eu mesma me defrontei durante as duas décadas de atuação no mundo dos negócios. De fato, posso modestamente afirmar que, se me sobressaio em alguma coisa, é em deparar com questões penosas no trabalho.

Se você tiver algum problema ou preocupação premente, poderá examinar esta seção e verificar se um ou mais destes problemas correspondem à questão. Sinta-se à vontade para abordar diretamente esses problemas específicos. Você pode ainda usar este livro como um instrumento de adivinhação, abrindo-o ao acaso em qualquer página e procurando o significado do ponto específico sobre o qual seus olhos caírem.

Para obter o máximo benefício deste livro, entretanto, sugiro que você leia seqüencialmente todos os problemas e suas respostas. Alguns, que a princípio não lhe parecerão pertinentes, poderão conter idéias e conhecimentos aplicáveis ao seu conjunto específico de circunstâncias. Porém, o mais importante é que, ao repassar todas as respostas, você começará a treinar-se para pensar e comportar-se de modo diferente no ambiente de trabalho. Começará a ver de outra maneira a sua vida e a vida daqueles com quem trabalha.

Nas respostas, quando cito ou menciono o *I Ching*, estou me referindo à tradução do antigo texto ou a comentários sobre ele feitos por Confúcio e outros, tais como aparecem especificamente na edição de Wilhelm/Baynes. Por outro lado, as citações de Confúcio são tiradas da obra de Lin Yutang, *The Wisdom of Confucius*, ou de *The Analects of Confucius*, traduzido por Lionel Giles.

Quando começar a aplicar essa nova maneira de ser e estar no ambiente de trabalho, lembre-se de que a sua maior tarefa é manter-se em íntima comunicação com a sua própria sabedoria interior. Nenhuma outra pessoa, nenhum livro ou sistema de crenças, nenhuma técnica devem jamais se interpor entre você e o seu bom senso.

Está preparado?

Muito bem. Começamos com o problema número um: Como Confúcio pediria um aumento de salário?

1

A Administração de sua Carreira

Se o homem trabalhar em silêncio e perseverar na eliminação das resistências, no final obterá o sucesso.

— *I Ching*

Problema Profissional Difícil nº 1

Como Confúcio pediria um aumento de salário?

O *I Ching* nos ensina que "o homem superior se familiariza com muitos provérbios antigos com o objetivo de fortalecer seu caráter" — e, enquanto isso — quem sabe? —, também para conseguir um salário maior.

Felizmente, você tem acesso às orientações oferecidas pelo *I Ching*, o livro que Confúcio consultava ao se defrontar com desafios em sua vida. A partir disso, você poderá deduzir como Confúcio teria abordado o problema constrangedor do pedido de aumento e aprender com o exemplo dele.

Comecemos com uma boa notícia: você quer algo de alguém e tem medo que esse alguém não queira dá-lo a você.

Essa é uma boa notícia? Sim, desde que você pense como Confúcio. Porque, nessa situação, o *I Ching* nos ensina a admitir e acolher a tensão dinâmica inerente à oposição. Esta, quando encarada como um estado positivo e não ameaçador, conduz naturalmente à sua resolução. Ela é, na verdade, a fonte de toda a inovação e criatividade.

Sob esse prisma, a questão se torna: Como você pode fazer a oposição atuar em seu favor?

Primeiro Passo: A maioria dos chefes gosta de pensar que lhe dar um aumento é idéia deles. Mesmo quando você se encontra diante da mais receptiva das condições, levará algum tempo até implantar e reforçar, com suficiente sutileza, a noção de que merece o aumento. Portanto, comece o seu "ciclo de aumento de salário" — tal como o chamaremos aqui — algum tempo *antes* da época em que planeja obter seu próximo aumento. Se tentar acelerar o processo, você poderá se ver na posição de um fazendeiro que corre atrás de seu cavalo fugitivo — quanto mais o persegue, tanto mais depressa ele corre e tanto mais se afasta. Contudo, se você desistir de querer pegá-lo, depois de um tempo ele virá até você por vontade própria.

Isso não significa que você deva se reclinar em sua poltrona passivamente e esperar a nova revisão de salários. Ao contrário, inicie seu ciclo de aumento de salário agora, pesquisando a política de revisão de salários de sua empresa. A empresa dispõe de um mecanismo para isso? As revisões ocorrem anualmente? A cada seis meses? Talvez o seu aumento esteja atrasado; e então, obtê-lo será apenas uma questão de lembrar ao seu chefe que você tem direito a uma revisão de salário.

O chefe pode até dizer: "Você está certo. Você trabalhou muito bem este ano. Aqui está o dinheiro que você quer, um cargo mais elevado, uma sala particular e uma BMW." (Milagres acontecem. Lembre-se sempre de estar preparado para aceitá-los.)

Segundo Passo: Entretanto, se o seu aumento não estiver atrasado — e/ ou o milagre não ocorrer — você poderá assumir um papel ativo para desencadear o seu ciclo de aumento de salário, pedindo ao seu chefe uma revisão não-salarial.

Com isso, estará solicitando uma avaliação do seu desempenho atual. Não estará fazendo-o por sentir-se mal ou para defender-se em relação ao que fez ou deixou de fazer. Ao contrário, a sua missão é identificar os fatos para conhecer a sua posição inicial; se quiser chegar à meta para a qual se dirige, você precisa descobrir onde se encontra atualmente.

Não espere. Faça-o o mais depressa possível. E ouça com a mente aberta as informações que receber.

Terceiro Passo: Faça com que o seu chefe se torne um membro do seu comitê para aumento de salário. (Você é o outro membro.) Para tanto, agradeça ao seu chefe pelos comentários e depois peça-lhe ajuda para estabelecer uma meta salarial, baseada em critérios de desempenho que você irá cumprir até a data de sua próxima revisão de salários. Assegure-se de que ambos saibam quando isso ocorrerá — e quais serão as suas expectativas para essa importante reunião.

Para ajudar o chefe a fixar um aumento salarial aceitável para você, você deve ter em mente o que espera obter — um limite inferior (o mínimo que esperaria receber) e um limite superior (a soma que o faria vibrar de contentamento). A seguir, coloque sua energia e suas expectativas numa posição intermediária — em algum ponto entre ambos, mas mais próximo ao que considera um aumento razoável.

O salário que você pede deve ser inspirador, sem intimidá-lo. Estabeleça um total que não apenas reflita a sua contribuição para a empresa até agora, mas seja grande o suficiente para acomodar o crescimento pelo qual você pretende passar entre esta e a próxima revisão.

Se o seu chefe "ajudá-lo" a estabelecer uma meta salarial que esteja de acordo com o seu aumento de nível intermediário — ótimo. Se esta se aproximar do limite superior — melhor ainda. Se, entretanto, estiver perto do limite inferior, sua revisão não-salarial é o momento de plantar a semente de expectativas maiores. Você dirá simplesmente: "Acho que vou alcançar facilmente as metas que garantem o aumento de salário proposto pelo senhor. Mas o que mais eu precisaria fazer entre esse momento e a época do aumento se eu pretender um aumento um pouquinho maior?... O que tenho em mente é..."

Quarto Passo: Uma vez que seu chefe tenha concordado com o seu plano, cabe a você mantê-lo informado do seu progresso. Imediatamente após a reunião de avaliação não-salarial, envie-lhe uma nota de agradecimento, repetindo delicadamente o aumento de salário que foi mutuamente estabelecido como sua meta — e o curso de ação combinado para você.

O memorando ocasional e um relatório informal, informando-o do seu sucesso em relação à meta, serão suficientes para manter a bola em jogo.

Quinto Passo: Quando chegar o momento de realizar a revisão planejada, seu chefe muito provavelmente lhe apresentará o aumento — orgulhoso da maneira pela qual ele conseguiu, de maneira brilhante, que você crescesse na empresa.

Você terá obtido esse resultado positivo por agir em harmonia com as exigências do tempo.

Confúcio diz que o homem superior "tranqüiliza a sua mente antes de falar; ele argumenta com firmeza antes de pedir algo". Ao cuidar dessas questões, "o homem superior se põe em segurança. Porém, se um homem for brusco em seus movimentos, os outros não cooperarão. Se for agitado em suas palavras, estas despertarão eco nos outros. Se pedir algo sem ter primeiro apresentado seus argumentos, o que pede não lhe será dado".

Portanto, em resumo, como Confúcio pediria um aumento de salário?

Resposta: Ele simplesmente *tornar-se-ia* a pessoa apta a ganhar um salário maior.

Se você deu o melhor de si para resolver a situação e não obteve o aumento que gostaria, veja o Problema Profissional Difícil nº 55.

Se obteve o aumento, mas em vez de estar exultante, sente-se estranhamente deprimido, veja o Problema Profissional Difícil nº 21.

Problema Profissional Difícil nº 2

Acabei de ter uma grande oportunidade! Adoro o meu trabalho — e agora me ofereceram uma promoção para um cargo mais elevado. Por que isso me perturba?

Enquanto as outras pessoas estão ocupadas cumprimentando-o, eu gostaria de lhe oferecer meu apoio sincero à sua realização mais importante: a disposição de reconhecer seus verdadeiros sentimentos a respeito da questão. Muitos são arrastados pela euforia decorrente das novas oportunidades e esquecem de se perguntar o que querem realmente.

Quando o destino se aproxima de você trazendo-lhe dádivas aparentemente atraentes, é fácil ser seduzido e desistir da sua liberdade mais preciosa: o direito de estabelecer suas próprias metas. Lembre-se: você tem o direito de criar metas que inspirem entusiasmo e não desconforto emocional. Você tem o direito de cumprir o seu destino num ritmo que atenda a todos os aspectos de você mesmo — físico, espiritual, intelectual e emocional. Depende de você determinar até que ponto e a que velocidade você quer progredir — e, o mais importante, como você define progresso antes de tudo. Lembre-se de que você tem escolha.

Ao receber os aplausos enquanto atravessa o corredor do escritório, você se sentirá tentado a ignorar sua perturbação, atribuindo-a ao nervosismo normal que sempre aparece quando se enfrenta um novo desafio. Talvez você tenha razão.

Entretanto, um amigo muito sábio me disse certa vez que, diante de uma escolha como a que você enfrenta agora, há sempre uma maneira segura de tomar a melhor decisão: "Siga a direção do crescimento."

Porém, onde está o crescimento nisso para você?

Será superar o medo e assumir o novo cargo? Ou poderia se tratar de algo completamente novo e diferente?

Façamos uma pausa para analisar por um momento como é raro e maravilhoso você ter encontrado alguma coisa que gosta de fazer. Embora todos o estejam puxando pela manga e empurrando-o para a frente, você sabe que é a estabilidade do seu cargo atual que está lhe permitindo crescer de maneira nova e diferente em sua vida. Talvez a confiança que você sente nesse trabalho lhe esteja dando coragem para experimentar novas estratégias — um outro ritmo, por exemplo, ou um método de interação criativa com os seus subordinados. Você foi escolhido para a promoção exatamente pelas qualidades que poderiam ser relegadas a segundo plano se você tivesse de assumir responsabilidades novas e diferentes neste momento. Por outro lado, pode haver elementos em seu novo cargo que não o atraem. Talvez tenha de viajar mais. Ou trabalhar mais horas por semana.

De fato, se você parar para examinar integralmente os seus sentimentos e motivos, poderá reconhecer que o impulso que o leva a aceitar é alimentado basicamente pelo egoísmo e pela ambição.

Talvez, enquanto toda a empresa comenta em voz baixa que você está desperdiçando essa grande oportunidade porque está com medo, você na verdade está-se mantendo firme, animado pelo mais elevado grau de coragem já demonstrado em sua vida.

Só você pode saber onde está o crescimento para você.

Se você está inclinado a aceitar o cargo, mas tem medo de decidir pela coisa errada, veja o Problema Profissional Difícil nº 49.

Se prefere recusar o cargo, mas sente-se obrigado a assumi-lo, veja o Problema Profissional Difícil nº 90.

Problema Profissional Difícil nº 3

No momento gosto do meu trabalho, mas não consigo me imaginar fazendo isso pelo resto de minha vida. Quando devo começar a me preparar para uma carreira de longo prazo, na qual vou querer permanecer até o fim?

O *I Ching* nos ensina que, quando uma fonte começa a jorrar, ela não sabe para onde vai. A água se lança para a frente, correndo entre pedras e árvores, até encontrar o primeiro lugar profundo ao longo de seu percurso. Ela permanece nesse ponto tanto tempo quanto for preciso, inundando o local que aparentemente está bloqueando o progresso. Nada pode prender a água por muito tempo ou alterar sua natureza. Quando chega o momento certo, seu nível sobe acima das margens e ela transborda, prosseguindo em seu caminho.

A lição que a nascente contém para você é o fato de você já estar trabalhando para o estabelecimento de sua carreira de longo prazo.

Acredite: você pode confiar em sua própria felicidade. Este é o primeiro poço profundo ao longo do caminho. À medida que seu nível for se elevando em direção à borda, tenha fé de que você verá o leito vazio do rio adiante, chamando-o para si. Você saberá onde e quando responder ao seu chamado. Não precisará se esforçar para isso — nem lutar pela realização. Pelo contrário, quando o momento chegar, você transbordará alegremente, como a água, sem fazer esforço para prosseguir em sua jornada.

Saiba que você tem capacidade para lidar com tudo o que se apresentar ao longo do caminho. Se tiver a sensação de estar paralisado ou preso, você poderá simplesmente fluir ao redor dos obstáculos.

Certamente, você prefere ter controle sobre o seu progresso, seu ritmo, seu futuro. Saiba disto: você tem o direito de confiar em cada momento de sua jornada, quer durante os períodos de depressão, quer quando estiver progredindo. Tenha fé — sobre isso você pode ter controle. Porém, abra mão do resto. O excesso de controle sobre o seu caminhar impõe limitações à sua aventura.

Se você sente que não está realizando seu potencial, veja o Problema Profissional Difícil nº 13.

Se você gosta do que faz, mas sua família ou amigos o estão pressionando para abandonar seu emprego atual, veja o Problema Profissional Difícil nº 42.

Problema Profissional Difícil nº 4

Sempre tive um ótimo relacionamento com o meu chefe, mas agora é tempo de seguir em frente. Recebi uma oferta de emprego que gostaria de aceitar; entretanto, não sei como lidar com isso sem ferir os sentimentos do chefe.

Seu desejo de poupar o chefe é louvável — mas não é inteligente nem adequado. Mesmo que isso seja doloroso para ambos agora, somente se pode respeitar e servir a integridade de um relacionamento quando cada um dos participantes está sendo sincero consigo mesmo.

Você não pode servir a ninguém, nem ao seu chefe nem muito menos a você mesmo, ao negar seu imperativo interior com base numa falsa idéia de lealdade — o esforço nobre mas mal dirigido de evitar a dor e o incômodo do crescimento para as pessoas envolvidas. Os relacionamentos perdem a sua vitalidade; a inspiração é substituída pelo dever; a exaustão e o desgaste se insinuam através das fendas criadas pela autonegação. Mesmo com a melhor das intenções, quando você sufoca seu imperativo de crescimento em favor de outra pessoa, passa a drenar a energia da própria organização que está tentando proteger e preservar.

Se você realmente se preocupa com o chefe e sua empresa, a melhor estratégia para atender às necessidades dele é a disposição de reconhecer o momento de seguir em frente e agir de acordo.

Quanto mais integralmente você adotar esse ponto de vista esclarecido, melhor você há de lidar com a separação; você agirá com suavidade e estilo. É o medo que o faz ocultar sua partida, como se esta fosse um segredo horroroso; ele virá à tona ou será transmitido de forma indelicada quando seu chefe menos esperar. Você conjectura às escondidas a respeito do melhor momento e lugar. Manipula e desenvolve estratégias. Quando finalmente a revelar, sua informação virá velada por meias-verdades, explicações, acusações ou desculpas. Nenhuma dessas coisas será apropriada.

A maneira certa de lidar com essa situação é deixar que seu chefe tenha acesso aos seus pensamentos assim que se tornar clara para você a necessidade de partir. Sim — mesmo antes de ter começado a procurar outro emprego, antes de ter se lançado no processo de organizar uma rede de novos contatos.

Contudo, dirá você, se eu contar ao meu chefe sobre isso, ele não vai me despedir ou dispensar?

Você afirma que tem um relacionamento maravilhoso com o seu chefe. Isso não significa que vocês se respeitam mutuamente? Valorizam a honestidade um do outro? Encorajam um ao outro a correr riscos? Se isso é verdade, você deve ser leal ao espírito desse relacionamento, deixando que a verdade e a sinceridade estejam presentes no final, assim como estiveram no início e no decorrer do mesmo.

O discípulo Tsekung perguntou a Confúcio: "Existe uma única palavra que pode servir como princípio de conduta para a vida?"

Confúcio respondeu: "Talvez a palavra *reciprocidade* sirva. Não faça aos outros o que você não quer que eles façam a você."

Se for suficientemente corajoso para permitir que seu chefe participe do seu processo, talvez você tenha uma surpresa agradável. Talvez ele esteja esperando isso há algum tempo. Talvez ele tenha idéias ou contatos que o ajudem a seguir em frente.

Existem metas divergentes. Os bons participantes do jogo dos negócios aceitam isso como a natureza agridoce dos relacionamentos. Em vez de resistir à possibilidade de mudança, de transição e, em última análise, de separação na vida profissional, eles mantêm seus relacionamentos profissionais de forma amorosa, mas sem se apegar em demasia. Você acredita que, no caso do relacionamento com seu chefe, a alegria presente na parceria era decorrente dessa ligação. Porém, a verdade é que antes de se ligarem um ao outro, cada um de vocês teve de estabelecer uma relação com os seus próprios objetivos interiores. O grau em que suas metas coincidiram foi o grau de sucesso do relacionamento entre vocês.

O melhor é concentrar a atenção não na lealdade à outra pessoa, mas nos ditames do seu próprio coração. O chefe esclarecido sabe que só tem a ganhar por encorajar os subordinados a seguir suas convicções interiores — mesmo que a voz que manteve esse grande funcionário servindo tão bem à empresa no decorrer dos anos seja a mesma que agora o está levando embora. O chefe experiente tem fé de que a capacidade de criar um relacionamento leal com você gerou uma capacidade mais elevada de desenvolver um relacionamento ainda mais leal com o próximo funcionário. Ele aprendeu a fortalecer as pessoas. Embora possa sentir falta do caráter e do sabor particular que você trouxe ao ambiente de trabalho, sua partida permite também a ele que se aproxime do portal do seu próximo estágio de desenvolvimento como líder.

Não que esse tipo de mudança seja agradável para qualquer um de vocês. Nós queremos que nossas transições sejam fáceis e indolores. Porém, a verdade é que a obediência às convicções interiores com freqüência exige um sacrifício. No nível mais superficial, você vai sacrificar o prazer da interação cotidiana com uma pessoa em quem pode confiar. Você poderá lamentar essa perda. Num nível mais profundo, talvez tenha de sacrificar a idéia de que é uma pessoa que não causa sofrimento aos outros. Contudo, ainda mais pertinente é o fato de que, nesse caso, você poderá ter de sacrificar uma outra idéia sua: a idéia de que você sabe o que é melhor para o seu chefe... o que ele realmente quer ou precisa.

Na verdade, tudo que lhe é possível saber com certeza nessa situação é que você recebeu uma indicação clara — vinda de fontes interiores e exteriores — de que, para ser fiel a si mesmo, você tem de seguir adiante.

Você confia nessa voz? Caso confie, será capaz de lançar-se, apoiado pela fé, na direção de uma nova perspectiva: se obedecer aos ditames do seu coração, os resultados serão os melhores possíveis para todos os interessados.

Se você respeitou o longo relacionamento entre vocês, permitindo ao seu chefe participar do seu processo logo no início do mesmo, e foi despedido antes de ter conseguido encontrar um novo emprego, veja o *Problema Profissional Difícil nº 58.*

Problema Profissional Difícil nº 5

Eu era a pessoa mais qualificada para uma promoção — mas quem ganhou a promoção foi outro funcionário. Devo lutar contra isso?

Geralmente, os desafios da vida se apresentam a você como uma bola de lã emaranhada. Você sabe que a ponta do fio está em algum lugar — mas onde? Como descobrir o que é certo fazer? Talvez tenha de separar os diversos aspectos da questão, fio por fio, para conseguir perceber o que você quer. A seguir, apresento um exercício que chamo de "Diálogo com seu Eu Superior". Use-o para resolver este — ou qualquer outro Problema Profissional Difícil — e você descobrirá que teve a resposta em seu íntimo o tempo todo.

Diálogo com seu Eu Superior

Qual é a situação de sua vida que você mais anseia por resolver no presente?
Que resultados você gostaria de alcançar acima de tudo?
Como tentou resolver a situação até agora?
Qual foi o ponto dessa estratégia que não funcionou?
Como você se sente em relação a essa situação?
Que juízos fez a respeito dessa situação — ou do papel que desempenhou nela até o presente?
Que recompensa ou benefício você recebeu pelo fato de essa situação existir em sua vida?
De que outra maneira — mais favorável para você — poderia você obter o mesmo benefício?
Qual é a verdade a respeito dessa situação?
O que você tem de admitir a respeito dessa situação?

O que você pode mudar nessa situação?
O que você gostaria de ver acontecer?
Como você seria afetado se essa situação se resolvesse?
Que aspecto de sua vida você estaria disposto a mudar para obter a solução que gostaria?

Agora que você já conhece o processo do "Diálogo", façamos um teste, nesse campo de discussão em particular. Quaisquer que sejam as suas circunstâncias de vida, o "Diálogo" certamente lhe brindará com um ponto de vista mais amplo.

EXEMPLO DE DIÁLOGO

Qual é a situação de sua vida que você mais anseia por resolver no presente?
Não recebi a promoção que merecia receber.

Que resultados você gostaria de alcançar acima de tudo?
Quero o cargo que mereço.

Como tentou resolver a situação até agora?
Conversei sobre o assunto com meus amigos, dentro e fora da empresa.

Qual foi o ponto dessa estratégia que não funcionou?
Eles não têm poder para me conseguir a promoção.

Como você se sente em relação a essa situação?
Sinto-me aborrecido e irado.

Que juízos fez a respeito dessa situação — ou do papel que desempenhou nela até o presente?
Odeio a minha chefe — ela se deixa adular e é influenciada pelo ruído da fritura, jogando fora o bife. Estou cansado de ser sempre relegado a segundo plano.

Que recompensa ou benefício você recebeu pelo fato de essa situação existir em sua vida?
Faz tempo que eu sabia que minha chefe era assim, mas eu não queria criar polêmica porque pretendia permanecer no meu cargo o bastante para que ninguém pudesse me acusar de saltar com freqüência de um emprego para outro. Sou ambicioso e meu currículo é importante para mim.

De que outra maneira — mais favorável para você — poderia você obter o mesmo benefício?

Não tinha parado para pensar que eu já fiquei aqui por um tempo suficiente e que consegui um currículo bastante impressionante. Ninguém vai me acusar de mudar com freqüência de emprego.

Qual é a verdade a respeito dessa situação?

Estive nesse cargo tempo suficiente. Não é agradável trabalhar para alguém por quem não tenho respeito, mesmo que eu goste da empresa. Não competi pela promoção porque na verdade não quero continuar trabalhando para a minha chefe. É por isso também que não me rebelei contra o fato de não ter sido promovido. A última coisa que quero é ser apanhado na armadilha de um cargo de maior responsabilidade, no qual teria de responder a alguém como ela. Sinto-me melhor agora, ao ser capaz de admitir que o fato de ter ficado no emprego pelo tempo que fiquei e me abstido de lutar pela promoção foi uma estratégia inconsciente em relação à minha carreira — e não falta de respeito por mim mesmo.

O que você tem de admitir a respeito dessa situação?

Gostaria que minha chefe fosse diferente — mas já tentei de tudo para mudá-la. Desisto. Se eu me dirigir diretamente ao superior dela, será ruim para mim politicamente. A verdade seja dita: creio que já consegui tudo o que podia conseguir na atual situação. Embora me agradasse muito continuar na empresa, se eu quiser buscar aquilo que mereço tenho de admitir que terei de estar disposto a abandonar o emprego.

O que você pode mudar nessa situação?

Posso começar a procurar outro emprego. Posso usar meus amigos na empresa para que o boato se espalhe e muito possivelmente chegue aos ouvidos dos superiores de minha chefe.

O que você gostaria de ver acontecer?

Gostaria de arranjar outro emprego, contar à minha chefe, e depois ver ela e os superiores dela me pedirem para ficar — talvez mesmo me apresentarem uma oferta competitiva dentro desta empresa, melhor que a promoção perdida — porém, estando subordinado a alguém que eu respeite.

Como você seria afetado se essa situação se resolvesse?

De qualquer forma, estarei melhor do que estava antes desse fracasso.

Que aspecto de sua vida você estaria disposto a mudar para obter a solução que gostaria?
Estou disposto a dar início à rede de boatos, contando aos meus amigos na empresa que estou começando a procurar um novo emprego.

A propósito, esse exemplo de diálogo foi baseado numa história real, protagonizada por uma amiga minha — uma executiva do setor de roupas. E qual foi o resultado?

Sandy jogou suas cartas corretamente. Quando a direção soube da sua insatisfação, milagrosamente encontrou um cargo para ela na empresa. Não se tratava de qualquer cargo, entretanto — mas sim do cargo de sua antiga chefe.

Ela não vai precisar de seu currículo por bastante tempo.

Se, além de tudo, o cargo foi dado a uma pessoa de honestidade duvidosa, veja o Problema Profissional Difícil nº 63.

Se o verdadeiro motivo pelo qual você quer lutar pelo emprego é o fato de odiar ficar em segundo lugar, veja o Problema Profissional Difícil nº 89.

Se o fato de ter sido preterido lhe serviu como um alerta e, quer queira, quer não, você compreende agora que se encontra num momento de transição que o levará a um novo relacionamento com o seu trabalho — ou mesmo a um emprego totalmente novo, veja o Problema Profissional Difícil nº 58.

Problema Profissional Difícil nº 6

A entrevista para o emprego transcorreu sem dificuldades, mas várias semanas se passaram e não fui contatado por eles. Pediram que eu não telefonasse. Como posso controlar a situação, evitando fazê-los perder o interesse por excesso de insistência?

Busque refúgio no fato de ter-se apresentado bem quando teve a oportunidade e, pelo que você sabe, ter sido bem aceito. Embora isso possa representar um esforço para você neste momento de espera ansiosa, a verdade é que sua capacidade de não perder o contato com o seu íntimo e com as outras pessoas no contexto estressante de uma entrevista de emprego é mais importante para você a longo prazo do que conseguir ou não esse cargo em particular.

No lado deles, o desfecho pode ser influenciado por um sem-número de coisas sobre as quais você não tem poder algum: eles perdem um cliente importante e o cargo desaparece; decidem promover um funcionário da empresa; o marido da diretora decide voltar a trabalhar depois de ter se aposentado e assume esse cargo — as possibilidades são múltiplas. Não é você que está sendo julgado. O primeiro passo é separar o resultado em potencial, qualquer que ele seja, do que você sabe com certeza a respeito de quem você é e do que você merece. Enquanto espera pela resposta, mantenha-se convicto de que está destinado a conseguir o emprego de seus sonhos. Talvez seja esse — talvez um ainda melhor esteja esperando pelo momento certo para se manifestar. Você está amadurecendo. Logo, será colhido. Qual será a feliz empresa que vai tê-lo como funcionário?

Com essa disposição mental positiva, você será capaz de tomar as melhores decisões relacionadas com a forma e o momento de contatar seus eventuais empregadores. Por exemplo, pediram que você não lhes telefonasse — mas nada disseram a respeito de cartas. Uma carta após a entrevista, agradecendo-lhes pela atenção, e reiterando seu desejo de trabalhar para a empresa e expondo-lhes concisamente as razões pela quais você crê que essa aliança seria boa para ambas as partes, é um gesto pequeno que poderá destacá-lo em relação aos outros candidatos. À medida que os dias passam, continue a buscar oportunidades de entrar em contato. Você leu uma notícia a respeito da concorrência naquele setor específico, e que poderia ser interessante para o seu entrevistador? Faça-a chegar às mãos dele. Você elaborou uma estratégia pela qual um dos produtos da empresa poderia ser colocado no mercado? Envie-lhes sua contribuição. Por fim, quando você achar que eles já tiveram tempo suficiente para tomar uma decisão, tome a iniciativa e lhes telefone. Você tem o direito de não ser deixado indefinidamente na expectativa de uma resposta. Se eles realmente quiserem você, seu telefonema não os fará mudar de idéia.

Qualquer que seja o resultado, a chave é não investir um excesso de energia nessa oportunidade, como se este fosse o único emprego para você. Aliás, a melhor coisa que você pode fazer enquanto espera notícias é continuar a procurar outros empregos com um entusiasmo renovado.

O *I Ching* afirma que se um homem cultivar dentro de si qualidades de caráter — tais como força, fé e perseverança —, não terá de se esforçar para obter ofertas. Aquelas que estão destinadas a lhe pertencer se manifestarão espontaneamente. "Quando o poder silencioso do caráter de um homem está em ação, os efeitos produzidos são os efeitos corretos. Todos aqueles que estiverem receptivos às vibrações de um espírito como esse serão influenciados."

Se essa oportunidade não se concretizar e não houver outro emprego que dê sentido à sua vida, veja o Problema Profissional Difícil nº 59.

Se você ficar deprimido e tiver medo de que a sua atitude negativa o prejudique, veja o Problema Profissional Difícil nº 88.

Problema Profissional Difícil nº 7

Acabei de me formar na melhor universidade do país e tudo que consigo encontrar no setor que escolhi são empregos burocráticos. Devo ficar em casa e continuar insistindo até obter algo melhor ou aceitar o que está disponível?

O segredo do sucesso é simples: você pode começar em qualquer lugar. O importante é começar. Onde e como? No único lugar que lhe é possível: onde você está agora. Onde é isso? Numa situação em que apenas trabalhos de escritório estão disponíveis.

Aceite esse tipo de trabalho. Ao agir, você coloca forças em movimento que lhe trarão novas oportunidades. Quanto antes começar, mais depressa novas oportunidades se abrirão para você.

Se você aceita o emprego e o detesta, veja o Problema Profissional Difícil nº 44.

Se sentir que ao assumir esse trabalho não estará utilizando todo o seu potencial, veja o Problema Profissional Difícil nº 13.

Se aceitou o trabalho, mas sente que na verdade deveria estar fazendo o trabalho do seu chefe, veja o Problema Profissional Difícil nº 11.

Problema Profissional Difícil nº 8

Acabei de conseguir o meu primeiro emprego e já estou tendo dificuldades. Esforço-me para agradar o meu chefe, fazendo o que acho que ele quer — mas em seguida as coisas explodem para o meu lado. O que há de errado comigo?

O *I Ching* ensina: "No tempo da juventude, a insensatez não é um mal. Pode-se obter sucesso apesar disso." Em outras palavras, a grande dádiva de ser jovem é que essa é a única época da vida em que a pessoa tem uma boa desculpa para ser imatura. Porém agora, o destino o obriga a aprofundar seu ponto de vista.

É evidente que você quer ser bem-sucedido em seu primeiro emprego e, por isso, procura diligentemente seu chefe em busca de tarefas, instruções e orientação, fazendo tudo o que está ao seu alcance para executar suas tarefas até levá-las a um final satisfatório. Você sabe que é jovem — e portanto submete-se ao seu chefe com humildade e modéstia. Quando não corresponde às expectativas, alimenta em si o seu desejo mais sincero de melhorar para tentar novamente. É isso que você tem feito?

Se você está confuso como disse que está, é porque deixou de lado a peça mais importante do quebra-cabeça. A peça que lhe falta contém a maturidade e a profundidade que você tem buscado — contém o segredo do sucesso supremo. Entretanto, um alto preço a acompanha.

"Tudo o que está ao seu alcance" inclui prestar atenção aos anseios que lhe afloram à consciência, vindos do coração, da experiência, do bom senso. Paradoxalmente, para progredir você terá de dar a esses anseios precedência sobre seu desejo de agradar ao chefe. Terá de sacrificar uma idéia de si que lhe é cara — com o seu conceito errôneo de humildade e modéstia — e adotar uma posição aparentemente arrogante, segundo a qual mesmo num emprego novo, mesmo no primeiro dia de trabalho, *você é importante*. Você merece respeito. É capaz e tem valor. Tem uma função definida no contexto do trabalho.

A verdadeira humildade é o ato de abrir mão de suas falsas idéias sobre si mesmo — seja a arrogância, seja a modéstia excessiva — para expressar a verdade total de quem você é e do que você é. Você desiste do esforço ridículo de rebaixar-se com o objetivo de agradar aos outros e, em vez disso, começa a tomar a iniciativa de fazer sempre o que é certo. Esse é o caminho do herói. Ele exige que você esteja disposto a ficar só, assustado, se necessário, mas mantendo-se, não obstante, firme em seu curso. Claro que você quer que seu chefe esteja contente. Contudo, agradar aos outros deve ser um subproduto da fidelidade em relação à sua própria essência e aos objetivos. Não pode ser a sua meta número um.

De fato, mesmo no primeiro dia do seu primeiro emprego, você tem o direito e o dever de dar precedência às mensagens que lhe vêm do seu íntimo sobre as que lhe chegam do exterior — mesmo quando estas vêm do seu chefe. Talvez você tenha de prestar cuidadosa atenção a essas mensagens vitais, uma vez que os chefes em geral falam muito alto, enquanto os anseios do seu coração, embora persistentes, lhe são transmitidos por meio de tênues sussurros.

Você consegue ouvir os murmúrios? A sua mais recente tarefa, por exemplo. Você não a compreendeu muito bem, compreendeu? Contudo, a falha foi sua ou do seu chefe?

Procure dentro de você a resposta. Se você não se apressar para censurar-se no futuro, poderá ouvir seu coração chamando-o para a ação da próxima vez que receber uma tarefa desse tipo — ajudando você a ter coragem de insistir com o chefe até compreender exatamente o que terá de fazer. Se as instruções estiverem incompletas, você corajosamente pedirá esclarecimentos. Quando deve terminar a tarefa? Qual deve ser a extensão do relatório? É importante que o texto esteja centralizado na página?

Seu chefe poderá sentir-se frustrado ou impaciente com você, mas isso não será sinal de falha alguma de sua parte; pelo contrário, a falha será dele. Mesmo que os ânimos se inflamem, você não se deixará desviar de sua missão.

Ao prosseguir no trabalho, quando as dúvidas surgirem, você procurará a orientação de seu chefe ou de outros colegas em condições de ajudá-lo. Use todos os recursos nos quais pode ter acesso; e, se estes forem insuficientes — se, por exemplo, seu chefe não puder atendê-lo e não tornar disponíveis recursos alternativos, ou se as respostas dele forem lacônicas ou obscuras —, não se tratará de uma falha sua, mas dele.

Se você tiver feito o melhor possível — e seu instinto lhe disser que, dadas as instruções, as informações e a orientação que recebeu, o que fez foi suficiente, pelo menos como ponto de partida —, porém você e seu trabalho foram recebidos e julgados de forma desrespeitosa pelo seu chefe, isso não será uma falha sua, mas dele.

Se você se oferecer sinceramente para fazer todas as correções necessárias, sabendo que é capaz de aprender com seus erros, e a tarefa lhe for arrancada das mãos antes de você ter a oportunidade de corrigir-se, não será uma falha sua, mas do chefe.

O jovem toma o caminho mais fácil, recolhendo-se na autocomiseração por ter fracassado em sua missão de agradar. Ele chama de "modéstia e humildade" essa relutância em defender-se e essa disposição de tentar com mais empenho da próxima vez. O herói, entretanto, compreende que a verdadeira modéstia acarreta a coragem de "mover guerra até contra si mesmo".

Quando você segue o caminho do correto proceder, compromete-se a obedecer a um mestre muito mais exigente e difícil de agradar do que qualquer chefe que poderá encontrar durante todos os seus anos de trabalho: seu próprio coração. Respeite-se em primeiro lugar; o restante da sua carreira tomará conta de si mesmo.

Se você gosta do seu emprego, mas detesta seu chefe, veja o Problema Profissional Difícil nº 10.

Se sente que sua vida está arruinada, veja o Problema Profissional Difícil nº 100.

Problema Profissional Difícil nº 9

Enviei propostas a vários lugares, que podem ou não se concretizar. Se uma delas der certo, terei conseguido. Se não, voltarei à estaca zero. Poderão se passar meses antes que alguém responda. Há algo que eu possa fazer para diminuir minha ansiedade neste ínterim?

Os períodos de transição são cheios de perigos.
"E se não der certo, e se não der certo?" Este tem sido o brado de pesar dos suplicantes, que o *I Ching* vem ouvindo há milhares de anos. Quer queira, quer não, você talvez não seja capaz de evitar a ansiedade nesse período — mas, novamente, o *I Ching* assevera que a ansiedade nem sempre é má.

Ela lhe mostra, sem nenhuma margem de dúvida, que você está realmente ampliando seus limites, disposto a explorar um novo território interior. Quando há alguma coisa que você realmente quer para si — algo de fato digno de você —, como poderia não ficar ansioso? Contudo, a seguir você aumenta ainda mais esse nível já elevado de ansiedade inerente à situação, atemorizando-se com pensamentos que opõem o sucesso total ao fracasso mais abjeto.

Na verdade, os resultados de um investimento tão grande de energia e inteligência, como esse que você está fazendo, nunca se resumem ao "tudo ou nada". O *I Ching* sugere que você tome como exemplo a amoreira. Quando esse arbusto é derrubado, sua vida não termina. Vários brotos particularmente fortes nascem de suas raízes.

Na natureza, a destruição é em geral um estado necessário, para gerar um novo crescimento — seja na amoreira abatida ou na pinha que se abre ao calor de um incêndio na floresta, liberando suas sementes no solo recém-enriquecido.

Mesmo na hipótese da alternativa mais grave, não há maneira de você retroceder à estaca zero. O próprio ato de elaborar a proposta e de se comunicar com todas as suas fontes financeiras lhe terá sido muito benéfico. Você terá novos contatos, uma compreensão mais profunda, mais conhecimento, em decorrência de seus esforços. Poderá talvez retroceder a um ponto que na superfície lhe parecerá o ponto de partida, mas a verdade é que terá progredido, enriquecido pelo desenvolvimento de seu caráter, por intermédio das experiências vividas nesse meio-tempo.

Ancore suas esperanças nas raízes da amoreira e, embora talvez não seja capaz de evitar o sentimento de medo, você poderá — pelo menos — equilibrar sua ansiedade com uma doce expectativa.

Se você acha que tem de ter uma atitude positiva para obter um resultado positivo, veja o Problema Profissional Difícil nº 88.

Se esta situação o estiver mantendo acordado à noite, veja o Problema Profissional Difícil nº 91.

Problema Profissional Difícil nº 10

Gosto do meu emprego, mas detesto meu chefe. O que posso fazer para mudar essa situação?

Talvez você aspire a ser o senhor do universo, ordenando à vida que lhe ofereça tudo o que deseja. Aliás, os livros de "auto-ajuda" dos nossos dias o apóiam nessa crença, informando-o não apenas de que você *merece* ter tudo, mas também que *pode* tê-lo.

A realidade, entretanto, é que embora você possa se sentir extremamente poderoso num determinado momento — particularmente quando está fazendo um trabalho de que gosta —, este universo simplesmente não existe só para você. Embora você possa ter alguma influência sobre algumas das coisas que lhe acontecem, nada há que possa fazer para que todos os aspectos de sua vida estejam sempre de acordo com as suas expectativas. Como o *I Ching* nos lembra, a vida é condicionada e limitada. O homem superior se entrega ao conceito de limitação — e é capaz de distinguir entre as coisas que pode mudar e as coisas que terá de aceitar.

Porém, antes de desistir da possibilidade de se sentir cem por cento feliz outra vez, saiba disto: não é a limitação que lhe causa dor; o que causa danos ao seu espírito é o fato de você estar sempre pronto para se voltar contra os outros ou contra si mesmo quando a realidade deixa de corresponder às suas expectativas. É o seu espírito ferido, não as próprias limitações que diminuem seu potencial de aproveitar as possibilidades de sucesso que se lhe apresentam.

Quando surgem os aborrecimentos da vida, tais como um chefe que você detesta num emprego que você adora, o desafio está em expandir-se com o objetivo de abarcar e englobar, e não contrair-se com o objetivo de resistir. Ao admitir suas limitações, você dá direção e velocidade à sua força vital. O filósofo Rollo May diz que nossas limitações são como as margens de um rio. Sem elas, não haveria rio.

Portanto, em vez de usar seu chefe como uma desculpa para voltar-se contra ele ou contra você mesmo, adote uma alternativa, uma estratégia formada pela própria vida: use seu chefe como uma oportunidade de ficar *a favor* de si mesmo e das outras pessoas.

Como isso é possível? No passado, quando alguém — quer fosse seu chefe, sua irmã mais velha ou o valentão da vizinhança — agia de certa maneira ou fazia algo que o deixava com raiva, triste, na defensiva, envergonhado ou dominado por qualquer outra emoção negativa, você encarava isso como um incidente desagradável, que gostaria de ter evitado. Na realidade, entretanto, os acontecimentos e pessoas que despertam em você emoções negativas estão lhe abrindo acesso àqueles aspectos seus onde se oculta o seu potencial de fortalecimento, vitalidade e criatividade. Embora talvez nunca chegue ao ponto de gostar do seu chefe, nem de desejar ansiosamente a dor que as experiências desagradáveis da vida trazem, você poderá alcançar um grau mais elevado de crescimento do que jamais imaginou possível, mediante a receptividade a tais incidentes. Tente aplicar esse princípio por meio da prática de um exercício simples que chamo de "Tome de Volta suas Projeções". Por mais incômodo que seja, pense num determinado incidente que resuma para você a razão pela qual você tem tantos sentimentos negativos em relação ao seu chefe. Quando o incidente lhe vier à mente, responda às seguintes séries de perguntas. Considere-as uma por uma, na ordem em que aparecem — e, para obter o máximo efeito, resista à tentação de correr para ler as que vêm depois.

TOME DE VOLTA SUAS PROJEÇÕES

1. Nesse incidente, qual era a principal qualidade negativa que o seu chefe personificava? Seja o mais específico possível.
2. Antes de você conhecer o seu chefe, quem mais em sua vida também tinha essa qualidade negativa?
3. Como você tem expressado essa qualidade negativa em sua própria vida — fazendo aos outros (ou a você mesmo) aquilo que não aprecia em seu chefe ou tentando agradar aos outros para evitar manifestar essa qualidade?
4. O que você admira secretamente nessa qualidade?
5. Que benefício lhe poderia advir se você deixasse que uma dose dessa qualidade entrasse em sua vida?

UM EXEMPLO DE PROJEÇÃO

1. Nesse incidente, qual era a principal qualidade negativa que o seu chefe personificava? Seja o mais específico possível.
    Trabalho para um homem extremamente crítico. Nada do que faço está cem por cento correto. Ele não reconhece as grandes contribuições que já estou dando. Também me ressinto pelo fato de ele querer o tempo todo que tudo seja do jeito dele.
2. Antes de você conhecer o seu chefe, quem mais em sua vida também tinha essa qualidade negativa?

Minha irmã mais velha, que cuidava de mim. Ela se comportava de forma realmente rígida comigo, como meu chefe.

3. Como você tem expressado essa qualidade negativa em sua própria vida — fazendo aos outros (ou a você mesmo) aquilo que não aprecia em seu chefe ou tentando agradar aos outros para evitar manifestar essa qualidade? *Sou muito exigente comigo mesmo. Sou um perfeccionista e nunca sinto que estou fazendo o meu trabalho tão bem quanto deveria. Ao mesmo tempo, a última coisa que quero fazer é impor essa situação aos meus subordinados. Eu lhes dou muita liberdade — talvez um pouco demais. No fim, sou eu que tenho de terminar e pôr em ordem as coisas que eles fazem, sem receber crédito por isso.*

4. O que você admira secretamente nessa qualidade? *É difícil para mim admitir isso, mas percebo que o homem para quem trabalho é muito mais corajoso do que eu. Ele não se desculpa por aquilo que quer. Eu não gostaria de ser ele — mas me seria útil desenvolver algumas de suas qualidades: a capacidade de dizer o que pensa e conseguir dos outros o que precisa, sem se preocupar tanto com o que as pessoas pensam dele.*

5. Que benefício lhe poderia advir se você deixasse que uma dose dessa qualidade entrasse em sua vida? *Acho que minha produtividade aumentaria, uma vez que eu iria gastar menos tempo e energia corrigindo as falhas dos outros e poderia dedicar mais tempo para oferecer ao meu chefe aquilo que ele realmente quer. Talvez me tornando um pouco menos inflexível com os meus subordinados eu fosse mais capaz de abrandar as coisas para mim.*

Antes mesmo de começar a pensar em abandonar um emprego que você aprecia, pratique esse processo de cinco perguntas durante um ou dois meses, todas as vezes que o seu chefe fizer alguma coisa que o incomode, e observe se as coisas não vão mudar radicalmente para você. Confúcio afirmou: "Quando vir um homem bom, tente imitar-lhe o exemplo; quando vir um homem mau, busque em você mesmo as falhas dele." Quando você tiver passado pelo processo de aceitar e integrar qualidades anteriormente repudiadas em sua vida, mesmo os chefes mais odiosos poderão se transformar magicamente em aliados.

Por outro lado, se ao fim de um período significativo você sentir que obteve todas as dádivas que esse relacionamento tinha a oferecer — e seu chefe continuar a apontar suas falhas —, será o momento de pensar em mudar de emprego. Contudo, haverá uma grande surpresa esperando por você. Uma vez que você usou esse desafio para expandir seu repertório de traços de caráter, vai descobrir que agora é capaz de tomar as iniciativas necessárias com uma atitude forte, e não reativa. Ainda mais positivo é o fato de que, tendo finalmente completado esse estágio de crescimento, você vai desenvolver suficientemente a clareza e a prudência para não voltar jamais a trabalhar com alguém tão parecido com o valentão que lhe importunava na infância.

Se ao aceitar suas qualidades negativas você se indispuser com os seus subordinados, veja o Problema Profissional Difícil nº 24.

Problema Profissional Difícil nº 11

Eu poderia me sair melhor do que a minha chefe na execução de suas tarefas. Como posso conseguir o cargo dela?

Você é ambicioso. Deveria desafiar diretamente sua chefe? Procurar o chefe de sua chefe? Assinar uma petição?

Contudo, a verdade é que nem sempre é ruim sentir que há algo obstaculizando a nossa paixão e o nosso potencial. Pode ser útil trabalhar sob esse tipo de pressão, que lhe dará tempo para crescer e se aprofundar — como uma semente que acumula energia debaixo do solo. Se não houvesse resistência, sua energia poderia ter o infortúnio de desabrochar prematuramente. Devido a um entusiasmo maldirigido, seu verdadeiro poder seria consumido antes do tempo.

Presas na armadilha de um sucesso precoce, algumas pessoas nunca chegam a desenvolver as características pessoais necessárias para ultrapassar o estágio de desenvolvimento no qual se encontravam quando a torrente do sucesso as levou de roldão. Como astros adolescentes do *rock-and-roll*, elas permanecem para sempre limitadas a tocar os três acordes da sua primeira canção de sucesso.

Como você é feliz por ter recebido o dom do tempo — a bigorna sobre a qual seu caráter, força, capacidade e paixão podem ser forjados, visando a objetivos que vão além daquilo que você imaginou para si mesmo. Mas o que você deve fazer nesse meio-tempo?

Perseverar.

"Perseverar?", você exclama. "Isso significa pegar todo o meu talento, meus sonhos, minha paixão — e não fazer nada?"

A perseverança é pré-requisito para o desenvolvimento. O *I Ching* nos ensina que a chave do crescimento é "saber em primeiro lugar como se adaptar. Para que um homem governe, ele terá antes de aprender a servir".

Aprender a servir significa olhar para o outro lado quando a sua chefe realiza um trabalho medíocre? A perseverança significa uma esperança vã e preguiçosa de que alguém ou alguma coisa venha salvá-lo? É claro que não.

A perseverança, como a define o *I Ching*, é simplesmente isto: firmeza e insistência na ação correta. A pessoa verdadeiramente grande não persegue a ambição como um cão persegue um gato. Ao contrário, progride em seu caminho, fazendo a si mesmo esta simples pergunta: "Qual é a coisa correta a fazer agora?"

Ter uma visão própria das coisas; buscar oportunidades de servir; ser acessível e aberto às opiniões e reações de outras pessoas, inclusive da sua chefe, sem deixar de se manter firme em seus princípios e assumir o compromisso de dizer o que pensa e fazer o que é correto — tudo isso irá lhe mostrar qual a coisa correta a fazer.

O grande homem progride, "causando uma impressão tão profunda nas pessoas, por sua mera existência e pelo simples impacto de sua personalidade, que essas pessoas são carregadas por ele, como a vegetação pelo vento". Um poder espiritual oculto emana do homem superior, influenciando e dominando os outros sem que ele esteja consciente de como isso acontece.

Sua semente está se tornando mais forte a cada dia que passa. Você a sente pronta para irromper da terra, buscando a luz do Sol. Quando o seu momento tiver chegado, ninguém será capaz de detê-lo — nem um chefe incompetente, nem um sistema indiferente, nem o tempo ou as oportunidades perdidas. Nada.

Faça o que é certo. Dê o próximo passo. Preste atenção ao chamado para agir e, quando a oportunidade de prosseguir se apresentar, você estará preparado.

Se tiver a sensação de que, ao dar tempo ao tempo, você não estará vivendo de acordo com o seu potencial, veja o Problema Profissional Difícil nº 13.

Se acredita que é sempre correto querer ser, ter e fazer o melhor que puder, veja o Problema Profissional Difícil nº 89.

2

Visão e Objetivos

A tarefa é grande e exige muita responsabilidade. É nada menos do que tirar o mundo do caos e levá-lo de volta à ordem.

— *I Ching*

Problema Profissional Difícil nº 12

Tenho um sonho cuja realização vai exigir o investimento de todas as minhas economias — e provavelmente não me sustentará financeiramente por bastante tempo. Acredito em mim mesmo, mas algo me impede de dar o primeiro passo. Como posso vencer o medo?

Os chamados livros de "auto-ajuda" nos ensinam que, para ganhar a admiração alheia — e ter a esperança de ser tocado pelo sopro do sucesso —, é fundamental obedecer ao nosso coração, dando tudo que tivermos (e às vezes um pouco mais) para alcançarmos a nossa meta. Não há dúvida de que você deve seguir seu coração. Sempre pode confiar nele. A verdadeira questão é: será que você está dizendo toda a verdade sobre o que o seu coração lhe pede para fazer? No seu caso, se você quisesse realmente aceitar a orientação que seu coração lhe está oferecendo, perceberia que está sendo fervorosamente solicitado a não se precipitar.

Em resumo, nem todo medo existe para ser superado. Alguns medos existem para ser acatados e obedecidos, pelo menos temporariamente.

Como distinguir um medo do outro?

O *I Ching* nos indica que se o homem superior assume alguma coisa e tenta liderar, ele se perde no caminho. Porém, ao obedecer, ele encontra orientação.

Em seu desejo de vencer o medo, você está tentando conduzir o seu coração, dizendo-lhe como e o que ele deve sentir? Você está negando a sabedoria e o conhecimento intuitivo que leva dentro de você a cada momento de sua vida? Não será que esse esforço de realizar seus sonhos deriva mais do seu ego do que do seu coração — o desejo de ver-se e também de ser visto como o tipo de pessoa que tem fé e confiança suficientes em si mesmo e no universo para assumir grandes riscos, quando, na verdade, nessas circunstâncias, você não as tem?

Faz parte da condição humana preocupar-se com a sobrevivência. Você tem direito de estar nervoso em relação ao investimento das economias de toda a sua vida, sabendo que nada vai receber no futuro imediato. Nem toda ambição vem de Deus. Quando um homem luta para subir muito, a ponto de perder contato com o resto da humanidade, ele se torna isolado e isso necessariamente leva ao fracasso.

No seu caso, acho que o medo representa a voz do seu eu superior, pedindo-lhe para fazer uma pausa e ver se não há um jeito de equilibrar seus sonhos com suas preocupações legítimas. Você tem direito a ambos: proteger suas economias, sabendo que dispõe de algum meio de ganhar a vida e/ou algum dinheiro com o qual contar num momento de necessidade; e tem o direito de buscar realizar seus sonhos.

Esse é o caminho do meio... a senda que sempre existiu para você, o caminho que pode facilmente acomodar suas inclinações e seus receios. Quando seu ego parar de bloquear-lhe a sua visão, esse meio se fará conhecer. No momento em que isso acontecer, você saberá o que significa seguir alguma coisa com *todo* o seu coração.

Se você está evitando agir porque quer uma garantia de que fará a coisa certa, veja o Problema Profissional Difícil nº 49.

Se venceu seu medo de correr riscos e sua vida começa a se desintegrar à sua volta, veja o Problema Profissional Difícil nº 19.

Problema Profissional Difícil nº 13

Com todo o meu suposto potencial, por que ainda não avancei mais em minha carreira?

Você tem uma idéia formada sobre o ponto em que deveria estar, o que deveria ter conseguido até agora. Evidentemente, você quer grandes coisas para si. E embora não saiba, você tem progredido no ritmo exato para alcançá-las. Tem feito todas as coisas certas da maneira certa.

Porém, o jogo que você tem de jogar não é esse.

O universo não se importa com o seu cargo no trabalho ou com a quantidade de dinheiro que você ganha. Ele se preocupa somente com o seu desenvolvimento enquanto ser humano — o fortalecimento dos traços de caráter e uma tenacidade espiritual capaz de sustentar a mais elevada expressão de si mesmo. O universo se importa com qualidades como paciência e fé, amor e misericórdia.

A construção do caráter exige tempo. A seguir, apresento uma invocação que o ajudará a lembrar-se de quem você realmente é:

Invocação para a Excelência

O trabalho que estou fazendo agora é uma pequena fração de tudo o que me está destinado.

O verdadeiro objetivo do meu trabalho é o de ser o campo para a evolução do meu espírito, das minhas emoções, da compaixão, da paciência e do poder.

Desistindo da minha arrogância — meu fascínio pela grandeza aparente —, percebo que minha vida diária me oferece muitas oportunidades de verdadeira grandeza.

Quando puder me beneficiar com o que se encontra aqui neste momento, verei o caminho para a realização do meu potencial claramente diante de mim.

Contudo, devo me lembrar de que, ao progredir, não vou sentir que estou fazendo algo grande, mas simplesmente que estou fazendo o que deve ser feito agora.

Problema Profissional Difícil nº 14

Enviei o original do meu livro a diversas editoras. Até o momento, ele foi rejeitado umas dez vezes. Durante quanto tempo devo continuar a acreditar no meu trabalho e em mim mesmo antes de jogar a toalha?

Será que você deve persistir? A verdadeira pergunta que precisa fazer a si mesmo é se você ainda se sente convocado para executar essa tarefa. Nesse caso, embora a força criativa ainda não esteja se manifestando, o homem superior "permanece fiel a si mesmo. Ele não se deixa influenciar pelo sucesso ou pelo fracasso exteriores, mas, confiante em sua força, aguarda a sua oportunidade".

Se essa tarefa realmente lhe pertencer, você estará disposto a fazer sacrifícios para não abrir mão da sua idéia — arrumar um emprego fora de casa se as suas economias tiverem terminado, ou colocar em segundo plano, temporariamente, seus esforços para ver seu livro publicado enquanto você resolve outras questões importantes, sabendo que voltará a batalhar pelo livro tão logo lhe seja possível. Poderá esperar, amparado pela força tranqüila da paciência, confiando em que o tempo irá cumprir seu próprio objetivo.

O *I Ching* ensina que ter paciência não significa esperar sem fazer nada mas ter a certeza interior de que você encontrou um veículo valioso e capaz de levá-lo pelo caminho mais rápido e direto à realização do propósito de sua vida.

Às vezes, a rota mais direta para o sucesso parece seguir na direção diametralmente oposta àquela que você pretendia tomar.

Enquanto na civilização ocidental nos ensinam que é o esforço e a vontade que determinam o sucesso, o *I Ching* coloca a mesma ênfase no desapego e na receptividade, como meios viáveis de alcançar o grande sucesso pelo qual você anseia. Por exemplo, enquanto limpa o chão da casa de um vizinho para ajudar a pagar as contas, deixando de lado temporariamente os esforços de ter seu trabalho publicado, você tem uma intuição criativa que lhe explica a razão pela qual seu manuscrito não inspirou os editores e como corrigi-lo. Ou você termina por aceitar um emprego temporário — e descobre que o marido de uma colega de trabalho é um agente literário com contatos importantes que está ansioso para agir em seu nome. Ou ainda, talvez você receba um telefonema de um editor que admirou seu trabalho mas não conseguiu convencer a diretoria editorial de sua empresa a publicá-lo; agora, ele o informa que mudou de cargo e gostaria que você submetesse o livro novamente à apreciação, se não tiver outra editora interessada.

Embora você deva estar sempre concentrado em sua meta última, às vezes terá de estar disposto a colocar um freio em sua força. Se tentar insistir em algo para o qual o momento não é oportuno, irá se prejudicar — e talvez causar danos ao seu projeto — por aplicar sua força prematuramente.

Grande autodisciplina e fé são necessárias para manter a paixão ardendo no seu coração quando todas as circunstâncias do destino parecem atuar contra você. Acolha carinhosamente os obstáculos que se interpõem entre você e a realização do seu sonho, sabendo que eles são os instrumentos de que necessita para construir bases suficientemente resistentes e estáveis, capazes de apoiar a realização de seu propósito supremo.

Se você continua lutando, mas sua família está lhe implorando para desistir, veja o Problema Profissional Difícil nº 42.

Se quer ver seu livro publicado porque sente que tem de realizar algo grande, veja o Problema Profissional Difícil nº 13.

Se você perseverou e foi bem-sucedido, mas isso não o fez feliz, veja o Problema Profissional Difícil nº 21.

Problema Profissional Difícil nº 15

Durante anos tive um emprego estável, no qual me entediei até a morte. Agora, consegui um trabalho interessantíssimo — mas as finanças da empresa não vão muito bem. Por que nem tudo é perfeito?

Você está sentindo pena de si mesmo, mas a verdade é que deveria estar comemorando. Alcançou um importante marco em sua vida.

Agora, seus problemas são de uma qualidade superior.

Se você, apesar de tudo, ainda quer uma vida absolutamente perfeita, veja o Problema Profissional Difícil nº 52.

Problema Profissional Difícil nº 16

Optei por ações no lugar de um salário maior, acreditando que meu ato de fé seria compensado. Mas agora as ações perderam todo o seu valor. O que fiz de errado?

Seu único erro é pensar que chegou ao final de alguma coisa e considerá-la como um fracasso, ao passo que, na verdade, você está bem no meio de algo muito importante e interessante. Ao seguir sua voz interior, você se destinou à grandeza. Ainda não está preparado para colher a recompensa, mas isso só acontece porque o ponto para o qual você realmente se dirige é muito maior e melhor do que o futuro que você prevê para si mesmo. Qualquer coisa menor que isso — por mais deslumbrante que lhe pareça agora — é ilusória.

Uma parábola indiana nos fala de um fazendeiro cuja plantação de trigo foi prejudicada primeiro devido a uma praga de gafanhotos e, em seguida, devido a uma inundação. Embora a família tivesse o suficiente para comer, eles não conseguiam progredir.

O fazendeiro orou a Deus, implorando-lhe uma estação perfeita: "Deus — mande-me muito sol e o volume exato de chuva, nenhuma praga e uma brisa suave. Isso é tudo o que peço."

Deus o atendeu e o fazendeiro viu a sua nova plantação de trigo crescer forte e alta. Ele se ajoelhou para agradecer a Deus, mas a distância ouviu as exclamações de sua mulher e filhos. Eles tinham aberto as belas espigas e as encontraram vazias. Sem resistência, o trigo havia deixado de produzir sementes.

Ainda de joelhos, o fazendeiro continuou: "Porém, no ano que vem, Senhor, mande-me exatamente as dificuldades necessárias para tornar o meu trigo forte."

Você é como o fazendeiro. Gostaria de não ter problemas. Contudo, são esses mesmos problemas que asseguram o desenvolvimento do seu caráter e personalidade, tornando-os fortes o bastante para sustentar o destino grandioso que o espera.

A consciência de que um destino maior está reservado para você não diminui sua tristeza e frustração. É natural e talvez até importante sentir-se mal com suas perdas aparentes ao longo do processo. Entretanto, a grandeza pertence àquele que, além de sentir-se mal, encontra em seu coração um espacinho para sentir-se grato pelos problemas. Somente essa pessoa é capaz de lembrar que tudo o que ela tem a perder são as próprias ilusões.

Se perder a colheita de trigo de um ano não é nada, diante do desastre que você está enfrentando, veja o Problema Profissional Difícil nº 53.

Problema Profissional Difícil nº 17

Estou pensando em seguir a minha inclinação, voltando a estudar para me preparar para uma nova carreira. Mas, na minha idade e com as minhas responsabilidades e obrigações, estarei sendo realista?

Você gostaria de realizar seu sonho sem fazer nenhum sacrifício? Gostaria de conservar seu padrão de vida e não pedir favor nenhum à sua família e aos seus amigos? Sente necessidade de ser realista?

É claro que deve prestar atenção a essas questões. Porém, antes de lidarmos com os aspectos logísticos da sua situação, faça uma pausa para apreciar integralmente o quanto você é feliz por ter encontrado alguma coisa que gostaria muito de fazer. Que grande dádiva lhe foi oferecida — enviada para você das profundezas primordiais do universo!

Sua disposição de atender às suas responsabilidades no decorrer dos anos demonstra que você já sabe como ganhar a vida, como ser um membro útil da comunidade. Você já conquistou a estabilidade. Agora, lhe foi mostrado o caminho para o seu coração. Você se encontra num novo nível de crescimento e desenvolvimento. Aqui, sua tarefa é dominar o caos.

Tempos de crescimento são sempre cheios de dificuldades. Contudo, essas dificuldades se originam da própria multiplicidade de coisas que lutam para adquirir forma. As dificuldades, no início, são excessivamente grandes para algumas pessoas. O *I Ching* diz que essas são as pessoas que cruzam os braços e desistem da batalha. Confúcio afirma que essa resignação é a mais triste de todas as coisas — o verter de lágrimas de sangue.

Você está vertendo lágrimas de sangue ao falar de "ganhar o suficiente para viver bem" ou de "adotar uma abordagem mais realista". Negar seus sonhos, em favor da segurança — que vida é essa? Será que a realidade está lhe oferecendo a estabilidade como um prêmio cruel, em troca da decisão de desistir daquilo que você mais gosta de fazer? Ou você consegue encontrar dentro de si a coragem de caminhar, movido pela fé, rumo a um universo totalmente novo — que contém a promessa de uma felicidade e um sucesso muito maiores do que você jamais alcançou na vida estável que tinha antes?

"Ganhar bem" — o que será realmente necessário para você se sustentar se a sua alegria e o seu sustento se originarem da liberação do seu processo criativo, que se desenvolve sem ser obstruído pelo medo do que as outras pessoas possam pensar? Quanto do seu salário você gasta para compensar o sacrifício de seu espírito? Em que medida você dedica seus recursos a proteger-se e isolar-se dos outros? Agora é o momento de participar da comunidade: reunir recursos, encontrar meios alternativos de oferecer ou partilhar bens e serviços.

"Uma abordagem realista" — a suposição arrogante de que você sabe o que a realidade é e o que ela exige de você. Há apenas uma realidade com a qual você pode contar — seu próprio coração, e este lhe suplica que você busque aquilo de que gosta.

O sucesso já lhe pertence. Porém, para saber disso, você terá de fazer um sacrifício. Terá de confessar que seus antigos métodos — dar as cartas, proteger seu ego, buscar a segurança, fazer as coisas a seu modo — não funcionam mais para você. Terá de desistir da idéia de que tem poder sobre a sua vida.

Sua mente racional vai se rebelar. O que seu coração lhe diz não faz sentido. No entanto, ele persiste, afirmando-lhe, silenciosamente, repetidas vezes, que existe uma nova maneira de viver.

Você pode confiar em que as coisas vão dar certo? Pode seguir seu coração e estar seguro de que o universo não o abandonará?

Recentemente, coordenei um *workshop* no Omega Institute, em colaboração com Vicki Robin — que escreveu, junto com Joe Dominguez, *Your*

Money or Your Life —, Denise Breton e Christopher Largent, autores de *The Soul of Economies*. Vicki e Joe defendem e ensinam um processo prático pelo qual as pessoas podem harmonizar o modo como gastam seu tempo e seu dinheiro com os seus valores mais profundos. Eles traçam um paralelo convincente entre o que está escrito nos canhotos do nosso talão de cheques e o estado do nosso planeta. Muita gente, ao percorrer passo a passo esse processo, compreende que uma grande parte das coisas que gostaríamos de ter, fazer e ser não são apenas desnecessárias, mas podem até estar em desacordo como os nossos valores mais íntimos. Trabalhando de forma consciente, as pessoas começam a reavaliar quais são as coisas que precisam manter em sua vida — um plano de saúde, por exemplo, e algum tipo de telhado sobre a cabeça — e o que podem dispensar — um segundo automóvel, por exemplo, ou talvez ambos os carros e todos os jantares dispendiosos.

Enquanto Vicki falava, lembrei-me de uma das minhas histórias favoritas, baseada em Thoreau, na qual dois homens resolveram ir a uma cidade próxima. O primeiro decidiu ir a pé. Andou quase um dia inteiro. Chegou à cidade revigorado pela caminhada, inspirando profundamente o ar à sua volta e cantando o tempo todo.

O segundo tinha um automóvel. Ele só chegou no dia seguinte — um dia inteiro depois daquele que foi a pé. Por quê? Em primeiro lugar, teve de trabalhar um dia inteiro num emprego que detestava para pagar pelo combustível que o levaria à outra cidade. Chegou rodeado de fumaça, resmungando amargamente a respeito da vida terrível que levava.

Por mais informações e entusiasmo que os apresentadores tivessem, os maiores ensinamentos vieram das dezenas de histórias contadas pelos participantes durante aquele fim de semana. Logo se tornou evidente que muitos ali haviam sido animados pela fé a seguir o coração — libertando-se das obrigações financeiras e considerações materiais que um dia dominaram sua vida. Lembro-me especialmente de um vibrante casal que conseguiu uma pausa de um ano, afastando-se de carreiras pouco satisfatórias, ao trocar sua casa fora da cidade, isolada por jardins e muros, pela intimidade enriquecedora de uma vizinhança menos "privilegiada", mas cheia de vida comunitária. Eles obtiveram o tempo e o espaço de que precisavam para reavaliar seus caminhos profissionais. Houve, além disso, um benefício extra nesse processo. Em seu novo ambiente, livres para a troca de informações, descobriram um senso de comunidade e de totalidade que antes viviam buscando nas terapias e retiros caríssimos.

Várias pessoas relataram que tinham seguido as técnicas práticas sugeridas por Vicki e Joe para cortar os gastos familiares, baixando-os de 50 e até mesmo 100 mil dólares ou mais por ano para 10, 15 ou 25 mil. Muitos trabalhavam para chegar ao objetivo da independência financeira, e um número cada vez maior já o tinha conseguido.

Isso pode ser feito.

Será preciso ter paciência para desatar os nós do desafio que está diante de você. Porém, o *I Ching* nos ensina que "para encontrar o próprio lugar na infinidade do ser, a pessoa precisa ser capaz tanto de separar quanto de unir".

Separar-se de seus velhos modos de trabalhar e viver, unir-se com outros cujo pensamento é semelhante ao seu. Com o tempo, você descobrirá que tem mais do que é necessário para entrelaçar sua paixão num todo harmonioso.

Se você quer prosseguir, mas o medo o está impedindo, veja o Problema Profissional Difícil nº 12.

Se você quer prosseguir, mas seus colegas de trabalho o desencorajam, veja o Problema Profissional Difícil nº 57.

Problema Profissional Difícil nº 18

Desenvolvi um plano perfeitamente seguro que vai me render milhões e eu farei de tudo para que ele dê certo. Nada se interporá em meu caminho. O problema é que até agora os investidores que poderiam me financiar têm deixado passar essa oportunidade magnífica. O que há de errado com eles?

Talvez seja o momento de parar de procurar falhas nesses investidores, que você considera cegos à verdade, e, em vez disso, analisar a situação sob um outro ângulo. Não será possível que eles hesitem por intuir que a sua resolução, embora admirável em seu intento, poderá falhar-lhe quando as circunstâncias se tornarem difíceis?

Como isso poderia acontecer? O *I Ching* explica que quando um homem se esforça para pairar acima de todos os obstáculos, proclamando, como você o faz, que nada se interporá em seu caminho, ele encontra um destino hostil. Em vez de se preparar para fluir em torno dos obstáculos que qualquer esforço bem-dirigido está destinado a encontrar, ele se torna inflexível e reativo. Coloca-se contra o universo, inadvertidamente aumentando a resistência, e não diminuindo-a, devido à natureza arrogante da sua posição.

É mais produtivo proclamar que você fará tudo o que for necessário para chegar ao sucesso, admitindo, ao mesmo tempo, que *muitas* coisas vão interferir em seu progresso. O problema de fundos para o seu projeto é apenas o primeiro de uma longa série. Se você estiver preparado somente para avançar — e não para retroceder — cedo irá esgotar seus recursos.

Em vez de atacar sua carreira como se esta fosse um inimigo a ser conquistado, busque inspiração na água. Como o *I Ching* afirma: "A água estabelece o exemplo da conduta correta nessas circunstâncias. Ela flui sem parar e simplesmente preenche todos os espaços por onde passa; não recua diante de nenhum ponto perigoso, de nenhuma queda repentina, e nada pode fazê-la perder sua própria natureza essencial. Ela permanece fiel a si mesma sob todas as condições."

Confúcio disse: "Se um homem for capaz, mesmo que apenas por um dia, de realizar o seu verdadeiro eu e restaurar a completa disciplina moral, o mundo o seguirá. Ser um homem verdadeiro depende de você. O que isso tem a ver com os outros?"

A aparente rejeição que você sofre atualmente, na realidade está lhe ensinando exatamente o que você precisa saber para percorrer o longo caminho sem chegar ao final depauperado. Quando tiver completado esse aprendizado, você será alguém em quem vale a pena investir. Você encontrará um investidor.

Se está se perguntando o que deve fazer neste ínterim, veja o Problema Profissional Difícil nº 9.

Se você pensa que sendo suficientemente esperto, trabalhando bastante e sendo bom, terá uma vida perfeita, veja o Problema Profissional Difícil nº 52.

Problema Profissional Difícil nº 19

Segui meu coração e agora tudo está ruindo à minha volta. Sinto que fiz e continuo fazendo o que é certo. Como suportar esse aparente fracasso sem deixar que ele me destrua?

A Invocação do Herói

O herói segue seu coração, sabendo que não existem garantias de que ele conseguirá obter os resultados que ele acha que quer, no momento e da maneira pela qual espera alcançá-los. Por que, então, você deve seguir o caminho do herói? Porque a alternativa é alienar-se de si mesmo. Embora sinta-se terrivelmente mal agora, você não pode realmente saber como a presente situação vai se resolver no final.

Enquanto isso, você pode culpar as outras pessoas ou você mesmo pela sua falta de sorte; ou pode investir numa terapia de aconselhamento, pagando caro para explicar e tentar minimizar o dano. Porém, Joseph Campbell, que escreveu tão eloqüentemente sobre o herói, sugere o seguinte curso de ação: "Lidar com a vida como ela se apresenta."

Sinta-se grato pelo fato de conhecer o seu coração suficientemente bem para segui-lo; mostre-se humilde por ter recebido a graça de manter-se firme em sua convicção de ter feito e estar fazendo o que é certo.

Eis uma invocação que você poderá usar para chamar a sua vontade à ação nestes tempos de mudança:

Que eu me lembre de que o preço de buscar aquilo em que eu realmente acredito, no início, parece sempre maior do que o que estou disposto a pagar... mas não é.

As sólidas estruturas que me serviram de ponte, fornecendo-me os meios de passar do velho ao novo, estão se desfazendo sob os meus pés a cada passo, cada vez mais acelerado, assegurando-me de que não haverá volta.

À medida que atravesso, que eu possa encontrar forças para conservar a minha fé, deixando de querer controlar a realidade externa e contemplando com admiração e assombro as estruturas que se reconfiguram em torno de minha convicção inabalável.

Se você acredita que, devido a uma convicção inabalável, nada irá se interpor em seu caminho, veja o Problema Profissional Difícil nº 18.

Se está demorando muito, de acordo com o seu ponto de vista, para que seu mundo se reconfigure ao redor de suas convicções, veja o Problema Profissional Difícil nº 99.

Problema Profissional Difícil nº 20

Depois de anos de luta, estou recebendo o reconhecimento e o apoio ao meu trabalho que sempre acreditei merecer. Contudo, logo agora que tenho recebido muitos pedidos, parece que perdi toda a inspiração. Como posso recuperar o meu entusiasmo?

Quando você estava sozinho, tinha somente a fé para iluminar a escuridão do caminho. Por isso, você cuidava muito bem do seu espírito — e, assim, ele lhe mostrou o caminho para o sucesso.

Agora que se encontra sob os refletores da admiração de muitos, talvez você tenha deixado que a sua própria luz se apagasse. O *I Ching* nos alerta para o perigo que ronda o local de transição entre a planície e as alturas: "Muitos homens grandes foram arruinados porque as massas acorreram a eles e os arrastaram para o caminho delas."

Você substituiu a verdadeira inspiração por uma gravíssima insensatez: a imitação de você mesmo. Tomou um atalho para a felicidade, baseando no dinheiro e na fama o respeito que outrora você tinha por si mesmo. E não é só isso; você sente no mais profundo do seu ser que aquilo que lhe foi dado pelos outros poderia facilmente lhe ser tirado pelos outros.

O antídoto: corra um novo risco. Ligue-se de novo com aquela paixão que é só sua — a voz que soou solitária durante tanto tempo e que continua a chamar a sua atenção para que você lhe ouça o chamado. Ela ainda está dentro de você, murmurando aos seus ouvidos, mas você a ignorou e passou a ouvir os outros.

Portanto, corra o risco! Você deve isso a si mesmo e ao mundo; faça algo inédito, novo, inesperado, ousado — algo que desafie ou ponha à prova aqueles que querem mandar em você. Não o faça visando à sensação ou com o propósito de perturbar os que o rodeiam. Faça-o, ao contrário, para unir-se à voz singularíssima do seu coração. Sinta a adrenalina correr em suas veias; deixe seu coração bater forte!

Continue a expressar sua verdadeira essência; isso será suficientemente revolucionário — porquanto cada um de nós, quando livre para expressar o seu eu verdadeiro, traz em si, no mais alto grau, o inesperado.

Se você quer fazer a transição da planície para as alturas, existe apenas um caminho: deve estar disposto a perder tudo.

Se você acha que, por mais que você faça, ainda há algo que não está totalmente certo, veja o Problema Profissional Difícil nº 99.

Se teme que, ao correr o risco de mudar, vai decepcionar os que o apóiam, veja o Problema Profissional Difícil nº 61.

Se, esperando o melhor, você continua a insistir apesar do fato de sua paixão ter se esgotado, veja o Problema Profissional Difícil nº 62.

Problema Profissional Difícil nº 21

Finalmente terminei o meu projeto, alcançando a meta de uma vida inteira, mas em vez de me sentir exultante, estou deprimido. O que devo fazer?

Estabeleça uma meta mais elevada.

Problema Profissional Difícil nº 22

Diante de obstáculos grandes demais para que eu pudesse superá-los, fui à falência. Os encargos financeiros são bastante pesados, mas o pior é saber que o meu sonho fracassou. Que esperança posso ter de me recuperar um dia?

Um monge budista, buscando a chave da iluminação, permanecia em silêncio contemplativo no jardim do templo. Enquanto estava ali sentado, uma folha desprendeu-se de uma árvore próxima e flutuou suavemente até o chão.

O monge se curvou em homenagem à folha que lhe havia mostrado como, sem qualquer esforço, partilhava com o mundo suas duas faces ao cair, sem nada esconder. Nenhuma timidez, nenhum medo, nenhum constrangimento, nenhum arrependimento.

Assim deveríamos ser em relação aos nossos fracassos, considerando o lado malsucedido dos nossos esforços como parte do todo.

De que maneira você pode chegar a essa aceitação, a essa paz?

A resposta é: tendo fé num contexto maior — uma compreensão profunda de que a renovação da árvore da vida na primavera depende de as suas folhas caírem no outono.

Aqui está uma invocação que pode ajudá-lo a recuperar sua fé:

Invocação para Novos Inícios

Tudo o que está realmente destinado a ser meu voltará para mim no devido tempo.

Mesmo que eu ache que não o mereço.

Mesmo que eu o tenha desprezado.

Que eu me lembre que qualquer momento pode ser um ponto de transição.

Posso recomeçar no momento mesmo em que conseguir visualizar o melhor e não o pior resultado potencial.

Embora ache isso difícil agora, posso me tornar receptivo a novas possibilidades, superiores às minhas expectativas e experiências atuais, acreditando que tudo o que me acontece tem uma razão de ser.

Do meu ponto de vista limitado, vejo apenas uma nuvem escura ao meu redor. Porém, mesmo aqui, posso ter fé. Pois a minha disposição de invocar o meu eu superior brilha como um farol, indicando o caminho em meio às sombras e extinguindo o meu pesar com este pensamento confortador:

Onde mais senão no escuro poderia a luz brilhar?

Se você sente que simplesmente não consegue tentar outra vez, veja o Problema Profissional Difícil nº 100.

3

Como Lidar com Subordinados e Colegas

Pela contemplação das formas existentes nos céus chegamos a compreender o tempo e suas diferentes exigências. Pela contemplação das formas existentes na sociedade humana torna-se possível configurar o mundo.

— *I Ching*

Problema Profissional Difícil nº 23

Dei à minha assistente uma tarefa tediosa que, para falar a verdade, fiquei muito feliz de não ter de fazer. No momento em que lhe passei o serviço, acho que vi uma sombra de ressentimento no rosto dela. Se eu conversar com ela sobre o acontecido, será isso sinceridade ou intromissão?

No calor do momento, nem sempre é fácil saber qual é a reação mais sincera. Aqui está um processo que você poderá adotar:

Quando você achar que captou ressentimento ou raiva no rosto de alguém, analise a sua própria reação. Você está reagindo emocionalmente? Está com raiva? Com medo? Quando você toma uma atitude reativa diante de um acontecimento, somente a parte de você que está receosa e zangada tem voz. Ela pode não ser a mais apropriada nessa circunstância específica, embora pareça bastante justificada no momento. Como talvez seja esse o caso, você não está preparado para agir.

Temporariamente, controle suas emoções e não faça juízos; enquanto isso, reúna informações suficientes para fazer uma avaliação objetiva da situação. Está certo de ter interpretado corretamente a expressão de ressentimento? Pergunte num tom neutro se a sua subordinada tem algum problema em relação à tarefa. A resposta em si poderá resolver seu problema — por exemplo, ela poderá dizer: "Não, estou com cólica."

Se nesse ponto a situação não se resolver sozinha, de maneira satisfatória para você — por exemplo, se ela afirma não ter nenhum problema quanto à tarefa, mas o tom de voz ou linguagem corporal revela o contrário — e você continua emocionalmente perturbado, ainda não está preparado para a ação. Vai precisar de algum tempo para tentar resolver o impasse.

Num relacionamento profissional em que você tem autoridade, não convém de maneira alguma enunciar em voz alta seus processos interiores ou tentar resolvê-los juntamente com seus funcionários. Usar os subordinados como grupo de terapia seria uma atitude tirânica da sua parte. Resista à tentação. Em vez disso, sem se desculpar ou defender, consiga o tempo de que necessita, com as seguintes palavras: "Não gostei da sua reação, mas neste momento não posso falar com você sobre o assunto. Termine seu trabalho e continuaremos esta conversa mais tarde."

Agora, você terá de fazer a si mesmo uma pergunta potencialmente dolorosa: "Qual é o medo oculto, em relação a mim mesmo, que esse incidente trouxe à tona? De não ser respeitado? De não ser digno de respeito?"

Você acha que essa pessoa não o respeita? Dizer toda a verdade significa estar disposto a analisar aqueles pontos em que você não correspondeu às suas próprias expectativas — e comprometer-se a corrigir aquilo que puder. Contudo, igualmente importante é o fato de que dizer toda a verdade também significa reconhecer as suas próprias qualidades positivas.

Você não poderá saber o que está ocorrendo com outras pessoas até conseguir ter uma idéia bastante precisa do que está acontecendo com você. Quando for capaz de fazer uma avaliação honesta de si mesmo, encontrará uma posição mais estável, a partir da qual poderá agir.

Creio que neste caso em particular — no caso da tarefa monótona — você vai descobrir que na verdade estava se sentindo culpado e apreensivo desde o início por ter de dá-la à sua subordinada. Isso não significa que você não deva lidar com o ressentimento da funcionária ou passar-lhe a tarefa. Porém, você vai lidar com essa situação de forma mais eficiente depois de resolver certas questões pessoais que têm pouca ou nenhuma relação com esse incidente em particular.

Agora é o momento de agir. Guiado pela compreensão de seus próprios motivos, você saberá o que dizer e fazer. Deve ainda ficar contente por ter-se colocado numa posição de poder e autoridade, na qual está destinado a enfrentar não apenas os demônios interiores de outras pessoas, mas também os seus.

Se a expressão de ressentimento no rosto da sua assistente não foi um incidente isolado, veja o Problema Profissional Difícil nº 24.

Se você não confia em sua assistente, veja o Problema Profissional Difícil nº 31.

Problema Profissional Difícil nº 24

A idéia que circula pelos corredores é que meus subordinados em geral não gostam de mim. Acham que não me preocupo com eles, quando, na verdade, simplesmente procuro fazer um bom trabalho. Sem baixar meus padrões, como posso mudar a opinião pública à minha volta?

O discípulo mais devotado de Confúcio perguntou ao seu mestre: "O que o senhor diria se todos os moradores da aldeia gostassem de uma pessoa?"

Confúcio respondeu: "Isso não é suficiente."

"O que o senhor diria se todos os moradores da aldeia não gostassem de uma pessoa?"

"Isso não é suficiente", disse Confúcio, explicando a seguir: "É melhor quando as pessoas boas da aldeia gostam dela e as más não gostam."

O ambiente empresarial dá excessivo valor à idéia de que "os outros gostam — ou não gostam — de mim". Ser respeitado é um atributo muito mais importante. Se o que move sua seriedade for o amor pelo trabalho e não o medo, você terá mais poder. Precisamos de mais heroísmo no ambiente de trabalho — pessoas que se disponham a defender uma posição, ainda que isto perturbe o *status quo*. Sua convicção e coragem são dignas de admiração.

Por outro lado, não há necessidade de provocar uma opinião negativa, uma vez que esta pode ser facilmente evitada por meio de algumas estratégias pessoais discretas de relações públicas. Por exemplo, algumas delicadezas como "por favor" e "obrigado" podem parecer um desgaste de energia desnecessário para uma pessoa severa como você. Porém, há lugar para amenidades sociais no ambiente de trabalho. Se o seu interesse for o bem da empresa — e não apenas o seu esforço pessoal de gerenciamento de tempo —, você perceberá que o tempo e a energia dedicados a integrar a amabilidade nas suas interações diárias compensam plenamente o tempo antes gasto por subordinados descontentes enquanto comentavam a seu respeito pelos corredores.

Outro investimento valioso de seu tempo e energia: depois do fim de semana, das férias ou de alguma outra ausência de um funcionário, tome alguns momentos para expressar interesse ou preocupação, de acordo com o que a ocasião exigir. Acho que você não está tão completamente envolvido com a produtividade a ponto de não poder sequer ter alguns sentimentos genuínos em relação às pessoas com as quais trabalha. Se isso acontecer, é melhor fingir do que não tomar nenhuma iniciativa. Entretanto, se você descobrir que precisa fingir, terá de analisar mais profundamente as questões que o falatório pelos corredores revelou.

Por exemplo, como e por que aconteceu de você tornar seu trabalho tão importante — e as pessoas com as quais trabalha tão sem importância? Pode ser porque o trabalho é algo que lhe parece sempre confiável, algo que você pode controlar num grau maior do que os seres humanos presentes em sua vida? Sim, existe um risco quando você se abre à interação com outras pessoas, mesmo que essa abertura seja minúscula como um cumprimento sincero pela manhã. Quando se dá aos outros, você abre espaço para receber. Então, tem medo que, junto com as recompensas que lhe virão, haverá também exigências impostas feitas a você e ao seu tempo, as quais você não está preparado para atender? Acha que um pouquinho de civilidade vai abrir a caixa de Pandora e o fará descobrir que você tem muito pouca perícia para lidar com diálogos, ouvir comentários a seu respeito ou estabelecer limites com maturidade?

Com freqüência, a pessoa menos disposta a assumir os riscos da interação pessoal com os outros é exatamente aquela que detém mais poder: o chefe. Contudo, que lugar melhor do que o alto do totem poderá haver para você se esconder do medo que tem da intimidade e da abertura? Quanto mais você sobe na pirâmide tradicional, mais ordens dá e mais suas necessidades são atendidas; você não tem de se preocupar com a possibilidade de confrontar-se com um comentário sincero a seu respeito, que poderia, na verdade, exigir que você sentisse dor ou mudasse a maneira pela qual interage com o mundo. Então, você se isola ainda mais, sentindo-se superior às pessoas que aparentemente contribuem "menos" para o ambiente de trabalho do que você.

Entretanto, o *I Ching* ensina que o grande líder não deve colocar-se acima de suas tropas: "O líder deve estar junto do seu exército, em contato com ele, partilhando coisas boas e más com as massas que ele comanda. Só isso faz com que corresponda às pesadas exigências feitas a ele."

Você pode ter problemas ainda maiores do que imagina se seus subordinados intuírem que sua seriedade está acoplada a um juízo crítico a respeito da atitude "menos séria" por parte deles.

Para tornar a unir suas tropas, você terá de encontrar uma nova maneira de pensar. Considere as seguintes possibilidades:

Não pode ser que seus subordinados não estejam dando "pouco de si para o trabalho" — mas apenas algo diferente? Talvez eles compreendam que, no contexto do seu trabalho diário, na verdade realizarão mais se demonstrarem um sentimento positivo não somente em relação às tarefas que têm diante de si, mas também às pessoas com quem trabalham. Talvez estejam mais dispostos a correr riscos em seus relacionamentos, de forma que, para eles, uma interação suave com os outros não representa o desgaste de energia e tempo que representa para você. Talvez tenham uma compreensão mais clara da meta suprema do trabalho: servir à comunidade, percebendo que a comunidade não é só o trabalho realizado, mas sim as pessoas — não somente as que estão fora da empresa, mas também as que fazem parte dela. Embora possam estar numa posição da pirâmide em que as exigências e/ou recompensas sejam menores do que as suas, é possível que seus subordinados tenham realmente sido capazes de descobrir um significado em suas amizades, que o trabalho em si não lhes proporciona.

Se eles estiverem fazendo um bom trabalho, a responsabilidade de evitar o desastre será sua. Você será capaz de crescer a ponto de aceitar a diversidade e apreciar os elementos mais humanos do trabalho em equipe?

Se os seus subordinados estiverem atuando adequadamente em benefício da empresa, eles merecem o seu respeito. Você é capaz de apreciar sinceramente a nobreza do espírito humano, a disposição de buscar o outro, num esforço genuíno de lidar com a realidade agridoce da vida?

Somente quando sua resposta for "sim" é que você começará a desenvolver o traço de caráter mais sério e em última análise mais produtivo de todos, o traço de caráter que está na raiz de todo o respeito, que é melhor do que o compromisso, que a lealdade e que a eficiência.

Você vai desenvolver a compaixão pela condição humana.

Se você adiou a ação durante muito tempo e seus funcionários se organizaram contra você, veja o Problema Profissional Difícil nº 22.

Se você tentou tratar seus subordinados mais compassivamente e as coisas explodiram em seu rosto, veja o Problema Profissional Difícil nº 19.

Problema Profissional Difícil nº 25

Meu secretário executa seu trabalho de forma satisfatória — e é agradável e bem-intencionado. Contudo, tem um sério problema de caspa. Sugeri que fizesse um tratamento médico e com isso ele melhorou, mas ainda noto a caspa. Ninguém mais parece se incomodar com isso. Que atitude devo tomar?

Assim como a Terra é capaz de sustentar e preservar todas as coisas que vivem e se movem sobre ela, o homem superior é grande o suficiente para conviver com a imperfeição.

A chave aqui não é tentar se concentrar no que seu assistente deve fazer para chegar à perfeição; mas sim *você* crescer até ser capaz de aceitar tudo o que se manifesta, inclusive a imperfeição de seu funcionário. Você observa tudo — mas opta por deixar passar muitas coisas. O homem superior é capaz de fazer isso porque sua concentração interior e profundidade de caráter permitem-lhe distinguir entre o trivial e o vital.

Da próxima vez que se sentir incomodado pela caspa de seu secretário, transforme sua crítica em gratidão. Como você é feliz por ter recebido a oportunidade de crescer a cada dia de trabalho!

Se você se sente oprimido por essa dificuldade, veja o Problema Profissional Difícil nº 84.

Problema Profissional Difícil nº 26

Esforcei-me para transformar meu ambiente de trabalho num local que reflita as coisas às quais dou valor, qualidades como honestidade e integridade. Quando entrevisto candidatos a funcionários, tento deixar claro que "ajo da maneira que prego".

Com tudo isso, por que não consigo encontrar ou manter uma boa secretária?

O que você fez foi aumentar o grau de expectativa em relação a seus relacionamentos. Você quer e merece ter à sua volta pessoas que apóiam a você e à sua empresa, movidas pela idéia de serviço compassivo, sem ressentimentos ou arrogância; que se mostrem entusiasmadas, honestas e maduras.

É mais fácil encontrar pessoas que saibam digitar e arquivar.

Por que isso acontece? Você se opõe a uma cultura que, em sua maior parte, produziu talentos treinados nas hierarquias tradicionais. Em ambientes fechados, as pessoas são ensinadas a se esconder atrás de divisórias, entre canais de comunicação falhos; nessas estruturas que seguem o velho paradigma, o diálogo realiza-se sob a forma de fofocas e ataques à traição. Enquanto a pessoa faz o seu trabalho e fica atenta para não pôr em risco a falsa harmonia, geralmente não é incomodada.

Por outro lado, em seu ambiente, onde a comunicação é aberta, você lhes apresenta um novo desafio: mostrar-se à altura da situação, confiando em que a honestidade será recompensada e não punida. Nem todos querem trabalhar num ambiente que valoriza essas qualidades. De fato, algumas pessoas preferem ambientes rígidos, onde poderão ocultar melhor suas atitudes negativas. Outros pensam que poderiam se sentir bem trabalhando num local cheio de vitalidade, mas percebem, depois de aceitar o emprego, que uma situação na qual terão de fazer tudo o que for necessário para ter relacionamentos honestos e diretos exige mais delas do que esperavam.

Se por um lado é possível identificar pessoas obviamente incompatíveis já no processo da entrevista, provavelmente será preciso algum tempo de convívio — um dia a três meses — para se descobrir que um candidato não se adapta perfeitamente ao contexto. Por isso, sugiro que você estabeleça um período de experiência "sem culpas", durante o qual você ou seu funcionário poderão encerrar o relacionamento por qualquer motivo, sem desavenças mútuas. Informe ao seu empregado que essa fase de experiência, em que não haverá atribuição de culpa, funciona nos dois sentidos: ele poderá se demitir a qualquer momento, durante esse período, por qualquer razão ou sem nenhuma razão aparente.

A vantagem dessa estratégia, que mantém aberta uma via de escape, é o fato de ela permitir que você corra riscos em relação a pessoas que têm potencial, mas que num primeiro momento podem não ter correspondido às expectativas. Alguns têm uma atitude inicial de cautela e suspeita no que se refere à sua filosofia, mas podem florescer depois de estabelecida a confiança.

Se você conseguir conservar seus padrões, mas diminuindo o fator de risco, talvez descubra aquela parcela extra de sorte que está buscando.

Se você despediu seu último secretário porque ele tinha caspa, veja o Problema Profissional Difícil nº 25.

Se seu candidato com maior potencial recusa sua oferta e vai trabalhar para uma empresa que maltrata seus empregados, veja o Problema Profissional Difícil nº 63.

Problema Profissional Difícil nº 27

Como lidar com o fato de um dos meus funcionários mais importantes ignorar nosso ambiente profissional e empresarial, insistindo em usar sapatos de duas cores nas reuniões com clientes?

Você tem o direito de estabelecer e fazer cumprir padrões de conduta em seu ambiente de trabalho? Aliás, como gerente que tem como função dirigir um grupo de funcionários, esta não é de fato uma responsabilidade sua?

Numa organização bem-estruturada, um líder ganha a confiança e a obediência de seus funcionários por simbolizar alguma coisa. Você é a representação viva dos padrões, dos objetivos e da devoção ao dever de toda a sua divisão. Isso compreende toda uma gama de responsabilidades — desde delinear e manter uma visão de grupo até assegurar-se de que a maneira de vestir e a aparência dos seus subordinados não se torne uma distração para colegas e clientes.

No entanto, você se sente mesquinho por dar grande atenção a algo tão trivial quanto sapatos de duas cores, certo? Se já trouxe esse assunto à baila, seu funcionário provavelmente lhe falou sobre liberdade, criatividade e autoexpressão. Neste momento você talvez ache que está agindo de forma completamente antidemocrática por levantar essa questão ridícula.

Entretanto, reconheça que a situação não se refere a sapatos de duas cores. Na verdade, ela nem mesmo se relaciona com seu subordinado. Se isso acontecesse, você simplesmente diria: "Sapatos de duas cores não fazem parte da indumentária adequada a um ambiente empresarial. Use o que você quiser durante suas horas vagas, mas nas reuniões com clientes, por favor, escolha algo mais apropriado" — e a discussão estaria encerrada.

Não, a verdadeira questão em jogo é a liderança. Sua liderança.

O *I Ching* diz que para inspirar a submissão entusiástica de suas tropas, você deve primeiro estar sereno no seu íntimo. Deve ser um centro firme em torno do qual seus subordinados possam girar.

Isto dito, você tem de analisar a seguir a fonte da sua relutância em agir. É possível, por exemplo, que você secretamente concorde com seu funcionário. Talvez o que queira dizer seja: "Santo Deus, não há razão para que você não use sapatos de duas cores em reuniões com clientes. Vou apoiá-lo nesta questão."

Nesse caso, lembre-se de um importante conselho antes de agir: escolha suas batalhas cuidadosamente. Mais cedo ou mais tarde chegará um momento em que você vai querer lutar contra todo o sistema para conseguir algo vital. O direito de usar sapatos de duas cores é realmente uma questão pela qual você está disposto a arriscar sua carreira?

Pode ser que sim. Por exemplo, os sapatos de duas cores talvez representem a manifestação física de problemas mais sérios dentro da empresa — o seu ambiente de trabalho é um ambiente repressivo, onde a criatividade e a expressão pessoal são rotineiramente proibidas sem nenhum motivo positivo? Se for este o caso, os sapatos de duas cores poderão representar uma causa digna de defesa.

Por outro lado, se tudo estiver bem com a sua organização, qual é o significado dos sapatos? Eles talvez constituam a estratégia inconsciente do seu funcionário-chave para encontrar uma porta de saída da empresa e de acesso à faculdade de belas-artes.

Uma coisa é indiscutível: Se continuar a se fazer as perguntas corretas, chegará um momento em que você saberá com certeza o que os sapatos de duas cores significam para você.

Se você não aceitou os sapatos de duas cores e toda a divisão tomou o partido do colega contra você, veja o Problema Profissional Difícil nº 24.

Se seu subordinado pára de usar sapatos de duas cores, mas desenvolve um caso grave de caspa, veja o Problema Profissional Difícil nº 25.

Se você for a pessoa que usa os sapatos de duas cores, veja o Problema Profissional Difícil nº 52.

Problema Profissional Difícil nº 28

Eu costumava gostar do meu trabalho, mas a empresa acabou de contratar uma funcionária que me deixa exasperada, a começar pelo seu tom de voz — e a mesa dela fica ao lado da minha! Todos os dias ela comenta a respeito do que estou vestindo, fica escutando minhas conversas particulares, além de fazer inúmeras outras coisas irritantes. Falei com o meu supervisor, mas ele me disse que terei de me adaptar à situação. Socorro!

Presumindo-se que também já discutiu o assunto diretamente com ela, sem conseguir nada, você está enfrentando um desses momentos em que não dispõe de outro recurso senão admitir a derrota. Você não pode mudar a situação — e não quer desistir do emprego. Tem apenas uma outra escolha: terá de mudar a si mesma.

E se você pudesse mudar de tal maneira que conseguisse ficar em sua mesa de trabalho e continuasse a gostar de seu emprego, tendo essa pessoa insuportável a poucos metros de você?

O *I Ching* afirma que quando você está presa num poço, a compostura interior é o seu único recurso. Aqui está um modo de restabelecer a compostura interior quando se está numa armadilha. A próxima vez que ela a perturbar, visualize-se durante alguns instantes sentada à sua escrivaninha. Sob seus pés estão milhares de pétalas de rosas. Escolha a cor. O tom rosado oferece serenidade. O branco oferece simplicidade e pureza. O vermelho oferece vitalidade.

Vá em frente. Entregue-se a essa imagem. Agora, imagine um quadrado mágico cercando sua mesa. Em cada ângulo visualize uma roseira. Observe cuidadosamente. Qual é a aparência dessas roseiras? As flores estão totalmente abertas? As folhas estão verdes e brilhantes? Se você ainda consegue ouvir a voz da sua algoz atravessando as roseiras, estas não estão suficientemente viçosas. Terão murchado? As pétalas das flores estarão caindo? Escurecendo? Revitalize suas roseiras visualmente. Quando estiverem bem floridas e bonitas, você estará totalmente protegida.

Você pode até mesmo sorrir para a sua colega através das pétalas de rosas. Ela consegue vê-la, mas você é capaz de bloquear seus hábitos perturbadores. As convenções sociais não são violadas.

Se ela penetrar em seu espaço com uma pergunta direta ou algum comentário, coloque no rosto uma expressão agradável mas levemente vaga e então lhe dê uma resposta de caráter geral, inspirada pela Senhorita Boas Maneiras e adequada a quase todas as situações, como: "Que bom para você."

"Não gosto da blusa que você está usando hoje. Ela não combina com a saia."

"*Que bom para você.*"

"Ouvi dizer que você está querendo ir almoçar no Old Joe. Estive lá ontem e foi terrível."

"*Que bom para você.*"

Se a voz dela começar a afetá-la novamente no decorrer do dia, dê uma olhada em suas roseiras. Você parou de cuidar delas, deixando que murchassem? Tire um momento para revitalizá-las outra vez.

O *I Ching* explica que quando lidamos com pessoas imoderadas e intratáveis, a melhor maneira de alcançarmos nosso objetivo é comportar-nos segundo as convenções sociais.

"Maneiras agradáveis funcionam até mesmo com pessoas irritáveis."
Que bom para você.

Se você está ansiosa para ajudar essa pessoa, dando-lhe o nome de um bom psicoterapeuta, veja o Problema Profissional Difícil nº 40.

Problema Profissional Difícil nº 29

Tenho a sensação de que meu sócio não me respeita, mas não sei por quê. Se eu abordar esse assunto diretamente, não estarei criando sérios problemas?

No palco do ambiente de trabalho a pantomima dos relacionamentos costuma ser representada por gestos sutis de fuga. Suspiros profundos, olhos virados para o teto, um silêncio cheio de significado em lugar de "bom-dia" ou "obrigado". Chefe ou empregado, cliente ou sócio, você luta com um inimigo silencioso — o problema oculto que pede uma solução. Toda a cultura empresarial se torna impregnada de gestos que, de alguma forma, vão acontecendo inconscientemente, como fios soltos, que nunca são abordados diretamente. Temos medo até de puxar o fio mais tênue do tecido, baseados na crença, às vezes justificada, de que se o fizermos toda a trama poderá se desmanchar. Intuitivamente, talvez você compreenda que o seu sócio, ao não lhe demonstrar respeito, representa um problema mais sério, algo sobre você mesmo que será incômodo confrontar — algo que precisa mudar.

Talvez o que tenha de mudar seja a sua disposição de ter sócios comerciais que o tratam de maneira desrespeitosa. Você tem coragem de exigir respeito? Talvez não esteja seguro de realmente ser digno de respeito. Se agir em seu próprio interesse — você pensa —, haverá novos relacionamentos para tomar o lugar do antigo? Você será abandonado, colocando seus negócios em risco? Sua própria sobrevivência estará ameaçada?

Entretanto, se quiser conduzir sua carreira e sua organização com base em princípios espirituais, você deve estar disposto a seguir os fios soltos onde quer que eles o levem. Embora seja verdade que suas estruturas poderão ruir pelo fato de ter decidido começar a fazer perguntas difíceis, na realidade tais estruturas provavelmente teriam ruído sozinhas mais cedo ou mais tarde. A única questão é saber se você quer ser um participante ativo nessa desestruturação ou se prefere ser vítima dela.

Stacey, uma amiga minha, ganha algum dinheiro como consultora de moda, trabalhando em regime de meio expediente. Ela ajuda mulheres a melhorar seus guarda-roupas, em duas etapas. Na primeira, vai à casa da cliente para ajudá-la a organizar as roupas que já possui, separando as peças que merecem ser conservadas e descartando as outras, que não atendem às necessidades do momento. Na segunda parte do processo, Stacey leva sua cliente para fazer compras, ajudando-a a escolher itens que irão preencher as lacunas deixadas no guarda-roupa.

Minha amiga faz muito bem esse trabalho, mas se refere a ele como um passatempo e é bastante insegura sobre si mesma em seu papel profissional. Quando lhe telefonei recentemente para conversar, ela estava profundamente deprimida.

Ela tinha acabado de passar algumas horas desagradáveis com uma nova cliente que lhe fora recomendada por uma amiga em comum. Stacey percebeu que essa senhora era muito mais rica e tinha mais estilo do que a maioria de suas outras clientes e sentiu-se receosa quanto à própria competência nessas circunstâncias. Para coroar a situação, a cliente resistiu a várias sugestões de Stacey. Embora o desrespeito estivesse implícito e não fosse expresso abertamente, Stacey saiu da casa da cliente sentindo que havia fracassado dolorosamente.

Estava certa, ela me contou, que a razão disso era a roupa que tinha escolhido usar para ir à casa da cliente. Talvez o traje que escolhera para o compromisso profissional fosse demasiadamente informal. A mulher obviamente não a tinha levado a sério. Uma vez que não se dedicava integralmente a esse trabalho, Stacey sentia-se como uma amadora — uma impostora. A cliente tinha imaginado isso claramente.

Enquanto me contava sua desventura, uma outra chamada telefônica nos interrompeu. Quando retomou nossa conversa, após um longo intervalo, seu constrangimento era evidente.

A ligação tinha sido de sua cliente. Ela estava de fato zangada — mas não porque sentisse que tinha desperdiçado dinheiro com os serviços de Stacey. Estava indignada porque Stacey havia saído da casa dela sem marcar a data e a hora para a segunda parte do processo.

Stacey percebeu que sempre encarava o estado de ânimo de qualquer cliente de forma pessoal — como se significasse algo específico em relação às suas próprias falhas e inseguranças. Tratava-se de um tipo de arrogância inversa, um conceito grandioso sobre a sua importância na vida das outras pessoas. Compreendeu que a resistência da mulher às suas sugestões não era sinal de ressentimento, mas uma relutância normal em se separar de suas roupas favoritas, o que muitas de suas clientes menos favorecidas também sentiam.

Falei com Stacey algum tempo depois desse incidente. Ela me contou que a segunda sessão tinha transcorrido sem nenhuma dificuldade, principalmente porque aprendera a fazer algumas coisas novas. Em primeiro lugar, tomou um cuidado especial ao se vestir para a ocasião e apresentar-se de maneira mais condizente com seus padrões elevados. Porém, ainda mais importante, quando a cliente ignorou suas primeiras sugestões e pareceu sair da loja mal-humorada, Stacey teve coragem de perguntar: "Percebo que a senhora não está aceitando muitas das minhas sugestões. Aborreceu-se comigo por alguma razão?"

A mulher lamentou que a sua demonstração de eficiência fosse confundida com aborrecimento, e o incidente na realidade serviu para quebrar o gelo no relacionamento entre ambas. Desde então, várias clientes foram enviadas por essa senhora a Stacey. Esta descobriu que o que estava oculto em seu "sótão" era o segredo para transformar seu passatempo numa carreira integral.

Stacey comentou comigo mais tarde que, mesmo que os seus maiores receios tivessem se tornado realidade, o incidente continuaria sendo uma bênção. A questão do seu profissionalismo a tinha assombrado durante algum tempo. Aquela tinha sido a sua oportunidade de enfrentar o problema diretamente e agir a respeito dele, de uma forma ou de outra.

Quaisquer que sejam os seus fantasmas particulares, a seguinte invocação irá ajudá-lo a conseguir o respeito que você deseja.

Invocação para Melhores Relacionamentos Profissionais

Estou grato por esse relacionamento desrespeitoso, que serviu para fortalecer minha decisão de ser digno e de exigir respeito em minha vida.

Assumi uma posição clara e agora coloco a regeneração dos meus relacionamentos profissionais nas mãos do universo, sabendo que, aconteça o que acontecer, todos saberão a que alturas cheguei e quanto respeito mereço.

Por mais doloroso que ele seja às vezes, sou grato pelo processo da minha vida e pela clareza sempre crescente que ele me traz, beneficiando todos os aspectos da minha existência.

Se esse relacionamento não for um incidente isolado, veja o Problema Profissional Difícil nº 60.

Se você exigir respeito em seus relacionamentos e sua vida começar a ruir à sua volta, veja o Problema Profissional Difícil nº 19.

Caso você não tenha certeza de que expressar seus verdadeiros sentimentos para o seu sócio seja o melhor caminho a seguir, veja o Problema Profissional Difícil nº 23.

Problema Profissional Difícil nº 30

Meu secretário é incorrigível — e é sobrinho do patrão. Tentei ser compreensivo, mas acho que não vou conseguir mais me manter calado. O que devo fazer?

Em nome da entrega e da aceitação, você está tentando transpor o abismo entre a ilusão e a realidade com um esforço motivado pelo medo. Mantendo-se em silêncio a respeito da questão, você só está atendendo a seus próprios interesses.

Você chama a isso de caridade e compreensão? Que tipo de dádiva você está oferecendo ao sobrinho, que é impedido por você de confrontar as suas fraquezas? Você está lhe roubando a oportunidade de aprender e crescer. É no sofrimento dele que você está pensando — ou no seu próprio?

Você tem de acreditar que o universo oferece apoio a todos, não só para você. Não seria arrogância pensar que enquanto você tem o direito e o dever de se questionar e ouvir comentários que o orientem no sentido de realizar o seu destino, os outros não têm? Neste caso, estamos falando sobre o sobrinho incorrigível e também sobre o tio caridoso. Ambos são tão dignos — e tão capazes de realizar o próprio potencial — quanto você, quer saibam disso, quer não.

Seu chefe colocou você e o sobrinho numa situação em que todos estão sendo levados a se desviar da sua verdadeira natureza. Você está esmagando seu espírito para encobrir as fraquezas de outra pessoa; o sobrinho está sendo afastado do crescimento que vem do confronto com a realidade. E seu chefe — será que ele está dirigindo a empresa com a finalidade de melhor servir às necessidades da comunidade, se a empresa incorporou a fraqueza e a falsa misericórdia no desenvolvimento de sua estrutura?

Até conseguir enfrentar essa situação em seu íntimo com compaixão, coragem e honestidade, chamar a outra pessoa de incorrigível é mais um reflexo de sua arrogância do que da capacidade que essa pessoa tem de realizar o próprio potencial — trabalhando para você ou para outros na empresa ou no mundo. Você só vai compreender o verdadeiro significado do serviço quando descobrir dentro de si a possibilidade de colaborar com os outros movido por algo mais digno do que o interesse pessoal e o medo.

Se você agir com coragem e o sobrinho o fizer perder o emprego, veja o Problema Profissional Difícil nº 53.

Problema Profissional Difícil nº 31

Meu funcionário age como se eu o estivesse importunando, enquanto minha intenção é simplesmente acompanhar os projetos que lhe entreguei. O que está acontecendo aqui?

Você gostaria que seu empregado respeitasse sua autoridade; que ele acreditasse, como você, que você tem o direito legítimo de acompanhar o trabalho dele. Esse direito realmente lhe pertence. Porém, ele sente em você algo além do desejo de ser respeitado — sente sua falta de confiança nele.

Ele tem razão? Se você não confia nele, pare de tratar os sintomas apenas, pare de insistir com ele para terminar os projetos iniciados; em vez disso, esforce-se para executar o difícil trabalho de pesquisar a verdade sobre o seu relacionamento com ele. Mais do que o direito de verificar o progresso do seu funcionário no trabalho, você tem o direito de empregar alguém em quem possa confiar. Mais ainda: tem o direito de ser uma pessoa confiante.

Por onde se deve começar? Tente "dar um ponto" ao seu empregado quando lhe der a próxima tarefa, para ver como ele vai desempenhar o trabalho no momento em que você agir em relação a ele baseado na confiança e não no medo.

Mesmo que você tenha de consertar uma coisinha aqui e outra ali, é muito melhor errar por excesso de confiança em seus empregados do que desconfiar deles.

Por quê? Confúcio ensina que as coisas que estão na mesma freqüência vibram juntas. "As coisas que têm afinidade no mais íntimo da sua natureza buscam umas às outras. A água flui para o que é úmido, o fogo procura o que está seco."

Decorre daí, portanto, que as pessoas confiáveis fluem para aquele que confia e — más notícias — as pessoas não-confiáveis fluem para aquele que suspeita. Se você estiver cercado por pessoas pouco merecedoras de confiança, talvez tenha de analisar cuidadosamente sua alma antes de estar preparado para iniciar uma discussão com o seu empregado. Quais são os seus problemas em relação à confiança? Eles realmente se referem a esse funcionário em particular? Ou datam de um estágio mais antigo em sua vida? Você consegue perceber que não se trata exatamente de fazer seu funcionário sentir-se menos importunado, mas sim de aprender a estabelecer um relacionamento mais saudável com a confiança? Se lhe parecer muito difícil dar um salto de fé, comece com um pequeno passo.

Aqui está como começar: O administrador que tem um relacionamento saudável com a confiança sabe como estabelecer limites e contabilizar o sucesso de seus subordinados ao longo do caminho. Certifique-se de que a próxima tarefa que delegar a seu empregado tenha um potencial de fracasso situado dentro de limites de risco aceitáveis para você.

Passe para ele o projeto e a seguir discipline-se para não cobrar dele a realização do mesmo até a data em que deverá lhe ser entregue. Deixe as coisas esfriarem.

Na medida em que seu funcionário provar ser merecedor de sua confiança, completando o projeto de maneira satisfatória, aumente a responsabilidade delegada no projeto seguinte. Na melhor das hipóteses, você estará de volta ao seu nível original de supervisão depois de uma ou duas tarefas — porém, sem qualquer sombra de desconfiança se insinuando entre vocês.

Se o incômodo persistir, você terá de analisar outra questão relacionada com o assunto. Pois um outro elemento da fé é a confiança do empregado de que pode lhe pedir ajuda se tiver dificuldades com o projeto que lhe foi atribuído.

Ele pode? Ou você é um perfeccionista que acredita que todos deveriam ser capazes de fazer o trabalho tão bem quanto você — sem necessitar de ajuda externa? Se isso ocorrer, você transmitirá essa atitude ao seu funcionário, que se tornará relutante em partilhar até mesmo suas dúvidas mais legítimas, sem falar em pedir sua assistência para a resolução das mesmas. Resultado: ele agirá movido pelo medo, deixando de pedir ou de receber o apoio de que necessita. Uma pessoa guiada pelo medo reage mal e demonstra ansiedade. E produz um trabalho de qualidade inferior. Suas suspeitas parecerão justificadas — ao passo que, na verdade, terá sido a própria suspeita a criar esse resultado insatisfatório.

Independentemente de suas experiências anteriores, você pode começar a trilhar o caminho dos relacionamentos mais confiáveis em qualquer ponto de sua vida. O importante não é o estágio do caminho em que você está — mas o fato de estar progredindo.

Se você correr o risco e o funcionário abusar da sua confiança, veja o Problema Profissional Difícil nº 60.

Problema Profissional Difícil nº 32

Minha subordinada cometeu um erro muito sério. Se eu agir com compaixão e lhe disser que compreendo, o que irá motivá-la a se esforçar mais da próxima vez?

O *I Ching* diz que o ser humano recebeu uma natureza intrinsecamente boa. Se isso é verdade, vale a pena correr o risco de acreditar que a pessoa em questão tem tanto interesse em corrigir o erro e se recuperar do fracasso — identificando-lhe a causa e evitando-lhe a repetição — quanto você teria se estivesse na mesma situação.

Nessas circunstâncias, a correção e o aperfeiçoamento tornam-se não uma questão de castigo, mas de educação. Você promoverá em sua colega de trabalho qualidades construtivas, como a disposição de correr riscos, o desejo de aprender com a situação, a vontade de se corrigir. Ao mesmo tempo, fará diminuir, por meio da compaixão — em vez de aumentar por meio do castigo — as qualidades que contribuíram para o erro.

Agindo assim, pode ser que você mesma cometa um erro — talvez a motivação e a intenção da funcionária não sejam tão boas e altruístas quanto você gostaria de acreditar. Mesmo assim, é melhor errar algumas vezes por confiar em alguém que se mostra indigno da sua compaixão do que negar-se sempre a praticar um ato de fé com o objetivo de respeitar o espírito de compaixão em seu íntimo.

Não existe segurança nenhuma em agir segundo a compaixão espiritual. A vida não é acompanhada de garantias. As coisas vão dar errado de tempos em tempos — para a sua subordinada e também para você. Lembre-se sempre: você não pode julgar mal a integridade da sua empresa pelo simples fato de ela ter problemas. Todas as pessoas e todas as organizações têm problemas.

Procure, antes, saber se você e a empresa dispõem de uma estratégia saudável para lidar com os problemas — uma estratégia que alimente o espírito, em vez de sufocá-lo. Você poderá ser uma dessas pessoas felizes que têm a oportunidade de ajudar a criar e de trabalhar numa cultura empresarial que encoraja cada qual a dar o melhor de si — e não o pior — para o trabalho todos os dias.

Se você não acredita que o ser humano é dotado de uma natureza intrinsecamente boa, veja o Problema Profissional Difícil nº 94.

Problema Profissional Difícil nº 33

Não conheço as opiniões sinceras dos meus funcionários porque, para me agradar, eles me dizem o que acham que eu quero ouvir. Pedi-lhes que fossem mais sinceros, mas sinto-me frustrado, pois eles continuam a não dizer tudo o que pensam. O que há de errado com eles?

Embora você sinta que seu quadro de funcionários não está sendo sincero com você, a verdade é que esse problema não advém de uma falha de nenhum de vocês — é, isto sim, uma manifestação do seu crescimento.

No início — lembre-se —, você se fez rodear de pessoas cuja prioridade era agradá-lo e não expressar cada qual o seu verdadeiro eu. Você estabeleceu o tom da inter-relação, reagindo defensivamente aos comentários que lhe eram feitos; treinou os funcionários para relacionar-se com você de uma maneira limitada, que protegia a sua sensação de bem-estar, poder e segurança.

Entretanto, foram precisamente essas condições que lhe proporcionaram um ambiente protegido, sem ameaças, no qual você pôde lançar raízes fortes o suficiente para sustentar um novo crescimento. Agora, você já superou os relacionamentos limitados que um dia lhe foram úteis. Está preparado para uma sinceridade maior por parte de seus funcionários e espera que estes mudem o próprio comportamento.

Por mais nobres que sejam as suas intenções, você apresentou ao *status quo* um desafio, difícil de enfrentar. É assustador pôr em prática um novo modo de conduta no ambiente de trabalho — especialmente uma conduta na qual as pessoas têm de correr riscos, expor-se a críticas, sentir-se vulneráveis e desprotegidas. Embora você esteja preparado para o desafio dos relacionamentos mais sinceros, tem de compreender que a expectativa de que cada empregado partilhe com você a expressão autêntica do seu eu profundo implica um certo ônus para a sensação de segurança de cada qual. E quando você faz novas exigências, que requerem o desenvolvimento de qualidades interiores como a coragem e a fé, não pode ter a esperança de efetivá-las imediatamente pelo simples fato de tê-las exigido.

Você tem paciência suficiente para suportar as dificuldades que inevitavelmente advêm do seu desejo de crescimento — enquanto espera que a realidade passe a corresponder às suas expectativas mais elevadas?

O tempo que isso levará para acontecer não será desperdiçado. Pois você ainda tem um trabalho a fazer.

Você já se desenvolveu o suficiente para reconhecer que quer mais dos seus relacionamentos. Agora tem de se transformar numa pessoa digna de ter mais em seus relacionamentos. Em outras palavras, para ter ao seu redor funcionários que confiem suficientemente em você, a ponto de correrem o tipo de risco que você quer deles, primeiro será necessário demonstrar-lhes que você é confiável.

Não são somente os seus funcionários que estão sendo chamados a assumir um novo esquema de conduta, mas você também. Eis alguns elementos desse esquema:

- Sacrificar sua opção de sumariamente julgar, criticar e/ou repudiar as opiniões dos outros, compreendendo que uma vez estabelecida a prioridade de expressão de sentimentos e pensamentos sinceros, você terá de estar disposto a dedicar tempo, energia e disciplina para ouvir cada um.
- Aprender a fazer e ouvir comentários negativos, de um ponto de vista construtivo e não-defensivo.
- Criar um modelo inspirador de desempenho para os seus funcionários, correndo o risco de expressar-lhes os seus próprios sentimentos e opiniões reais.

Talvez o maior desafio de todos seja:

- Comunicar compaixão, humildade, paciência e compreensão aos que ainda não confiam inteiramente em você.

Pode-se perceber, nesse processo, que se tornar uma pessoa confiável é uma tarefa difícil. Tão difícil, na verdade, quanto a fé que você pede que os seus funcionários tenham em você.

Se você acredita que, sempre que um novo nível de desenvolvimento é alcançado, as coisas deveriam se tornar mais fáceis para você; e fica frustrado quando descobre que, muito pelo contrário, uma gama de desafios até então desconhecidos se apresenta; e se espera que uma vez superadas essas dificuldades, terá se livrado delas para sempre, veja o Problema Profissional Difícil nº 90.

4

Liderança Formada pela Vida

A vida de um homem que já se purificou é uma luz brilhante para a humanidade.

— I Ching

Problema Profissional Difícil nº 34

Para continuar no mercado, a nossa empresa precisa reduzir drasticamente o seu quadro de funcionários. A direção está falando em nos avaliar e classificar, comparando-nos uns com os outros dentro de cada categoria. Os que tiverem desempenhado suas funções menos satisfatoriamente serão dispensados. Não existe uma maneira melhor de resolver a questão?

Uma empresa que se encontra nesse tipo de impasse precisa descobrir um meio de motivar seus funcionários, e não desmoralizá-los. A competição institucionalizada dentro da hierarquia empresarial, como uma política que afeta a todos indiscriminadamente, traduz-se para os empregados, e também para o mercado, como um ato de desespero. A culpa pelo fracasso está sendo atribuída àqueles que têm menor responsabilidade. Essa estratégia míope pode até fazer sentido do ponto de vista das cifras, mas a longo prazo ela provavelmente destruirá a empresa.

Enquanto os dirigentes da empresa considerarem o mercado como um meio hostil, não terão outra alternativa a não ser espelhar esse conceito com a criação de um ambiente interno igualmente hostil. Contudo, essa reação forjada pelo medo se transforma numa profecia que garante automaticamente a sua realização. A competição aberta entre os empregados pode até gerar aquela produtividade a curto prazo que sua empresa busca para se manter à tona. Com o tempo, entretanto, vai destruir o espírito que a equipe de funcionários criou no decorrer de muitos anos de história da empresa.

Não somente as pessoas que perderem a competição ficarão desmoralizadas, mas aquelas que as contrataram, trabalharam com elas ou foram seus subordinados serão igualmente afetadas. Isso mostra claramente que a direção perdeu a fé na viabilidade da empresa... a começar pela base da pirâmide. Quanto mais insistir na competição interna, menor será a capacidade da organização de atuar segundo expectativas e padrões mais elevados.

O que sua empresa esqueceu foi que os funcionários se comprometem a dar o melhor de si a seus empregadores não quando têm medo de perder o emprego, mas por fidelidade à contribuição fundamental feita para a comunidade e aos valores empresariais que a empresa representa. A fidelidade traz um benefício tangível; por ocasião da venda de uma empresa, é-lhe atribuído até mesmo um valor monetário, enquadrado na categoria de "boa vontade". O fator de "boa vontade" representa os sentimentos positivos que a empresa suscitou na clientela e nos funcionários no decorrer dos anos.

Para mudar a sua filosofia, a direção da empresa terá de desviar a atenção dos fatores externos, que geram o medo, e revitalizar sua visão o suficiente para redescobrir, ou se necessário até recriar, um objetivo significativo para a organização, baseado na contribuição que esta dá para a comunidade.

Para iniciar esse processo difícil, a empresa terá de parar de supor que a falha foi dos empregados individualmente, e assumir a responsabilidade pelo fato de ter sido o compromisso da organização com o seu objetivo global que fraquejou. Ninguém deve se transformar em bode expiatório, levando toda a culpa. Em vez disso, a liderança terá a tarefa de identificar um uso para os recursos da empresa, passível de receber o apoio do mercado. Isso significa desapegar-se de velhos sistemas e estruturas, que não funcionam mais, e experimentar novas formas e esquemas de organização. À medida que se libertar da sua própria história, a empresa ficará livre para assumir uma nova dimensão e estrutura. Esse é um processo criativo que mobiliza as aspirações mais elevadas da humanidade — qualidades como inspiração, visão, clareza e serviço — em lugar das aspirações inferiores, como a ganância, o medo e o egoísmo, que são as forças poderosas, mas em última análise separativas, induzidas pela política de "salve-se quem puder" proposta pela empresa.

A nova estratégia não significa que a empresa deixará de reduzir seu quadro de funcionários — porém, não como uma política indiscriminada, baseada no medo. Sim, sacrifícios serão necessários. Escolhas terão de ser feitas. A mudança é dolorosa — e, na maioria das vezes, bagunçada. Se tivéssemos de julgar a borboleta durante sua transformação, abrindo o casulo, encontraríamos apenas uma matéria pastosa verde. Às vezes, tanto a direção quanto os empregados terão apenas uma lembrança da sua visão original para guiá-los.

Porém, quando os diretores derem esse passo, sustentados pela fé e não pelo medo, a empresa será libertada e poderá evoluir até a expressão mais plena de seu potencial. À medida que ela cresce, crescem também todas as pessoas envolvidas; também elas estarão livres para realizar o seu potencial — dentro ou fora da empresa. A fé é a chave da motivação dos funcionários, que transcende as vicissitudes do destino; a motivação dos empregados, por sua vez, é a chave do sucesso em épocas de transição.

Se você decidiu correr o risco de protestar contra a política da empresa e descobriu que, por causa disso, o seu desempenho foi considerado insatisfatório, veja o Problema Profissional Difícil nº 55.

Se depois de muitos anos você perdeu o emprego, veja o Problema Profissional Difícil nº 97.

Problema Profissional Difícil nº 35

Acredito que a empresa para a qual trabalho vai se recuperar, mas no momento estamos com dificuldades financeiras. Como manter os meus funcionários motivados se não há esperança de aumentos ou bonificação?

Todos os homens devem buscar algo maior do que eles mesmos, ensina o *I Ching* — "algo que lhes sirva como uma estrela-guia".

Na medida em que você partilha com a empresa para a qual trabalha o objetivo de servir à comunidade maior, na medida em que tiver formulado esse objetivo e procurado reunir pessoas que o apóiem — nessa mesma medida a sua equipe permanecerá unida. Aqueles que acreditam no que você está fazendo continuarão motivados, independentemente de bônus e aumentos.

Quando você tem fé em sua meta, seu espírito brilha como o Sol, iluminando todos os que são atingidos por seus raios. Porém, lembre-se: o Sol traz o bem e o mal à luz do dia.

Você está realmente disposto a ver as coisas como elas são? Por exemplo, sua preocupação com incentivos materiais indica que o propósito original da sua empresa enfraqueceu? A fama e a fortuna geradas pelo sucesso do passado ocuparam o lugar do objetivo original de contribuir para a comunidade, substituindo-o pelo desejo de recompensas materiais?

Você se apegou ao seu título, ao seu cargo, ao tamanho de sua equipe? Procura conservar seus funcionários não porque estes são indispensáveis ao volume de trabalho, mas porque eles se tornaram indispensáveis ao seu ego? O *I Ching* alerta para o fato de que "somente quando um homem está completamente livre de seu ego e atento ao que é correto e essencial, adquire a clareza que lhe permite compreender as pessoas e tornar-se livre de culpa".

Tempos difíceis trazem à tona verdades interiores. Para vencer as ilusões, você tem de encontrar coragem para encarar a verdadeira questão: não "Como farei para manter todos motivados?", mas "Como encontrar forças para deixar partir aqueles cuja estrela-guia consiste apenas em bonificações e aumentos?"

Ironicamente, se estiver disposto a afastar aqueles que não compartilham com você a visão da empresa, independentemente do sofrimento que possa resultar disso, você receberá no final o máximo de apoio. Se você faz parte do grupo de pessoas que não querem fazer das recompensas materiais a motivação primária do seu trabalho — alcançará no final o maior sucesso.

Se você ou sua empresa perderam de vista seu objetivo fundamental, veja o Problema Profissional Difícil nº 62.

Se for incapaz de manter sua equipe de funcionários motivada, veja o Problema Profissional Difícil nº 73.

Problema Profissional Difícil nº 36

Tenho certeza de que existe aqui uma lição a ser aprendida. Nossa organização adotou algumas políticas contraproducentes, que estão minando o moral da minha equipe. Questionei essas políticas, mas com isso passei a ser alvo de represálias por parte de outros grupos da empresa que estavam contentes com a situação. O que eu poderia ter feito para evitar isso?

Em nome do "auto-aperfeiçoamento", você está desperdiçando uma energia preciosa ao procurar a lição que existe em tudo isso.

Lembro-me de uma caminhada que fiz um dia num bosque aqui perto, buscando recuperar meu equilíbrio. Entrando em pânico à medida que se aproximava a data de entrega de um projeto importante, corajosamente me afastei do trabalho, com o objetivo de revitalizar e aprofundar o meu processo criativo. Quando estava começando a perceber que minha vitalidade voltava, senti a picada dolorosa de uma aranha no meu rosto, que começou a latejar. Dirigi uma fervorosa súplica a Deus.

"Deus", perguntei, "O que fiz de errado? Eu agi corajosamente, visando ao meu próprio bem — corri um risco — segui meu coração. Por que fui picada? Diga-me, qual é a lição contida nisso?"

A resposta foi delicada, mas firme.

"Vocês, humanos! A noção que têm do seu lugar no universo é demasiado grandiosa. Houve de fato uma lição aqui. Mas não para você, e sim para a aranha."

Como você pode ter a grandeza de espírito exigida do verdadeiro líder quando se apressa em ver cada situação como uma "lição" para você? Assim como alguém que olha para a vida através de uma porta entreaberta, sua visão é limitada pelo desejo de auto-aperfeiçoamento. Sempre que não se sente bem, você se retrai e se afasta de suas convicções — compreendendo as coisas só na medida em que elas se relacionam com você, e sempre pensando numa maneira de sofrer menos da próxima vez. Isso bloqueia a sua percepção do contexto maior.

Esteja atento para aquela parte de você que quer descobrir onde está a falha, de forma que você nunca mais cometa o mesmo erro. Agir de acordo com as suas convicções não é errado. Você gostaria de tomar uma atitude firme e depois ver tudo acontecendo exatamente da maneira que espera. Contudo, a vida vai sair do seu controle algumas vezes. Você nunca será bom o suficiente, diligente e esperto o suficiente, não terá sorte nem será espiritualizado o suficiente para fazer com que tudo saia sempre como você gostaria. É preciso ser suficientemente grande neste momento para agir de acordo com aquilo que está em seu coração — e preparar-se para sofrer as conseqüências.

Para ser um líder, você tem de elevar-se acima da egocêntrica ilusão de controle e encontrar a força necessária para servir como um figura central, em torno da qual outras pessoas possam se reunir. Tem de estar disposto a encarar seu destino e assumir as conseqüências.

Se acha injusto ter de assumir as conseqüências de seus atos, veja o Problema Profissional Difícil nº 52.

Problema Profissional Difícil nº 37

Eu estava para despedir uma funcionária relativamente nova na empresa, que se mostrou incompetente, quando a mãe dela faleceu inesperadamente. A funcionária pediu licença de uma semana para o enterro e para cuidar dos assuntos familiares. A empresa não pode continuar com ela — porém, como e quando dispensá-la? Devo tomar essa iniciativa enquanto ela está fora, de maneira que possa passar mais tempo em casa — e nós possamos economizar dinheiro? Ou esperar até que ela volte?

Você já sabe que o momento é inadequado. Se a tivesse despedido antes de a mãe dela ter morrido, não haveria problema. Mas você não o fez.

Agora, tudo muda de figura. Vou lhe dizer por quê. Essa funcionária nova, ineficiente em seu trabalho, era pouco mais do que uma inconveniência infeliz para você antes da morte da mãe... um escoamento em seu fluxo de caixa que você estava ansioso para resolver. Entretanto, agora ela se mostra vulnerável diante de você, lembrando-o da grande tragédia da condição humana — a inevitabilidade da morte. Independentemente de ser nova no emprego ou incompetente, no momento em que sofreu a perda, ela se transformou no Empregado Universal. Depois da morte da mãe, a última coisa de que ela precisa é ter de lidar com o choque de ser despedida e com a necessidade de procurar outro emprego.

Contudo, é igualmente importante compreender que essa crise não se refere somente à sua funcionária. Cada membro da sua equipe estará observando para ver como você vai lidar com essa situação. Se for generoso e gentil, seus empregados compreenderão que numa crise você estará pronto a apoiá-los também.

Então, o que você deve fazer? Não a despeça enquanto ela está afastada por causa do luto, nem mesmo assim que ela voltar. Ajude-a em sua tragédia, deixando que ela reassuma suas funções e trabalhe durante um período suficiente para obter de novo um certo grau de estabilidade na vida. Dois meses constituem um período adequado. Depois, se ela continuar incompetente, siga o procedimento padrão usado em sua empresa para dispensar funcionários e despeça-a.

Porém, você diz que não tem condições de continuar pagando um salário inútil. Pense duas vezes. Se você é um homem de negócios, deve saber que desastres naturais podem afetar seu bem-estar financeiro de tempos em tempos. Quer seja por algo absolutamente fora do seu controle quanto um terremoto — que poderá interromper o funcionamento de suas linhas telefônicas —, um tumulto que leva ao encerramento das operações de sua empresa, ou a morte da mãe de uma funcionária nova e incompetente, sua empresa está sujeita a enfrentar desafios sérios periodicamente.

Se suas finanças são tão frágeis que dois meses de salário pagos a um funcionário podem fazê-lo naufragar, você talvez devesse lidar com o verdadeiro problema — a viabilidade de sua empresa — o mais rápido possível. Você tem a opção de espernear, lamentando seu destino — culpando a si mesmo, à sua empregada ou à própria mortalidade —, ou de adaptar-se com dignidade às condições do momento.

É muito provável que, se seguir este conselho, você sobreviverá à perda de dois meses de salário. Enfrentará um revés financeiro, mas seus outros empregados lhe pagarão muitas vezes mais, renovando a lealdade e o respeito que têm por você. Uma equipe que sabe que seu líder não vai abandoná-la quando confrontado pelas vicissitudes do destino irá haurir suas forças das próprias raízes da experiência humana.

Se você gostaria de seguir este conselho, mas sua empresa pode naufragar se você o fizer, veja o Problema Profissional Difícil nº *49.*

Se você já a despediu, veja o Problema Profissional Difícil nº *76.*

Problema Profissional Difícil nº 38

Passei anos criando uma equipe de funcionários leal e dedicada. Atualmente, porém, a crise econômica dizimou os nossos recursos, sem que haja perspectivas de recuperação. Cortei quase todos os gastos que podia. Devo fazer um empréstimo para nos manter à tona até os negócios melhorarem ou dispensar funcionários, sabendo que isso irá destruir o moral daqueles que permanecerem na empresa?

Você fala do moral, mas será que vai estar contribuindo para a boa disposição de espírito da empresa ao tentar transpor o abismo entre realidade e ilusão por intermédio do sacrifício da sua própria capacidade de agir sem hesitação? Você realmente tem um conceito tão baixo da sua "equipe leal e dedicada", a ponto de achar que eles vão manter o ânimo enquanto vêem você caminhar sobre brasas? A confiança no universo significa evitar o sofrimento usando truques baratos — um empréstimo aqui, um atraso nos pagamentos ali, a manipulação de impostos devolvidos, a exploração de anos de boa fé, fazendo com que o banco se torne cúmplice do seu processo de fuga?

Ao contrário, o *I Ching* prega que o homem superior deve enfrentar seu destino com uma atitude de aceitação. Quando o destino o mobiliza, você deve mostrar-se disposto a entregar-se completamente ao fogo da verdade. O que você precisa agora é de uma consciência firme da realidade — de uma disposição de agir rápida e decisivamente para equilibrar os gastos com os ganhos. Não será capaz de fazê-lo até que esteja disposto a enfrentar o sofrimento que acompanha esse processo.

Os anos que passou criando a equipe à qual se afeiçoou, as pessoas que vieram trabalhar para o bem da empresa, e que agora terão de ser afastadas pela mesma razão — esse é o sacrifício exigido pela situação presente. Esse é o testemunho de fé que você tem de dar.

A espiritualidade não deve ser usada para abafar o sofrimento. "O homem superior aprende com a situação o que é exigido dele e a seguir obedece às imposições do destino."

Se você está preocupado com o moral de seus funcionários porque não há esperança de bonificações e aumentos para os que permanecerem após as dolorosas demissões, veja o Problema Profissional Difícil nº 35.

Problema Profissional Difícil nº 39

Um dos candidatos a um cargo importante que precisamos preencher tem uma capacidade mediana — mas tem também uma disposição extraordinária para dedicar o melhor de si ao serviço da empresa. O outro candidato é superior em relação ao que o cargo exige — e demonstra uma disposição extraordinária para levar adiante a própria carreira. Qual deles seria melhor contratar?

A questão que jaz na base desse dilema é a seguinte: o que é necessário para vencer no mundo dos negócios? Capacidade, brilhantismo, talento — evidentemente, tudo isso é importante. Contudo, esses recursos pouco significam se não forem usados para servir a algo maior do que a satisfação do próprio ego.

As empresas são organizações vivas, compostas de pessoas que se reuniram com um objetivo comum. O *I Ching* ensina que "o verdadeiro companheirismo entre os homens deve estar fundamentado numa preocupação universal. Não são os interesses particulares dos indivíduos que criam a solidariedade duradoura entre os homens, mas sim as metas da humanidade".

Deixe entrar na empresa alguém que se preocupa somente consigo mesmo, acreditando que conseguirá canalizar-lhe a energia para servir aos objetivos da empresa, e você logo descobrirá que, quando o superastro tiver sentido o gostinho do poder, ele vai querer começar a dar as ordens. Uma vez que o sucesso obtido pela empresa, como resultado dos esforços desse funcionário, estará ligado a ele e não a você, seu desejo de conservar o *status quo*, agora mais elevado, soará como uma aprovação ao ponto de vista individualista de seu empregado. Por outro lado, ao usar esse superastro como um atalho para o sucesso, comprometendo os seus próprios objetivos e o moral da sua organização como um todo, o potencial dos seus funcionários menos promissores ficará atrofiado nesse meio-tempo.

Você diz que o superastro egocêntrico parece controlável, pelo menos no início. Porém, o *I Ching* nos afirma que "um porco ainda jovem e magro não consegue expressar sua violência, mas depois de ter comido até fartar-se e se tornado forte, sua verdadeira natureza se manifesta...."

Você demonstrará sabedoria se parar e admitir para si mesmo toda a verdade a respeito de seus candidatos, enquanto ainda pode fazer alguma coisa, em vez de avidamente agarrar-se àquele cujas aptidões superiores prometem resultados mais rápidos. Quando forçado a escolher, opte pelo espírito, preferindo-o ao talento. Melhor ainda, adie sua decisão até ter encontrado alguém que tenha a máxima aptidão e também uma boa disposição para se comprometer com os objetivos da empresa.

Se for tarde demais, e o superastro já o tiver em suas mãos, veja o Problema Profissional Difícil nº 56.

Problema Profissional Difícil nº 40

Acho que várias pessoas dentro da minha empresa estariam muito melhor se fizessem análise. Como levantar essa questão?

A melhor maneira de encorajar as pessoas a buscar recursos terapêuticos é ser você mesmo um modelo saudável de comportamento.

Antes de discutir com essas pessoas o assunto de procurar um terapeuta, faça este pequeno teste para ver como você se sai:

Verdadeiro ou Falso

1. Sou paciente com os problemas das outras pessoas, sempre disposto a ouvi-las, sem querer corrigi-las, mudá-las nem mudar de alguma maneira a situação que enfrentam.
   Verdadeiro_____ Falso_____
2. Sei como me proteger e proteger o meu espaço, de forma que os problemas das outras pessoas não exijam de mim mais tempo ou energia do que eu estou disposto a dedicar-lhes.
   Verdadeiro_____ Falso_____
3. Compreendo que a felicidade não é necessariamente um pré-requisito para a saúde mental. As pessoas têm o direito de estar totalmente vivas e isso inclui momentos de dor e sofrimento, assim como momentos de alegria e serenidade.
   Verdadeiro_____ Falso_____

4. Sou humilde e reverente em relação ao ritmo e aos processos das outras pessoas e admito que não estou preparado para julgar as experiências interiores dos outros.
Verdadeiro_____ Falso_____
5. Meu impulso de ajudar os outros é sincero. Não tenho motivos ulteriores, compromissos ou objetivos que não sejam os de servir essas pessoas.
Verdadeiro_____ Falso_____
6. Conheço-me o suficiente para ter certeza de que o meu desejo de ajudar os outros não se manifesta porque estou fugindo do risco muito maior de dizer a verdade e abordar corajosamente minhas próprias fraquezas e necessidades.
Verdadeiro_____ Falso_____
7. Creio que o apoio e a orientação do universo estão imediatamente disponíveis na vida dessas outras pessoas, como estão na minha. Tenho certeza de que elas estão progredindo na direção da saúde mental e da realização, seguindo o caminho mais direto, sem que eu nada precise fazer a respeito.
Verdadeiro_____ Falso_____

Quando tiver assinalado a opção *verdadeiro* em cada uma das sete afirmações acima, você conhecerá a resposta para o seu complicadíssimo problema empresarial. Não terá de abordar o assunto da terapia com ninguém. Quando algum colega precisar de ajuda, ele o procurará espontaneamente, pedindo-lhe orientação.

Se você não tiver se saído bem neste teste e achar que talvez um pouco de terapia seria útil a você, veja o Problema Profissional Difícil nº 92.

Problema Profissional Difícil nº 41

Quem deve pagar a conta do almoço?

VELHO PARADIGMA: Quem mais quiser que o outro fique lhe devendo um favor.

NOVO PARADIGMA: Quem se sentir movido a dar algo à outra pessoa, sem prendê-la por nenhum laço, sabendo que aquilo que é dado num espírito correto de serviço voltará para o doador algum dia, de alguma forma, multiplicado várias vezes, nascendo dos fundamentos mais profundos do universo.

Se você acha que o novo paradigma é bobagem, veja o Problema Profissional Difícil nº 94.

5

Quando é Necessário Assumir Riscos

Ser prudente e não esquecer a própria armadura é o caminho certo para a segurança.

— *I Ching*

Problema Profissional Difícil nº 42

Assumi um risco. As coisas não estão indo tão bem quanto eu gostaria, mas ainda assim acredito em minha idéia. Minha família e meus amigos estão me pedindo para desistir. Devo atendê-los?

Há momentos na vida de cada pessoa em que os choques vêm em levas — que o *I Ching* chama de "trovões sucessivos".

Nesses momentos, o homem superior reconhece que está sendo chamado a colocar sua vida em ordem e analisar seu coração, "para que ele não abrigue nenhuma oposição secreta à vontade de Deus".

A seguinte invocação irá ajudá-lo a desenvolver a atitude do homem superior que, mesmo ao defender suas convicções sozinho, num mundo aparentemente hostil, tem fé de que "se ele cuidar para que seja inspirado por algo realmente espiritual, chegará um tempo, mais cedo ou mais tarde, em que as dificuldades se resolverão e tudo irá bem".

Invocação para Aquele que Defende Sozinho os seus Ideais

Que eu tenha coragem de seguir os ditames do meu coração, aonde quer que eles me levem, e compreenda que o meu coração é sábio e bondoso o suficiente para levar em consideração o conselho amoroso de minha família e amigos, e honesto o suficiente para me ajudar a distinguir as tarefas pelas quais vale a pena arriscar a vida, daquelas que não têm a mesma importância.

Se ao seguir meu coração diligentemente, eu me vir sozinho, que eu possa me manter firme como uma árvore numa colina
Visível a distância
Destemido, paciente, sereno
Preparando-me para quando o meu momento chegar:
Para a oportunidade de proporcionar sombra a todos aqueles que vierem buscar abrigo sob os meus ramos.

Se a serenidade continua esquivando-se de você em sua solidão, veja o Problema Profissional Difícil nº 49.

Problema Profissional Difícil nº 43

Tenho refletido sem parar sobre este problema. A empresa da qual sou proprietário e a qual dirijo está indo bem atualmente, mas a longo prazo terei de resolver um impasse para o qual parece não haver uma solução simples. Se não investirmos em novos equipamentos, o setor no qual atuamos nos deixará para trás. Se o fizermos, teremos de investir mais recursos do que dispomos a curto prazo para manter o equilíbrio financeiro. O que devo fazer?

Você acha que a insegurança e a confusão são prejudiciais. Além disso, acha que precisa ter certeza de estar tomando a decisão correta antes de agir.
Entretanto, Confúcio diz:

O perigo surge quando ele se sente seguro em sua posição.
A destruição o ameaça quando ele busca conservar suas riquezas materiais.
A confusão se instala no momento em que ele põe todas as suas coisas em ordem.

Portanto, o homem superior não esquece o perigo em meio à segurança,
Nem a ruína quando está bem estabelecido,
Nem a confusão quando seus negócios estão em ordem.
Dessa forma, ele obtém a segurança e consegue proteger o império.

O medo e a inquietação indicam que você está em plena posse das suas faculdades. Console-se com o fato de que a insegurança e a desordem lhe proporcionam um campo fértil para o crescimento, mantendo-o firme sobre os pés. O mais importante, agora, é fazer o melhor uso possível do tempo.

Na verdade, a única coisa que pode causar um certo prejuízo à sua empresa é a sua insistência em se cercar de garantias quanto a estar tomando a decisão correta; e o fato de preferir ter fé e clareza perfeitas antes de agir.

Wen Chi, um nobre chinês, contemporâneo de Confúcio, afirmou que sempre pensava três vezes antes de agir. Quando Confúcio ouviu isso, comentou: "Pensar duas vezes é suficiente."

Se você adia a decisão até estar absolutamente seguro do que deve fazer, veja o Problema Profissional Difícil nº 49.

Se tomar a decisão errada, veja o Problema Profissional Difícil nº 53.

Problema Profissional Difícil nº 44

Detesto o meu emprego — mas sei que tive sorte em consegui-lo. No atual estado da economia, devo arriscar uma mudança e fazer alguma coisa que me entusiasme ou seria preferível ficar onde estou até a situação melhorar?

A iluminação ocorre no momento em que você, deixando de lado o medo, pára de tentar controlar as coisas e se entrega à sua vida, ao universo — e até mesmo à economia — exatamente como ela é. Ao fazer isso, diminui o seu apego aos desejos e cresce a compreensão de que a fé é desordenada. Você não pode saber o que vai lhe acontecer, nem mesmo no momento seguinte.

Quando menos esperar, novos horizontes se abrirão diante de você — aventuras! surpresas!

Se você ainda não chegou a esse estágio de entrega, tem de aprender a dar o melhor de si na situação e circunstâncias atuais — enquanto tem paciência e fé de estar caminhando para um futuro maior do que você jamais imaginou até agora.

Não é preciso adorar o emprego para sentir-se apaixonado pela vida. O entusiasmo é contagiante. Deixe-o começar em qualquer lugar e observe, surpreso, que mesmo a madeira mais resistente pega fogo.

Por onde começar? Cante no banho. Sapateie enquanto o computador imprime um documento. Presenteie-se com o melhor queijo disponível nas prateleiras do supermercado. Aproveite qualquer oportunidade para sair da concha e sentir o bom humor, a abertura, a esperança e a fé.

Quando sua paixão se reacender, siga-a para onde ela o levar. Se você não estiver preparado para apresentar sua carta de demissão e saltar no vazio, poderá pelo menos fazer um curso em sua área de interesse, talvez um estágio após o expediente, filiar-se à sua associação profissional ou procurar um mentor.

Use sua própria vida como combustível com a esperança de que, enquanto o fogo do coração transforma as suas experiências interiores, o calor que estará produzindo atrairá para você novas oportunidades, que vão além dos seus sonhos mais fantásticos.

Se você decide permanecer no emprego mas mudar o prisma pelo qual o vê, veja o Problema Profissional Difícil nº 59.

Se o impulso for o de arriscar e procurar algo melhor, mas você não consegue sentir-se entusiasmado o suficiente para superar o medo, veja o Problema Profissional Difícil nº 12.

Problema Profissional Difícil nº 45

Ainda tenho de trabalhar seis anos até me aposentar com salário integral, mas detesto cada dia que passo no trabalho. Devo me demitir e tentar conseguir um emprego que me agrade mais — ou ficar onde estou?

Se você tem a intenção de viver bem, de viver plenamente quando estiver aposentado, então saiba disto: viver bem exige prática. Você está aprendendo a respeito da vida a cada momento de cada dia. A pessoa que você será daqui a seis anos tem total relação com as decisões tomadas hoje.

Portanto, eu lhe pergunto: quando você se aposentar, quem irá receber os benefícios? Será a pessoa plenamente viva que você criou em sua fantasia — ou alguém que se condicionou, ano após ano, a negar o próprio espírito?

O *I Ching* ensina: "Se saímos para caçar e pretendemos atirar num animal, temos de tomar o caminho correto. O homem que insiste em ficar à espreita num lugar onde não existe nenhuma caça poderá esperar para sempre sem nada encontrar. A persistência na busca não é suficiente. Aquilo que não é buscado da maneira correta não é encontrado."

Se você sabe que continuar nesse emprego significa a morte em vida, mas seu cônjuge insiste em que você fique por causa da segurança, veja o Problema Profissional Difícil nº 42.

Se o seu impulso é o de se arriscar mas algo o está impedindo, veja o Problema Profissional Difícil nº 12.

Se você percebe que para começar a buscar a realização de forma correta terá de estar disposto a analisar como e por que chegou ao emprego que detesta tanto, veja o Problema Profissional Difícil nº 59.

Problema Profissional Difícil nº 46

A família inteira se sacrificou muito no correr dos anos para manter a nossa empresa em funcionamento. Parte de mim percebe que eu poderia assumir o controle da empresa e transformá-la em algo muito maior; e parte de mim sente que essa seria a última coisa no mundo que eu gostaria de fazer. O que fazer para lidar com o medo?

Quando considera a possibilidade de expandir a empresa familiar, você sente inspiração além de medo?

Ou apenas sente-se assustado?

O medo, somado à inspiração, é o aliado mais poderoso do sucesso, fonte de motivação, entusiasmo, de tensão dinâmica — a vantagem criativa. Você se sente receoso *e* inspirado quanto à expansão da empresa?

Por outro lado, o medo por si só não é motivação suficiente para o sucesso futuro. Isso inclui sentimentos derivados do medo, como a culpa, a vergonha, a tristeza e o desejo de aprovação — qualidades que talvez sejam a força motriz do seu impulso de abrir caminho por meio da sua própria resistência. Existe um perigo inerente ao fato de se confiar inteiramente no próprio poder, de insistir numa coisa, quer ela seja certa num determinado momento, quer não.

"O verdadeiro poder não degenera em mera força, mas permanece interiormente unido aos princípios fundamentais do direito e da justiça", diz o *I Ching.*

O que é a justiça? Tradicionalmente, é interpretada como o ser "justo" em relação aos outros, dar-lhes o que lhes cabe. No seu caso, você se sente grato pelo que sua família lhe deu e sente que é justo e correto retribuir-lhe da mesma maneira. Contudo, existe uma outra interpretação da justiça que deveria considerar neste momento. É a seguinte: você deve aplicar essa virtude não somente aos outros, mas a si mesmo. Deve ser justo para com você mesmo.

Agora é o momento de fazer e responder perguntas difíceis. Com que freqüência você já sacrificou suas próprias necessidades para servir à empresa da família? Com que freqüência dominou desejos divergentes para manter as coisas funcionando? Em que grau aquilo que você está prestes a fazer relaciona-se à necessidade de agradar outras pessoas? E quanto à necessidade de responder ao imperativo interior de agir segundo seus próprios interesses? Está sendo justo consigo mesmo?

Se você facilitasse as coisas para si mesmo — o tipo de justiça que facilmente dá à sua família, mas acha tão difícil fazer a si mesmo —, poderia perceber que a incômoda emoção que está sentindo no que se refere a esse assunto merece e tem o direito de receber atenção e tempo suficientes para que você compreenda o que realmente quer para si.

Essa é uma atividade completamente diferente do que foram as suas metas do passado. Em vez de forçar-se a ser bem-sucedido, *apesar de si mesmo,* você agora está sendo levado a procurar uma maneira de se expandir na direção de uma experiência mais ampla de sucesso que *inclui você.*

Antes de saber qual a ação correta, você terá de pensar seriamente no seu medo. Por um lado, ele talvez seja um indício saudável de que você está no caminho certo. A pessoa que não sente medo provavelmente não está se arriscando o suficiente. Neste caso, a expansão dos negócios da família poderá ser um risco que vale a pena correr.

Por outro lado, seu medo talvez seja um alerta vital, indicando-lhe que você está nadando contra a correnteza do objetivo da sua vida. Essa consciência poderá somar-se ao medo compreensível que você sente de dizer à sua família que pretende seguir seu coração numa direção que não a inclui.

Quando conseguir encarar o medo, seja por meio do risco de expandir a empresa da família, seja declarando à sua família de que o seu destino está em outro lugar, você conhecerá o verdadeiro poder. Embora continue a sentir medo, ele não mais o paralisará — mas o colocará em movimento.

Se você perceber que o seu destino é permanecer e reestruturar a empresa, reconhecendo que o medo não o paralisa, veja o Problema Profissional Difícil nº 15.

Se você perceber que é tempo de seguir em frente, mas tem medo de enfrentar o patrão, que no caso também é seu pai, veja o Problema Profissional Difícil nº 4.

Se você partir e, como resultado, for deserdado, veja o Problema Profissional Difícil nº 60.

Problema Profissional Difícil nº 47

Já faz algum tempo que eu quero lhe fazer esta pergunta, mas não conseguia encontrar as palavras certas. Para resumir, tenho o hábito de adiar minhas decisões e ações. O que posso fazer a respeito desse problema que me aflige?

O hábito da procrastinação é o perfeccionismo. Pergunte-se sobre aquela voz que lhe diz que você não é capaz de fazer alguma coisa suficientemente bem.

Se você gostaria que o seu eu comum fosse suficiente, veja o Problema Profissional Difícil nº 90.

Problema Profissional Difícil nº 48

Preciso de ajuda agora! Fui chamada para ir à sala do chefe imediatamente, mas não sei por quê. Como percorrer a distância daqui até lá sem me descontrolar?

Você terá de marchar, solitária, até a sala do seu chefe. Poderá percorrer essa distância dominada pelo terror e pela agitação — trêmula de medo e expectativa, lembrando-se de todos os erros antigos e elaborando fervorosas justificativas para cada um deles — e assegurando, dessa forma, que a pessoa que chega à porta do chefe ao final da caminhada esteja se sentindo o pior possível. Entretanto, existe uma alternativa: você pode ir até lá de uma forma que lhe permitirá chegar alerta e vibrante de vitalidade, preparada para qualquer coisa — boas ou más notícias!

É do seu interesse chegar neste último estado, uma vez que os chefes, como cães, conseguem captar o odor do pânico exsudado até mesmo pelo mais devoto funcionário. E ainda que a intenção original de seu chefe fosse lhe passar uma tarefa tão inocente quanto a coordenação de um programa de viagens, lembre-se: O chefe que percebe o pânico desconfia de culpa. Se você estiver na defensiva, ele se perguntará o que você está escondendo.

Se você deixar o perfume da confiança impregnar a sala, por outro lado, seu chefe poderá de repente se perguntar por que você não foi escolhida para um aumento ou promoção ultimamente.

Aqui está como fazer essa longa caminhada em terreno neutro, a cada passo transformando sua ansiedade em confiança. Talvez essa técnica pareça mais fácil do que realmente é. Você talvez precise de prática. Porém, dado o número de vezes em que será convocado a realizar marchas longas e solitárias em sua vida — na direção da sala do chefe, à sala de reuniões de um cliente insatisfeito ou à cadeira do dentista —, você terá muitas oportunidades de se exercitar.

E assim, você foi chamada. Sente-se em silêncio durante alguns momentos. Feche os olhos. Respire profundamente algumas vezes. Se o seu coração estiver acelerado, continue a respirar lentamente até começar a dominar sua ansiedade.

Muito bem. Agora levante-se devagar. Deixe que as solas de seus sapatos façam contato com a terra. Você consegue sentir o chão de encontro aos pés? Mova o pé direito. O pé esquerdo. Sinta a ligação entre seus pés e a terra embaixo.

Continue a andar, coordenando sua respiração com cada passo. Pé direito — inspire; pé esquerdo — expire; pé direito — inspire; pé esquerdo — expire. Mantenha a mente e a atenção voltadas para o contato entre o chão e os pés, e conserve a respiração lenta e natural. Se o medo ou a preocupação aflorarem em seu pensamento, reconheça-os sem sobressalto e afaste-os, voltando a concentrar sua atenção nas sensações físicas de andar e respirar.

Quando se aproximar da porta, respire fundo mais uma vez para se libertar de qualquer resquício de medo ou tensão e depois apresente-se com uma expectativa neutra.

O mais provável é que a convocação esteja ligada a boas notícias. Contudo, mesmo na pior das hipóteses você terá pelo menos a paz de espírito de saber que entrou lá com o seu melhor eu, e não o pior; que estava preparada para enfrentar qualquer coisa que o destino colocasse em seu caminho.

Se você sempre espera que o pior vai acontecer, veja o Problema Profissional Difícil nº 99.

Se você sempre espera que o pior vai acontecer porque sabe, no mais íntimo do seu coração, que fez algo errado, veja o Problema Profissional Difícil nº 64.

Se o pior acontecer, veja o Problema Profissional Difícil nº 100.

Problema Profissional Difícil nº 49

Preciso tomar uma decisão crítica neste momento. Apesar de ter reunido muitas informações sobre o assunto, de ter procurado fervorosamente ouvir a voz do coração e de ter pedido ajuda, ainda não sei claramente qual é o caminho certo a seguir. Como ter certeza de não estar fazendo a escolha errada?

Rebeca, uma criança criativa, sentiu vontade de construir uma jangada para descer o rio que serpenteava por sua aldeia. Instintivamente, construiu uma jangada capaz de suportar quaisquer ondas ou redemoinhos que o rio colocasse em seu caminho. Quando acabou, jogou a jangada no rio, amarrando-a firmemente à margem. Esperava ansiosamente que sua aventura começasse, para testar sua criação. Mas, sendo tão cautelosa quanto hábil, pediu conselho a outros moradores da aldeia antes de estrear sua embarcação.

Dirigiu-se primeiro ao pároco da aldeia, o qual, com medo de que a jangada de Rebeca viesse a bater nas margens do rio, instruiu-a a instalar um leme. A menina seguiu seu conselho, grata por ter um conselheiro tão sábio e interessado em seu bem-estar.

A seguir, procurou o ferreiro da aldeia; este, com medo de que Rebeca não dispusesse de nenhum meio de parar a jangada, forjou e deu a ela uma grande âncora de ferro. Rebeca aceitou esse presente, aliviada pelo fato de o ferreiro ter se lembrado daquilo que ela havia tolamente esquecido.

Depois disso, pediu o conselho aos seus parentes, os quais, vendo que ela era pequena, deram-lhe sacos de areia para servir como um lastro extra.

Finalmente, ela estava pronta para partir. Os moradores da aldeia se reuniram à beira do rio para vê-la desamarrar a jangada e iniciar sua aventura rio abaixo. Porém, quando tinha acabado de soltar as amarras, um amigo chegou com um último presente: uma bóia salva-vidas.

"Jogue-a para mim!", Rebeca gritou. A pequena multidão ficou olhando. Mas o peso do círculo de lona, somado ao das outras contribuições bem-intencionadas, mostrou-se excessivo para a jangada, fazendo-a afundar.

Enquanto nadava para a margem, Rebeca compreendeu que, na verdade, seus medos tinham sido os responsáveis pela destruição da jangada. Ela realmente teve uma grande aventura, embora preferisse que esta fosse descer o rio na jangada feita à mão: a aventura de ver a verdade sobre o preço do seu desejo de segurança foi sua dádiva mais preciosa. Não só ela logo conseguiu construir e lançar uma nova jangada com sucesso, seguindo as linhas da sua visão original, mas também aprendeu o segredo de enfrentar abertamente o destino.

A seguir, apresento uma invocação, dedicada à Rebeca que há em você:

Invocação para os que Correm Riscos

Que eu possa ser grato a mim mesmo por considerar cuidadosamente o início de um processo, resistindo ao impulso de chegar a uma solução rápida e superficial, com o objetivo de lançar raízes firmes e profundas nessa questão.

Agora que chegou o momento de agir, disponho dos fundamentos sobre os quais me apoiar corajosamente. Ainda que a clareza e a certeza continuem a me escapar, estou disposto a enfrentar meu destino abertamente, lembrando-me que se não existisse um potencial de sofrimento como resultado de uma decisão, não haveria riscos. Onde não há risco, não há crescimento.

Tomo a melhor decisão possível — dadas as informações e a intuição que tenho neste momento — e aceito as conseqüências, quaisquer que elas sejam. Sou fortalecido pelo conhecimento de que tenho capacidade e estou disposto a reagir e a me corrigir, se isso for necessário.

Que eu saiba que responder aos pedidos do meu coração com a minha melhor solução é sempre suficientemente bom. E saiba que no único caminho que realmente conta — o caminho da sabedoria, do amor e do conhecimento cada vez maiores —, não existem, na verdade, becos sem saída.

Problema Profissional Difícil nº 50

Sonho em criar uma empresa que ajude e ensine às pessoas a correr riscos — mas tenho medo de falhar. O que está me faltando?

Como você pode dar aos outros aquilo que não possui?

Se sente que gostaria de superar o medo, veja o Problema Profissional Difícil nº 12.

6

Fracasso e Crise

Enquanto a natureza interior de um homem permanecer mais forte e abundante do que qualquer coisa que possa lhe ser oferecida pelo exterior, enquanto ele se mantiver interiormente superior ao destino, a sorte não o abandonará.

— *I Ching*

Problema Profissional Difícil nº 51

O que faço ao ser informado de que a Receita Federal fará uma auditoria na minha empresa?

Quando algo o força a confrontar uma realidade externa a você e à sua vida, que está fora de seu controle, você pode ter um choque. Ter sido escolhido ao acaso para uma auditoria por um computador que está a milhares de quilômetros de distância é uma dessas ocasiões. A situação pode ser ainda mais séria se você suspeitar que fez alguma coisa que possa de alguma forma ter contribuído para essa escolha. Sua primeira reação provavelmente será de resistência: "A vida é injusta", poderá você dizer. Ou talvez se pergunte: "Por que eu — pobre de mim?" "O que vai ser de mim?" ou "Por que estou sendo punido?"

Essas emoções já são um fardo suficiente. Mas no caso de uma pessoa com aspirações espirituais, é tentador acrescentar mais peso a essa carga, sentindo-se mal por se sentir mal: "Onde está a minha fé quando preciso dela? Nem fé eu consigo ter direito."

Você não está apenas resistindo à auditoria, você sente resistência à sua resistência. Portanto, a primeira coisa a fazer quando for informado de que haverá uma auditoria da Receita Federal é *parar de resistir*. Renda-se.

Por onde você deve começar?

Primeiro Passo: Como primeiro passo, deixe-se sentir todos os seus sentimentos. Dedique um certo tempo para mergulhar integralmente no problema. O fato de seguir uma filosofia orientada para a vida não significa que você deva ou mesmo possa evitar sentir medo ou raiva. Embora aspire à serenidade, não existem atalhos que eliminem ou ignorem os sentimentos negativos quando estes têm uma causa legítima.

Na verdade, quando confrontado com o desconhecido — seja este o rosnado de um animal ou um contador que empunha uma caneta com tinta vermelha — uma curta explosão de medo ou raiva pode lhe salvar a vida. A adrenalina aguça os seus sentidos, impulsiona-o para a ação, mobiliza seus instintos primários de sobrevivência.

Mesmo a vergonha e a culpa induzidas pela crise têm um propósito, trazendo à luz do dia as questões das quais você vem fugindo — talvez já há algum tempo.

Porém, antes de transformar sua angústia numa carreira, é preciso uma dose de distanciamento. Uma auditoria da Receita Federal não é algo que só aconteceu para você. O mesmo aconteceu a muitas outras pessoas — uma vasta maioria das quais sobreviveu à experiência. Acredite ou não, alguns até saíram dela como pessoas melhores e mais felizes. Os passos que se seguem irão lhe mostrar como pôr em funcionamento o seu instinto de sobrevivência, ajudando-o a fazer com que a auditoria seja uma experiência potencialmente revitalizante. (Sim, isso *é* possível.)

Segundo Passo: Você aprendeu que está em sua melhor forma quando se sente calmo e confiante. Certamente, esse é o estado de ânimo mais adequado para a sua auditoria. Ainda não conseguiu isso? Neste caso, empregue um contador qualificado que não partilhe do seu medo do desconhecido nessa situação. O candidato de escol: alguém que já trabalhou do outro lado do muro, como auditor da Receita Federal. Consiga alguém talentoso e que o apóie, uma pessoa que, segundo você acredita, fará o melhor que puder profissionalmente para chegar ao resultado mais positivo possível. A seguir, siga a orientação e o conselho do contador, cooperando com ele integralmente.

Existem muitos antigos agentes para ser contratados. Eles conhecem a linguagem, os sistemas e talvez até mesmo as pessoas designadas para o seu caso. Lembre-se, para o agente do governo — e para o seu contador — essa auditoria não é uma questão de vida ou de morte; é um trabalho rotineiro. Sim, por mais importante que seja a ocasião para você, trata-se apenas de mais um dia de trabalho para quase todas as outras pessoas envolvidas. Isso muda a perspectiva das coisas, não é? Mas também representa um benefício espiritual, que prepara o caminho para seu passo seguinte.

Terceiro Passo: Aceite a sua imperfeição. O *I Ching* nos mostra que é lei do céu encher o que está vazio e esvaziar o que está cheio. Durante o período de um ano de transações, é quase certo que haverá discrepâncias, casualidades e falhas — algumas omissões e algumas concessões em seus registros que precisarão ser explicadas. Você, afinal de contas, é humano. Essas coisas acontecem.

Se você assumir uma postura agressiva, entrando num beco sem saída ao defender a sua suposta reputação impecável, a capacidade de cuidar de seus livros e suas intenções inatacáveis, irá complicar o processo desnecessariamente. Se, por outro lado, estiver preparado para aceitar suas limitações humanas, essa atitude despretensiosa proporcionará aos membros de sua equipe — seu contador e o agente da Receita Federal — uma oportunidade preciosa de cumprir a tarefa que têm nas mãos de maneira rápida e simples. O *I Ching* afirma: "Onde nenhuma afirmação arrogante é apresentada, nenhuma resistência se manifesta."

Quarto Passo: Por meio da modéstia, você criou um ambiente dentro do qual o melhor resultado possível provavelmente irá se verificar. Essa é uma capacidade extremamente valiosa, que você poderá usar em quaisquer negociações futuras. Você também enfrentou aquilo que pode estar entre os seus piores temores, transformando uma crise em potencial num processo controlável. Se puder fazer isso com uma auditoria, poderá encarar qualquer circunstância que a vida lhe apresentar. Esse é um dom inestimável — o dom da libertação do medo. Porém, para você ele custará apenas a soma de dinheiro que a equipe de impostos estabelecer como a importância que você terá de pagar. Um grande negócio!

Quinto Passo: Equilibrando o alívio e a gratidão, você preenche o cheque para a Receita Federal. Essa não é uma sessão comum de pagamento de contas. É a conclusão ritual do sacrifício do seu medo e arrogância. Você se encontra agora, como resultado da auditoria, num novo plano de força. A auditoria terminou — e a partir deste momento qualquer coisa se torna possível.

Se você criou um ambiente ideal para que os melhores resultados possíveis se manifestem — e esses melhores resultados possíveis não o agradam — veja o Problema Profissional Difícil nº 100.

Se o seu contador insiste para que da próxima vez os seus registros sejam mais cuidadosos, mas você sente que alguém com o seu talento, responsabilidade e profundidade espiritual está acima dessas considerações mundanas, veja o Problema Profissional Difícil nº 52.

Problema Profissional Difícil nº 52

Que palavras de sabedoria a senhora pode dizer a uma pessoa que pensa que pode ter tudo ao mesmo tempo?

O mundo dos negócios é difícil, e nem sempre se pode fazer algo a respeito disso.

Problema Profissional Difícil nº 53

O que vou fazer se, por alguma razão acima do meu controle, o mercado entrar em crise ou minha linha de produtos se tornar obsoleta? E se acontecer um desastre? Um terremoto? Uma guerra?

Quando eu era bem jovem, refugiava-me na crença de que se fosse uma pessoa boa, trabalhasse bastante, rezasse, meditasse e amasse as pessoas, nada de mal jamais me aconteceria. À medida que os anos foram passando, passei a saber, aliviada, que embora coisas más pudessem me acontecer, eu dispunha de recursos interiores suficientes para superar tudo o que se interpusesse em meu caminho — e lutava o tempo todo para viver com o máximo conforto, de maneira que não tivesse realmente de pôr a minha fé à prova. Com o correr do tempo, desesperei cada vez mais da possibilidade de nunca vir a confrontar-me com o meu demônio secreto: o medo de que, quando finalmente fossem chamados a se manifestar, meu amor altruísta e a minha espiritualidade pudessem fraquejar.

Durante a Segunda Guerra Mundial, meu pai enfrentou uma prova desse tipo logo depois de terminar o curso de medicina. Seu primeiro contato com o *front* foi como médico nas Filipinas. Sob circunstâncias extremamente adversas, ele tinha a tarefa de cuidar de soldados que sofriam dos mais diversos ferimentos e doenças. Fazia o melhor que podia, até que ele mesmo sucumbiu a uma febre tropical. Teve, então, de ficar lá deitado numa cama de campanha na barraca do corpo médico, vencido pelos calafrios, desidratado e delirante.

Enquanto a febre subia, chegaram ordens do quartel-general para que o seu batalhão abandonasse a posição imediatamente. Nos momentos de pânico que se seguiram, a barraca foi desmontada, as tropas embarcadas e levadas para longe. Quando meu pai recobrou a consciência, em meio ao suor e ao delírio, descobriu que tinha sido deixado para trás — um jovem doente, às portas da morte, num catre solitário em campo aberto.

Rindo.

Talvez fosse a febre, talvez fosse algo mais do que isso, mas quando meu pai compreendeu o que lhe tinha acontecido, soube instintivamente que teria de fazer uma escolha. Poderia resistir ao destino e gastar suas últimas reservas de energia insurgindo-se contra a injustiça de tudo aquilo; ou poderia entregar-se à situação voluntariamente e viver. Meu pai conta que se lembra de ter rido durante um longo tempo. Na verdade, ainda estava rindo quando seus companheiros do corpo médico voltaram para resgatá-lo, esquivando-se das balas enquanto o carregavam para a segurança do novo acampamento.

Aquele riso não tinha banalizado o sofrimento. Era o riso de alguém que havia se entregado voluntariamente aos seus demônios e saíra triunfante. Seu riso continuou a ressoar até o término da Segunda Guerra Mundial e através dos anos, e transformou-se na minha referência do triunfo do espírito — da vida nascendo das trevas, do medo e da raiva —, proclamando repetidas vezes: "Estou pronto."

Há mais de 70 anos, a escritora e crítica inglesa Katherine Mansfield escreveu em seu diário: "Não há limite para o sofrimento humano. Quando alguém pensa: 'Agora cheguei ao fundo do poço — não posso descer mais', essa pessoa cai ainda mais. E o processo continua interminavelmente...."

"Não quero morrer sem deixar um registro da minha crença no fato de que o sofrimento pode ser superado. Pois acredito nisso. O que se deve fazer? Não há como 'deixar o sofrimento para trás'. Isso é falso.

"Temos de nos submeter. Não resistir. Acolhê-lo. Ser subjugados. Aceitá-lo integralmente. Torná-lo parte da nossa vida."

Quando sou posta à prova, tenho de responder a apenas uma pergunta: Estou pronta? Estarei pronta quando o destino tirar de mim o meu último refúgio — quando não houver lugar onde me esconder?

Aspiro a ser uma pessoa altruísta, com fé na vida, quaisquer que sejam as circunstâncias, mas em momentos como este, tão dolorosamente exposta, privada das cômodas ilusões do *status quo* para me proteger, com freqüência tudo o que posso dizer é que não conheço realmente toda a verdade sobre mim mesma — e temo o pior. Mas, apoiada por esse ato de aceitação, também faço a minha escolha.

"A agonia do presente passará — se não me matar", escreve Mansfield. "Se eu conseguir parar de reviver todo o choque e o horror, parar de remoer a situação, ficarei mais forte."

Invocação para Tempos Difíceis

Quando o sol nasce, ele logo se volta em direção ao poente.
Quando a lua está cheia, ela começa a minguar.
A planta busca o sol para crescer, mas devido ao peso das próprias flores, seus galhos pendem até o chão e ela morre.

Essa lei cósmica aplica-se também ao destino da humanidade. Sabendo-se impotente diante das leis divinas, o homem superior renuncia à ilusão de controle, disposto a entregar tudo o que tem às condições do momento.

Ele renuncia até mesmo à noção cuidadosamente acalentada de fé e altruísmo, que o arrasta para baixo como um grande peso ao qual se encontra agarrado.

Ele não consegue dar outro passo devido ao fardo que carrega. Continuar a segurá-lo com o pulso firme do medo significa morte certa. Num momento como esse, ele não tem outra escolha senão abrir o fardo e lançar as sementes da sua vida ao vento,
soltando-as,
rendendo-se,
bradando por misericórdia,
sentindo a dor.

Se ele for abençoado com o desapego, poderá observar muitas das sementes serem levadas e se alegrar pela única que cai aos seus pés, em solo fértil, enriquecido por flores que caíram no passado.

A semente criará raízes.

Ele talvez continue sentindo a urgência de encontrar uma solução, mas não tocará na semente para forçá-la a sair prematuramente do solo que a nutre.

Ao contrário, ele cuidará diligentemente da pequena extensão de terra vazia e escura, com paciência e disciplina,
regando-a e arrancando as ervas daninhas,

esperando e velando,
pela força do hábito mantendo a ordem durante o longo inverno.

Segundo a lei dos céus, quando o Sol está no seu nadir, ele nasce para uma nova aurora.
A lua, quando vazia de luz, começa a crescer novamente.

Rompendo a superfície escura de solo fértil, a semente solta um broto tenro e verde.

Você encontra no íntimo do seu coração a disposição para aceitar tudo isso?

Problema Profissional Difícil nº 54

Toda a minha vida parece ser uma dessas ocasiões em que há um desafio a ser enfrentado. Já que não tenho condições de fazer uma pausa para me recuperar, como posso me manter cheio de vitalidade e energia?

Certa vez, com uma mestra zen, aprendi uma coisa que eu gostaria de partilhar com você. No centro de retiros, ela era uma das pessoas que mais trabalhava; normalmente, acordava antes de o sino tocar de madrugada. Durante o dia inteiro, dividia o tempo entre seus muitos afazeres, passando imperturbável dos estudos e das aulas para tarefas mais mundanas, como preparar saladas e varrer o chão. Mesmo os monges mais jovens olhavam para ela com admiração.
"Qual é o seu segredo?", perguntei-lhe.
Ela explicou que a maioria das pessoas divide a vida em períodos concentrados de trabalho e períodos isolados de descanso, seguidos por outros períodos de trabalho e assim sucessivamente. Ela, ao contrário, havia decidido unir ambos os períodos, tecendo-os juntos numa mesma trama para criar uma elegante peça de tapeçaria de dar e receber. Perfeitamente sintonizada

com o seu mundo interior, ela tem o hábito de dar o melhor de si ao trabalho, prestando especial atenção para identificar o momento exato em que sua energia está para se esgotar. Nesse momento, ela faz uma pausa mental, física e espiritual que dura o tempo necessário para ela se revitalizar.

O intervalo que faz lhe dá a oportunidade de eliminar os resíduos do tempo que passou — velhas preocupações que não resultaram em nada, questões que já foram resolvidas e também pensamentos a respeito do futuro — esperanças e temores. Em suma, ela aproveita o tempo das pausas para dar a todos os seus "sistemas de apoio" um merecido descanso, revitalizando-os e recarregando-os. Ao fim do descanso, disse ela, a lucidez e a energia voltam por si mesmas — e ela sente-se renovada e revigorada.

Entretanto, eu nunca a tinha visto interromper o trabalho e fazer o intervalo que mencionara. Perplexa, pedi-lhe uma explicação.

À guisa de resposta, ela me ensinou a "meditação do meio-sorriso". Essa técnica rejuvenescedora começa quando você coloca um pequeno sorriso em seu rosto — não muito grande, de maneira que ao se olhar no espelho você não possa ver que está sorrindo, mas grande o suficiente para sentir a contração dos músculos de ambos os lados da boca. Mantendo os olhos abertos, você irá então respirar no mínimo três vezes. A meditação pode durar tantas respirações quantas forem necessárias para recuperar sua energia.

Enquanto respira, vá limpando a sua mente de todos os pensamentos, concentrando-se na sensação física criada pelos cantos erguidos da boca e pela respiração suave. Se um pensamento lhe vier à mente, reconheça-lhe a presença, mas não o retenha, concentrando a mente outra vez nas sensações físicas.

Dessa forma, sua mente, emoções, espírito e corpo físico serão desobstruídos e poderão repousar, livres de tensões por um breve momento, antes de a energia retornar.

A beleza dessa meditação — e o segredo dessa mestra zen — está no fato de você poder praticá-la enquanto faz a transição de uma tarefa para outra, enquanto realiza um trabalho físico rotineiro, como lavar pratos ou envelopar correspondência, ou mesmo enquanto participa de uma reunião ou está sentado diante de um grupo. Na verdade, a identificação dos numerosos momentos que com tanta freqüência esgotam a nossa energia pode constituir um maravilhoso desafio — quando estamos parados numa fila, presos no trânsito ou ouvindo uma palestra tediosa —, transformando esses períodos em experiências particulares de recolhimento, por meio da técnica do meio-sorriso.

Se fizer esses intervalos periódicos — talvez dezenas deles — durante o dia, você facilmente se tornará capaz de enfrentar os desafios que se apresentarem com a energia e lucidez que o sucesso exige.

Se ao se olhar no espelho você vê uma expressão de sarcasmo e não um sorriso, consulte o Problema Profissional Difícil nº 94.

Problema Profissional Difícil nº 55

Fiz de tudo para resolver a situação que tinha em mãos — mas fracassei. O que devo fazer agora?

O *I Ching* nos diz que as dificuldades remetem a pessoa de volta a si mesma. O homem inferior lamenta seu destino e esperneia, cheio de autocomiseração e desespero. O homem superior considera o obstáculo como uma oportunidade de enriquecimento interior.
    Você é capaz de ser assim generoso consigo mesmo? A invocação que se segue é um solo rico no qual se pode plantar a semente da regeneração.

Invocação para a Pessoa que Fracassou

Estou onde estou e isso é positivo.
    A meta que busquei representa o compromisso com um processo mais amplo, no qual sucesso e fracasso sucedem-se ao longo do caminho.
    Quando fracasso, substituo o julgamento pela observação.
    Confio em mim para corrigir o que me for possível. Perdôo-me pelo que não consigo corrigir.

    Meu valor não depende daquilo que realizo ou das coisas que acontecem comigo.
    Meu valor não está em causa.
    Saber que existem mais coisas que quero para mim não invalida o que já tenho.

    Independentemente de eu me sentir paralisado agora, as correntes do meu destino continuam a trabalhar em meu benefício, fazendo-me prosseguir na direção de um futuro ainda maior do que já consegui imaginar até agora.

Problema Profissional Difícil nº 56

Dei a um funcionário de confiança uma responsabilidade enorme, ajudando-o a construir sua reputação em nosso campo de trabalho. Então, de repente, sem dizer nada, sem aviso, ele deixou a nossa empresa e criou uma empresa concorrente, que vai indo muito bem e está nos prejudicando. Onde foi que eu errei?

Quando você é passado para trás nos negócios, geralmente sua reação inicial é dizer: "Fiz mal em confiar numa pessoa. Não cometerei o mesmo erro novamente."

Entretanto, confiar nos outros *não* é um erro. Não quero dizer com isso que o seu conhecimento instintivo das outras pessoas estará sempre correto e que você não será atingido outra vez. Os maiores hipócritas podem se apresentar sob as máscaras mais encantadoras — um jovem talentoso que o lembra de si mesmo quando você era jovem, por exemplo, ou um assistente dedicado que faz tudo por você, ano após ano.

Enquanto alguns estão conscientes da própria estratégia de exploração e desonestidade, outros não percebem o próprio potencial sombrio. Negando-o para si mesmos, são totalmente capazes de enganar os sistemas de radar que você usa para detectar o logro e provocam danos de toda espécie no ambiente de trabalho que você lhes oferece, sem falar na sua psique.

Contudo, se por engano você confiou numa pessoa como essa, tenho uma boa notícia para lhe dar. O *I Ching* nos ensina que esse é um perigo exterior. Embora seja doloroso, o perigo que vem de fora não consegue estabelecer um firme domínio sobre a nossa vida. Ele logo passará.

Isso não significa que seja desnecessário analisar a sua história com a pessoa que o prejudicou, procurando sinais de aviso que você poderá ter negligenciado. Sempre haverá um erro que você cometeu. Você pode e deve aprender com as coisas que lhe aconteceram.

Porém, deve tomar especial cuidado, nessa conjuntura, para não somar um erro a outro, achando que a verdadeira lição aqui é impedir-se, no futuro, de arriscar-se a confiar nos outros. Em sua vida profissional você com freqüência precisará agir baseado na fé — sabendo que muito sofrimento poderá resultar disso. Terá de realizar o seu impulso de orientar outras pessoas, partilhar responsabilidades, pedir ajuda, oferecer aos outros o dom da sua amizade e do seu apoio, contribuir para a realização do potencial de seus semelhantes.

Se escolher o caminho alternativo e optar pela segurança, negará os chamados apaixonados da sua força vital, o impulso de se expandir. Este é um perigo que vem de dentro — e é potencialmente capaz de lhe causar muito mais dano, a longo prazo, do que qualquer coisa que esse assistente ou outra pessoa poderia lhe fazer. Talvez você perca dinheiro devido às ações de outras pessoas, mas somente você poderá prejudicar o seu bem mais precioso: seu próprio espírito.

Mesmo com toda a compreensão que terá obtido em relação a esse assunto, você sofrerá. Onde errou? A dor não é necessariamente um sintoma que indica um erro de sua parte. Ela é de grande valor para você. É o caldeirão do caos das ilusões perfurado, a destruição do que é velho e ultrapassado, a abertura de espaço para a possibilidade de uma nova criação.

Se o fato de que as pessoas desonestas podem ser bem-sucedidas na carreira continua a incomodá-lo, veja o Problema Profissional Difícil nº 63.

Se você for o funcionário e não consegue imaginar como seria possível alguém tentar alcançar suas ambições sem magoar seu patrão ou orientador, veja o Problema Profissional Difícil nº 4.

Problema Profissional Difícil nº 57

Nossa empresa sofreu uma reestruturação muito necessária. Um grande amigo meu foi despedido e eu fui promovido. Estou triste por causa dele, mas alegre por minha causa. Agora ele está me pressionando para que eu me demita. Ele tem razão?

A Lição do Caranguejo Australiano

Na Austrália existe um certo tipo de caranguejo que é usado como isca para pescar peixes. Depois de apanhados, esses caranguejos são mantidos em baldes abertos no píer.

Os caranguejos australianos sobem em qualquer lugar. Qualquer um deles poderia facilmente subir pelo balde e ganhar a liberdade. Porém, os pescadores não precisam se preocupar com isso.

Por quê?

Não é por falta de tentar que os caranguejos não escapam. Um ou outro está sempre tentando subir, fazendo a escalada para a luz.

Entretanto, assim que um caranguejo se separa do grupo e tenta buscar a liberdade, os outros o puxam para trás, impedindo-o. Não se tem notícia de nenhum até hoje que tenha conseguido escapar.

Pelo menos, ainda não...

Problema Profissional Difícil nº 58

Nada do que tento fazer dá certo atualmente, embora minhas ações sejam exatamente as mesmas que davam resultados no passado. Por que estou sendo punido?

"Um choupo seco que floresce exaure suas energias, apressando dessa forma seu fim."

O *I Ching* afirma que devemos nos libertar daquilo que já nos serviu, de forma que os ciclos de vida possam se suceder e as bases para a renovação ser lançadas.

Na realidade, aquilo que não funciona mais representa o fracasso — ou o término de um processo?

Invocação para os que Estão Passando por uma Transição

Possa eu compreender que aquilo que me parece ser um fracasso é, na verdade, um indício de que já superei e deixei para trás os meus níveis passados de sucesso.

Devo muito ao meu passado — ele é o veículo que me trouxe até este momento de transição.

Cheguei agora a uma época de crescimento, em que sou grande demais para os sistemas que outrora me contiveram.

Confundi o crescimento com um castigo, enquanto a realidade de quem estou me tornando clama pela minha atenção:

"Observe cuidadosamente! São apenas as suas criações antigas, ultrapassadas, que estão morrendo. Claro que é doloroso vê-las partir — mas a verdade é que você não precisa mais delas. Elas se dissolvem a seus pés: Como poderia você não sentir dor pela perda de um nível de domínio que outrora lhe foi tão importante? Contudo, diga toda a verdade enquanto lamenta a perda, pois você sabe que algo está nascendo também."

Reconheço agora que estou numa fase de transição; que eu me permita sentir a dor e me desapegar das coisas que estão passando.

Concentro minha atenção e energia naquilo que luta para nascer.

Problema Profissional Difícil nº 59

Ainda não consegui encontrar um trabalho significativo, no qual eu me realize. Onde está ele?

Se a sua vida foi plena de amor, oportunidades de auto-expressão e criatividade, se você teve uma vida social maravilhosa e a ocasião de fazer algo por sua comunidade, importa muito que o trabalho em si não tenha sido significativo ou não a tenha realizado? Não é uma dádiva suficiente ter um emprego que lhe proporcione uma vida assim rica?

A questão não é saber se o seu emprego está ou não fazendo algo por você, e sim por que você o usa como uma desculpa para resistir ao crescimento em sua vida. Ter dinheiro suficiente para poder passar algum tempo sem trabalhar, na companhia dos filhos, da família e dos amigos; criar, pelo puro êxtase de se auto-expressar; alegrar-se com o fortalecimento de seu caráter, propiciado pelos desafios e pelas adversidades... isto é o que você quer. O que a impede de obtê-lo?

Você tem um teto acima da sua cabeça. Comida em seu prato. Se assim o escolher, pode estar entre os poucos privilegiados deste planeta a quem é possível deixar para trás as questões de sobrevivência e começar a explorar dimensões mais amplas do próprio potencial, o que lhe permitirá viver mais integralmente.

Seu emprego não corresponde à sua capacidade? Como isso poderia acontecer se cada envelope que manuseia lembra-a da bondade da vida, se cada pia que limpa é acompanhada pela gratidão de estar viva? Quando uma pessoa renuncia ao ressentimento e à arrogância, mesmo tarefas simples podem lhe trazer grande realização.

Um antigo provérbio japonês ensina: "Antes da iluminação, você varre o chão. Depois da iluminação, você varre o chão."

O trabalho, por mais trivial que seja, pode lhe dar a oportunidade de desenvolver seu caráter. Você pode exercitar-se na relação mútua com outras pessoas, na prática da compaixão, da disciplina, da humildade — algumas dessas qualidades são mais facilmente desenvolvidas se o trabalho "não estiver à sua altura".

Ironicamente, quando pára de querer que a carreira lhe traga realização pessoal, você se esvazia das suas exigências infantis. Nesse momento, oportunidades além de suas expectativas se apressarão em preencher o vazio.

Se estiver trabalhando demais e não tiver tempo para levar uma vida significativa, veja o Problema Profissional Difícil nº 80.

Se acha que deveria ter progredido mais em sua carreira do que o fez até agora, veja o Problema Profissional Difícil nº 13.

Problema Profissional Difícil nº 60

Estou cansado de ser maltratado por chefes, clientes, fornecedores, membros da família, amigos e subordinados. E agora?

Durante todo esse tempo, você, em silêncio, foi se tornando cada vez mais forte. Esperou pacientemente que chegasse o momento de vir a primeiro plano e discutir abertamente a questão, de mostrar dignidade e exigir o respeito a que tem direito.

Existem aqueles que gostariam de minar as reivindicações da sua vida e do seu espírito. Talvez entre eles estejam as vozes que murmuram em sua mente: *O que o faz pensar que merece prevalecer? Você, com todas as suas imperfeições e defeitos?*

Até o presente você pensava que esse momento de reivindicação somente se apresentaria quando tivesse se aperfeiçoado: esforçou-se para se dominar, tentando tornar-se suficientemente bom e conseguir silenciar as vozes que o exploravam e minavam a sua autoconfiança.

Entretanto, pense nisto: sua disposição para encarar as coisas com a consciência que tem hoje constitui, na verdade, a própria fonte da sua coragem e da sua força.

"É somente quando temos coragem para ver as coisas exatamente como elas são, sem qualquer tentativa de nos iludir, que uma luz brilha nos acontecimentos; por intermédio dela o caminho do sucesso pode ser reconhecido", diz o *I Ching*.

Respeite o seu impulso para a perfeição e o autodomínio, mas esteja atento para a advertência que o *I Ching* nos faz: uma pessoa erra o alvo não apenas por se esforçar pouco, mas também por se esforçar com demasiado empenho.

"Se uma pessoa exceder a meta, não poderá atingi-la. Se um pássaro não voltar para o seu ninho, mas voar cada vez mais alto, ele por fim cairá na rede do caçador."

Você já é suficientemente bom. Sua disposição de reconhecer as próprias fraquezas e, contudo, aspirar a uma expressão mais integral do seu potencial de bondade são atributos do homem superior.

Segue-se uma resolução para você, um ser humano bom o suficiente, que está pronto para acertar o alvo:

Declaração dos Direitos do Ser Humano Suficientemente Bom

1. Ainda que eu me ache ganancioso, burro, tolo, emotivo, preguiçoso e mau, mereço ter chefes, clientes, fornecedores, familiares, amigos e subordinados que me respeitem.
2. Tenho o direito de me proteger contra a exploração.
3. Tenho o direito de assumir uma posição clara na minha atitude e nas minhas crenças e deixar o mundo dançar segundo a minha música para variar.
4. Eu sou alguém.
5. O universo me ama e me apóia — exatamente como eu sou.
6. O universo tem planos para mim, melhores do que qualquer coisa que eu tenha imaginado para o meu bem.
7. Confio no universo e em mim mesmo, e sou grato por tudo o que recebi — por mais doloroso que tenha sido — porque isso me permitiu chegar ao momento presente.
8. Não sou apenas um peão no tabuleiro. Também tenho poder.
9. Se você não apoiar a minha declaração de direitos com todo o seu coração, toda a sua alma e toda a sua força, afaste-se do meu caminho.
10. Confio na magia e no milagre que é a minha vida e, embora possa ser triste e assustador deixar para trás o costume de ser maltratado, espero com alegria aquilo que vem a seguir.

Problema Profissional Difícil nº 61

Fiz o melhor que pude, mas falhei com a minha equipe. Eles compreendem, mas eu me sinto tão mal que não vou conseguir encará-los novamente. Como fazer para reverter a situação?

Depois de esgotados os seus recursos interiores, ainda lhe resta um: a força de ser simples.

Ficar triste por ter decepcionado os seus colegas de trabalho é uma emoção simples. Sentir-se mal por estar triste é desnecessariamente complicado.

Aceitar a compreensão da sua equipe tal como ela se apresenta é simples. Esperar um castigo maior do que aquele que já lhe foi imposto é desnecessariamente complicado.

Sentir medo de enfrentá-los novamente é simples. Agir segundo o medo, buscando formas de evitar a equipe, é desnecessariamente complicado.

A verdade é que as pessoas são atraídas para aqueles que humildemente se submetem a qualquer coisa que o destino coloca diante delas. O destino ama o vazio e a simplicidade, e se apressa em preencher o vácuo com luz e amor.

Por isso, o *I Ching* nos mostra que é importante compreender o tempo e não tentar encobrir nosso estado de esgotamento com um fingimento sem significado. "Se um período de recursos escassos traz à tona uma verdade interior, não devemos nos sentir envergonhados com a simplicidade. Pois a simplicidade é exatamente aquilo de que necessitamos para obter força interior e iniciar novos empreendimentos."

Se tiver dúvidas, exceda-se um pouco na direção daquilo que é simples. Você atingirá o alvo.

Se o seu sentimento de culpa for justificado, veja o Problema Profissional Difícil nº 76.

Se sentir que precisa estar feliz para seguir em frente, veja o Problema Profissional Difícil nº 88.

Problema Profissional Difícil nº 62

Quando comecei a trabalhar, gostava daquilo que fazia. Mais tarde, fui me desgastando e, como resultado, o trabalho se transformou numa luta. Esse esforço poderá ainda valer a pena?

O esforço é como o fogo. Para se manter aceso, precisa de uma visão revitalizada, da mesma forma que as chamas necessitam de mais combustível. Se não for controlado, o fogo consumirá tudo em seu caminho e por fim morrerá.

Para resolver a questão que o perturba, você deve perguntar a si mesmo se ainda tem dentro de si uma mínima centelha de paixão por esse trabalho. Sua dádiva é o fato de poder lembrar-se da sensação gerada pelo verdadeiro entusiasmo — a lembrança do tempo em que sabia que nada poderia dar errado, porque a sua energia era constituída da matéria pura e criativa da vida. Se continuar a existir em você uma centelha de amor por esse trabalho, ele ainda poderá valer a pena, desde que você alimente adequadamente a centelha.

Cuidar da chama não significa necessariamente arregaçar as mangas e esforçar-se para trabalhar com afinco novamente. Talvez signifique tirar umas férias ou um descanso, conseguindo assim tempo suficiente para se revitalizar completamente, de forma a não ficar desgastado outra vez.

Restabeleça o entusiasmo e seu esforço se reacenderá.

Se você continua tentando fazer aquilo que deu certo no passado, mas agora não está dando certo, veja o Problema Profissional Difícil nº 58.

Se acha que não lhe é possível afastar-se do trabalho e conseguir tempo para se revitalizar, veja o Problema Profissional Difícil nº 79.

7

Honestidade

Não é possível a todo mortal fazer surgir um tempo de grandeza e abundância extraordinárias. Somente um líder nato de homens é capaz de fazê-lo, porque sua vontade é dirigida para aquilo que é grande.

— *I Ching*

Problema Profissional Difícil nº 63

Não me parece justo que as pessoas desonestas progridam mais do que as que tentam fazer algo honestamente. Por que elas são bem-sucedidas?

Você acha que está assistindo à vitória dos desonestos. Na realidade, porém, o que está vendo são os desonestos preparando-se para o dia do ajuste de contas.

Poderá levar algum tempo, mas esse dia virá. As pessoas que se desviam daquilo que sabem ser correto e bom, com o objetivo de tomar um atalho para o sucesso, parecem até obter uma certa vantagem sobre a concorrência. Estratégias engenhosas e manipulações astutas podem ofuscar o mercado, atraindo novos negócios, vendas e oportunidades. Comunidades e relacionamentos comerciais florescem ao redor desses indivíduos. Algumas das pessoas que se associam a eles não têm consciência da ganância ou da ingenuidade que as leva a participar, enquanto outras juntam-se a eles como tubarões em torno da presa.

Contudo, os laços entre as pessoas que colocaram as suas necessidades pessoais acima do bem comum só se mantêm até um certo ponto. "Laços estreitos podem existir também entre ladrões; é verdade que um vínculo desse tipo atua como uma força, mas, não sendo invencível, não traz boa sorte", nos alerta o *I Ching*.

"Uma vez que a comunidade de interesses deixa de existir, a unidade também é destruída e a amizade mais íntima geralmente se transforma em ódio. Somente quando um laço é baseado naquilo que é correto, na constância, ele permanecerá firme a ponto de triunfar diante de qualquer obstáculo."

O *I Ching* nos ensina a respeito dessas pessoas ao falar sobre o aparente sucesso de uma planta do pântano, que se torna fabulosamente alta da noite para o dia, chamando a atenção de quem passa.

A pouca distância, das profundezas da terra uma minúscula semente de carvalho solta um tenro broto. No decorrer do tempo, qual das duas plantas contém o maior potencial de sucesso?

Volte na manhã seguinte e você descobrirá algo muito interessante. A planta do brejo está morta — murcha e caída, e suas flores já estão se transformando em lama. E a bolota? Ela continua a fazer seu trabalho silencioso e secreto, perseverando dia após dia, com o propósito de cumprir seu destino especial. Um dia ela será um poderoso carvalho — seu desenvolvimento influenciará a paisagem de toda uma região.

Você, em algum nível do seu ser, sabe que isso é verdade; e, contudo, está certo em parar e considerar a questão que se apresenta aqui — uma dúvida que tem ocupado filósofos, santos e místicos através dos tempos. Sua preocupação indica que você está lutando nobremente contra as forças das trevas. Entretanto, pense nisto: o *I Ching* afirma que "a melhor maneira de lutar contra o mal é caminhar energicamente na direção do bem".

Ao usar seu mal-estar a respeito da questão da injustiça como um veículo para a transformação, você estará exercitando seus músculos espirituais e emocionais. Terá, assim, oportunidade de desenvolver a força de caráter necessária à verdadeira experiência do sucesso.

Mas o que é a experiência do sucesso? Trata-se de uma experiência de realização — de ter e ser o suficiente — que não tem relação com nenhum dos indicadores ou acontecimentos externos que você utilizou no passado para saber se é ou não uma pessoa bem-sucedida.

Você poderá ter essa experiência de sucesso em sua vida neste momento, assumindo os sentimentos que se manifestariam se já tivesse chegado aos resultados que mais gostaria de alcançar. Fazendo isso, aplicará os melhores aspectos de seu eu a quaisquer desafios que enfrentar — incluindo a necessidade de lutar com a questão que trouxe à baila aqui hoje.

Existe um enorme poder inerente naquele que presta atenção à qualidade da bondade em seu íntimo. O homem superior é como um pelicano oculto nas sombras de uma alta colina. Embora o canto de outras aves possa ser mais atraente, o pelicano não precisa nem mesmo se mostrar para fazer soar seu chamado; quando os filhotes ouvem sua voz, reconhecem-na e a ela respondem.

"Este é o eco despertado nos homens pela atração espiritual", diz o *I Ching.*

Honestidade 167

"Sempre que um sentimento é verbalizado com sinceridade e franqueza, sempre que um ato representa a clara expressão da contemplação da verdade absoluta, uma influência misteriosa e de amplas repercussões é exercida. A princípio ela age sobre aqueles que estão interiormente receptivos. Porém, o círculo torna-se cada vez maior. A raiz de toda influência encontra-se em nosso ser interior: se lhe permitirmos uma sincera e vigorosa expressão, em palavras e atos, seu efeito será intenso. Esse efeito nada mais é do que o reflexo de algo que emana do nosso próprio coração."

O círculo de uma pessoa se expande — e como você partilha com os outros as preocupações comuns à humanidade, a influência se sustenta. Contudo, isso não é uma coisa que acontece rapidamente. Muito pelo contrário, requer uma longa perseverança. Além disso, essa influência profundamente enraizada não pode ser deliberadamente cultivada. Sua maior influência, seu poder e seu êxito somente se manifestam como resultado daquilo em que você se transformou.

O *I Ching* alerta-o com insistência para usar o carvalho e não a flor do pântano como fonte de inspiração, mesmo que num determinado momento você esteja preso à terra, enquanto os que o cercam agitam suas gavinhas vertiginosamente no ar. Você precisará ter uma fé enorme para se ater à sua própria experiência — acreditar que o sucesso lhe virá — e, quando isso acontecer, seu sucesso resistirá à prova do tempo.

Se você acredita nisso, mas a flor do pântano em sua vida parece estar conseguindo mais tempo do que lhe cabe ao sol, veja o Problema Profissional Difícil nº 89.

Se você se sente culpado porque secretamente acredita merecer ser deixado no escuro, uma vez que pode haver uma planta do brejo dentro de você, veja o Problema Profissional Difícil nº 60.

Problema Profissional Difícil nº 64

Num momento de necessidade, peguei 10 dólares da caixinha de pequenas despesas para meu uso pessoal. Sinto-me culpado, mas a idéia de confessar me constrange; por outro lado, receio ser apanhado colocando o dinheiro de volta. O que devo fazer?

O *I Ching* nos ensina que somente um homem forte é capaz de enfrentar seu destino. Ainda que a soma em questão seja de apenas 10 dólares, você terá de confessar seu erro, dizendo toda a verdade.

Já negociou com êxito o primeiro nível de honestidade, que o conduzirá ao caminho do sucesso: admitiu a si mesmo que está com um problema. E não se trata apenas de ser apanhado ou não, não é verdade? Você reconheceu que está tendo um Dilema Moral. Muitas pessoas desviam-se do caminho nesse primeiro entroncamento. Justificam-se por ter tirado o dinheiro, utilizando todas as desculpas possíveis: "Trabalhei até mais tarde na semana passada" ou "Nunca entreguei os recibos dos pedágios que paguei três anos atrás" ou "De qualquer forma, deveria estar ganhando melhor".

Sinta-se grato por seu sentimento de culpa. Esse estado mental incômodo está lhe proporcionando a dádiva de perceber que por mais brilhantes que sejam as suas justificativas, nem mesmo você consegue aceitá-las. Não apenas admite estar perturbado com aquilo que fez, mas confessa seu erro. Parabéns! Saiu-se vitorioso no Nível Um.

Nível Dois: É tempo de dizer a verdade sobre si mesmo. Percebi um acesso de náusea? Que pessoa horrível você é! Um monstro! De fato, o pior monstro do mundo! Sabe o que é isso? É a voz do seu EGO autocêntrico, teatral, grandioso. Pois a grande verdade é que você é HUMANO — nem mais nem menos. E cometeu um erro. Este não será apagado sem uma ação específica de sua parte. Você sabe disso. Portanto, terá de fazer alguma coisa para reparar o erro. Essa é a verdade. Que decepção, não? Assim, nessa atmosfera de anticlímax, merece ser cumprimentado novamente. Superou o Nível Dois e está pronto para ir para o Nível Três.

Nível Três: É o momento de agir — mas antes você terá de lidar com o medo. Você já está preparado para aplicar o neutralizador do medo a que chamei de "e agora", aplicável a todos os Problemas Profissionais Difíceis.

O "e agora" atua *a favor do seu medo* e não *contra* ele, ajudando-o a obter a clareza de que necessita para transpor o terreno pantanoso do seu tumulto interior.

Ele funciona da seguinte forma: simplesmente, deixe que seus temores se manifestem livremente. Enuncie a ação que planeja empreender — "Eu confesso", por exemplo. A seguir, pergunte a si mesmo: "E agora?"

"Meu chefe me diz que sempre suspeitou que eu fosse esse tipo de pessoa e me despede imediatamente."

E agora!

"Espalha-se a notícia de que sou uma pessoa desonesta e nenhuma outra empresa no universo se dispõe a me contratar."

E agora!

"Gasto todas as minhas economias e acabo na rua, sem ter onde morar."

E agora!

"Vou para um abrigo. A diretora percebe que eu tenho um distintivo igual ao dela e logo descobre que fiz pós-graduação em Stanford."

E agora!

"Eu lhe conto a minha triste história — que estou na rua porque roubei 10 dólares da caixinha de pequenas despesas para pagar o táxi na noite em que trabalhei até tarde porque precisava dar os retoques finais no boletim da empresa."

E agora!

"Ela me diz que eu sou a realização de seus sonhos. A Sociedade dos Desabrigados precisa de alguém que possa redigir um boletim para o abrigo. Na verdade, eles acabaram de receber uma verba; pergunta-me se eu gostaria de assumir o projeto."

E agora!

"Uma reportagem sobre mim é publicada pelo jornal local devido ao interesse humano que desperta e o boletim acaba ganhando o Prêmio Pulitzer."

E agora!

Você já captou a idéia geral.

Depois de se libertar do medo, sua disposição de ver as coisas exatamente como elas são deve ser seguida por uma ação resoluta e perseverante.

Realmente acha que seu chefe iria despedi-lo se abordasse a questão diretamente?

Se está muito nervoso para fazê-lo pessoalmente, acredita que lhe seria possível enviar ao seu chefe pelo correio 10 dólares e uma nota explicativa, despida de teatralidade e contendo um toque correto de desculpas?

É necessário ter coragem para corrigir um erro — e coragem é uma qualidade que a maioria dos chefes admira e respeita.

Se você tem um chefe que realmente poderia despedi-lo por ter cometido e depois tentar corrigir um erro a que qualquer ser humano está sujeito, veja o Problema Profissional Difícil nº 60.

Problema Profissional Difícil nº 65

Não creio que o produto que vendo seja a melhor opção para os meus clientes, mas preciso da comissão. O que devo fazer?

Você não pode mentir para si mesmo a respeito de seus valores. Se sabe que está fazendo algo errado e decide insistir nessa atividade, terá de pagar um preço por isso. Digamos que você apresentou a situação de forma atenuada. Não apenas o produto que você está vendendo não representa a melhor opção para os seus clientes como também, na realidade, ele simplesmente não vai atender às necessidades deles. Por outro lado, você na verdade não "precisa" da comissão; está querendo, isso sim, comprar um novo aparelho de som. Se você persistir, pagará o preço de sentir-se mal. Você está disposto a pagar esse preço pelo seu aparelho de som?

Evidentemente, este mundo não é perfeito — e as opções raramente são tão definidas. Para aumentar a confusão, pense: mesmo os livros espirituais dizem que vale a pena pagar por algumas coisas.

Vamos analisar um exemplo extremo para ilustrar esse ponto. O que aconteceria se a questão fosse a sua sobrevivência — se você tivesse gasto todas as suas economias e seu filho estivesse doente e precisasse de cuidados médicos? Por outro lado, o produto que você representa, embora talvez não seja a melhor opção para o cliente, é suficientemente bom. Obviamente, você poderia e deveria vendê-lo.

Isso não ameniza o fato de você se sentir mal a respeito do que faz. Entretanto, os seus sentimentos — positivos ou negativos — nem sempre são uma indicação clara de quão justos são os seus atos. As emoções não constituem indícios confiáveis. Em situações como esta, você deve dirigir-se a uma autoridade mais elevada — sua sabedoria interior — para saber o que fazer.

Aqueles que decidem seguir um caminho espiritual têm a tendência de tomar atalhos morais e simplificar seu processo de tomada de decisões abdicando da própria autoridade e entregando-a a este livro ou aquele guru. Não confio em nenhum sistema que me diz imediatamente o que é certo e o que é errado. Acho que a pessoa deve decidir por si mesma — e não apenas uma vez, mas um número indefinido de vezes, aliás, a cada momento da vida. O *I Ching* nos ensina que manter um coração sereno é função de um contínuo esforço — de uma disposição para realizar o difícil trabalho de estar em dia consigo mesmo.

Essa "boa vida" não diz respeito à perfeição moral, a um maravilhoso diamante que resplandece no mais profundo da alma. Ao contrário, viver integralmente uma boa vida é algo complicado, corresponde mais a uma massa vibrante e pulsante do que a um diamante de raro brilho. Cada um de nós tem uma essência contraditória, plena de tensão dinâmica; somente ela pode dar criatividade e significado à nossa vida. Ironicamente, é só quando nos entregamos à confusão do processo que podemos ter a esperança de encontrar a paz.

Se você está vivo, terá de pagar um preço por isso. Gaste o que você tem em algo que realmente tenha valor.

Se você vai em frente e vende o produto porque quer comprar o aparelho de som, e acaba sentindo-se culpado por isso, veja o Problema Profissional Difícil nº 76.

Problema Profissional Difícil nº 66

Se eu só tivesse clientes em quem pudesse confiar totalmente, não teria clientes. Como superar o conflito entre a integridade e a necessidade de pagar as contas?

Quando o seu sentido interior do que é correto difere das exigências do tempo em que vive, surge o conflito interior. Isso, porém, não é mau; o conflito interior é a tensão dinâmica entre opostos, da qual toda a criatividade resulta. Entretanto, quando você toma consciência de estar enfrentando tal discrepância, passa a precisar de uma grande paciência, com você mesmo e com os outros. Esse não é o momento para as grandes realizações, mas para a transmissão de influências sutis e para o aperfeiçoamento.

Se você insistir numa solução — exigindo que seus clientes atendam aos seus padrões ou dando as costas àquilo que criou, com o objetivo de procurar pessoas cujas crenças correspondam mais às suas próprias —, poderá inadvertidamente causar danos a si mesmo. Aprenda com o pássaro que quis voar até o Sol — ele só conseguiu queimar as asas e estatelar-se no chão. Você pode aspirar à grandeza, sua e de seus clientes, mas, para assumir a nobre tarefa de influenciar outras pessoas, sua ascensão tem de começar no nível em que seu dever se encontra. Você terá de descer até onde está seu ninho e tomá-lo como ponto de partida.

Terá de ter paciência e compaixão para descobrir que a lição de moralidade e de honestidade não é uma lição de perfeição, mas sim de progresso. Sendo você uma pessoa com um sentido mais desenvolvido daquilo que é correto, tem o dever de exercer uma sutil e persistente influência sobre aqueles de quem o destino o encarregou de cuidar.

Você não descerá ao nível deles, sacrificando seu próprio sentido do que é correto para atender aos desígnios dessas pessoas. Nem irá doutriná-los ou oprimi-los. Ao contrário, permanecerá imóvel em seu papel de uma força sutil — exercendo a atração positiva de um ímã e permitindo-lhes encontrar inspiração em seu exemplo.

Adote essa estratégia durante algum tempo; observe se houve melhora na situação. Talvez seus clientes estejam procurando um líder e possam encontrá-lo na expressão autêntica do seu coração no ambiente de trabalho. Também é possível que, ao reconhecer que você não pode ser induzido a mudar, prefiram afastar-se e buscar outras circunstâncias mais facilmente moldáveis para servir aos seus fins. Se isso acontecer, você não terá fracassado. Terá apenas sacrificado aquilo que não tem mais utilidade para você. E ficará livre para buscar um objetivo mais elevado.

Confie em que a longo prazo seus clientes irão juntar-se a você; ou então outras pessoas, mais de acordo com os seus valores e com a sua integridade, virão tomar o lugar deles.

Se você bate pé nos seus princípios e sua empresa vai à falência, veja o Problema Profissional Difícil nº 19.

Se você acha injusto que pessoas desonestas ganhem dinheiro dirigindo uma empresa, veja o Problema Profissional Difícil nº 63.

Problema Profissional Difícil nº 67

Pequenas somas de dinheiro têm desaparecido da caixinha de pequenas despesas — 25 centavos aqui, 50 centavos ali. Isso realmente me incomoda porque significa que alguém no meu departamento é desonesto. O que devo fazer?

O *I Ching* nos ensina que o homem superior tem grandeza de alma suficiente para tolerar pessoas imperfeitas. Ele também tem a chave da caixinha de pequenas despesas. Use-a.

Problema Profissional Difícil nº 68

Sei que a nossa empresa está lançando um produto que não corresponde às qualidades anunciadas. Devo soar o alarme?

No que se refere à questão que você levantou, a opinião do *I Ching* é idêntica à de um outro grande mestre — a Comissão Federal de Comércio. Cada vez mais as empresas vêm descobrindo que as afirmações enganadoras e arbitrárias sempre encontram uma maneira de chegar à consciência do público.

Numa escala mais ampla, o setor de produtos para emagrecer debate-se impotente sob os refletores da mídia, devido a promessas que não se podem cumprir; num nível muito mais restrito, algumas das principais empresas que atuam na área de vendas por catálogo e no varejo foram multadas em até 10 mil dólares, a cada violação, por não terem verificado as afirmações dos fabricantes a respeito dos produtos que anunciaram.

Embora uma multa de 10 mil dólares seja significativa, o dano à reputação das empresas ou do setor industrial pode representar várias vezes essa soma. Seria necessário investir centenas de milhares de dólares em publicidade e estratégias de relações públicas para salvar a imagem de uma organização. Em alguns casos, é possível que a perda de credibilidade se revele fatal.

É evidente, portanto, que a decisão de exagerar nas afirmações veiculadas por intermédio da publicidade é acompanhada de um enorme risco. A mesma motivação vital que impulsiona seu departamento de *marketing*, levando as pessoas a querer fazer o melhor para sustentar a si mesmas e às suas famílias, falseando a verdade, é a mesma motivação que as fará prestar atenção aos sábios conselhos que você tem a lhes dar.

Se o impulso de sua organização para falsear a verdade não resulta de um zelo equivocado pela sobrevivência, mas de uma falta de honestidade consciente e voluntária, veja o Problema Profissional Difícil nº 69.

Se, para lidar com essa situação, você decidir manter a boca fechada e fazer uma boa contribuição a uma instituição de caridade, para tentar vencer o sentimento de culpa, veja o Problema Profissional Difícil nº 71.

Problema Profissional Difícil nº 69

Meu chefe me pediu para fazer uma coisa que considero antiética. Se eu me recusar a obedecê-lo, tenho medo de ser despedido. Se eu aceitar, como vou conseguir dormir à noite?

Se você pensava que uma consciência mais desenvolvida e uma perspectiva espiritual eram as chaves para tornar sua vida mais fácil, sinto ter de lhe dar a seguinte notícia: quanto mais você estiver em contato com a sua própria integridade, mais provavelmente se defrontará com ocasiões difíceis. O "outro lado da moeda" de uma percepção espiritual mais ampla é o fato de você com freqüência se vir marchando segundo o compasso do seu próprio tambor interno — o ritmo de um músico cuja sensibilidade está mais finamente sintonizada com o que é justo e correto do que a da maior parte dos outros participantes da banda.

A curto prazo, você poderá achar que sua capacidade ética desenvolvida é um terrível transtorno. A longo prazo, entretanto, se você continuar tocando o tambor por tempo suficiente e num volume bastante alto, a banda poderá mudar sua direção e começar a acompanhá-lo. Quando isso acontecer, você estará proporcionando uma liderança de maior calibre possível para a sua comunidade — quer se trate da empresa para a qual trabalha ou da comunidade mais ampla. Em linguagem espiritual, chamamos "heróica" a essa sensibilidade finamente sintonizada. Herói é o ser humano disposto a se afastar do *status quo* para seguir seu próprio coração.

O caminho que você escolher para resolver essa questão — e todas as vezes que algo semelhante se apresentar — tem uma importância crítica para

Honestidade

o seu bem-estar e sucesso no futuro. Essa situação exigirá de você uma honestidade e coragem extremas... Porém, a resposta não é necessariamente dar o sinal de alerta. Às vezes é mais difícil não agir.

Seguem-se algumas questões que você deve considerar antes de tomar uma decisão:

- Diga a si mesmo a verdade sobre a situação, não a deixe de lado por ser incômoda. Independentemente de você agir neste momento, tentando solucionar o problema que tem em mãos, fique alerta para a tendência de justificar ou desculpar condutas que estão em desacordo com seus padrões internos. Se você fizer isso com muita freqüência, ou em relação a questões importantes, sua força moral irá se desgastar até o miolo, prejudicando sua vitalidade e a sua objetividade.
- Fazer algo que claramente viola sua integridade e que talvez prejudique os outros não lhe trará benefícios a curto nem a longo prazo. Ao assumir uma posição firme, você poderia oferecer o bom senso que está faltando à situação, fazendo pender o equilíbrio moral do patrão, da empresa e da comunidade na direção da sanidade mental.
- Ao mesmo tempo saiba que, dependendo da sua motivação, pode ser legítimo sacrificar seu impulso de agir agora, para alcançar uma posição em que suas críticas tenham mais poder, seja nessa empresa ou em outro lugar qualquer. Pode ser necessária uma grande coragem para estar disposto a esperar que seu momento chegue — talvez só daqui a anos, sem receber nenhuma confirmação externa ou reação de concordância enquanto realiza o trabalho silencioso e vital de construir a sua estrutura pessoal de caráter e espírito.
- Segundo o *I Ching,* não é fraqueza abster-se de lutar com um oponente cuja força é superior. É sinal de nobreza, sob as circunstâncias, proteger a própria energia com o objetivo de nutri-la e desenvolvê-la: "Se for tentado por uma falsa noção de honra a envolver-se num conflito desigual, o homem estará atraindo para si o desastre. Numa batalha com um inimigo de força maior, recuar não é uma desonra."
- Se você sabe que a batalha será desigual, mas mesmo assim se sente convocado a agir, invente formas criativas de neutralizar as desvantagens. Talvez você seja inspirado a deixar a empresa e juntar-se a outras pessoas, tornando-se um ativista nesse campo; talvez queira voltar à faculdade para obter mais conhecimentos e mais credibilidade, de maneira que quando tiver algo para dizer seja ouvido pelos outros.

Quer decida agir agora ou esperar, dentro de sua empresa ou fora dela, lembre-se sempre de dizer a verdade a si mesmo sobre o que você acredita ser correto. A opção voluntária pelo caminho mais incômodo — tendo a paciência de esperar até sentir que é o momento certo de agir — também pode ser um ato de heroísmo.

Se você decide se transformar num ativista mas fica com saudades do antigo salário, veja o Problema Profissional Difícil nº 15.

Se o seu coração lhe pede para dar o sinal de alerta, mas sua família o está pressionando para não se expor, veja o Problema Profissional Difícil nº 42.

Problema Profissional Difícil nº 70

Agora que fui treinado, percebo que poderia me sair melhor dirigindo uma empresa concorrente — e todos os lucros ficariam para mim. Não tenho o direito de cuidar dos meus próprios interesses nesse campo?

Ser espiritual não é ser bonzinho — mas, sim, estar totalmente desperto. Aliás, é só quando você encarar a sua carreira com aquilo que o *I Ching* chama de "a avidez de um tigre faminto, observando com olhos penetrantes", que você terá o zelo necessário para ser bem-sucedido.

Porém, existe aí uma armadilha: O "apetite insaciável" do tigre só merece respeito quando "o tigre não trabalha para si mesmo, mas pelo bem de todos".

O desejo de representar num palco maior agita-se em seu coração. Se você começar a competir com um mentor, irá desencadear forças maiores que você mesmo. Haverá aqueles que o condenarão. Haverá aqueles que o admirarão. Somente você pode conhecer a sua motivação mais secreta.

Se não quiser ficar se sentindo culpado, antes de agir analise as seguintes questões com sinceridade e coragem. Quando você tiver certeza de que pode responder afirmativamente a todas elas, então — e só então — a sua aventura lhe proporcionará a experiência de sucesso que está buscando.

Honestidade 177

- Você pretende fundar a sua empresa com bens e recursos que foram honestamente adquiridos, por meio do seu mérito próprio, ou está explorando o trabalho de outras pessoas?
- Pelo exemplo do seu relacionamento com o seu patrão, você está criando um modelo de conduta que gostaria de ver imitado pelos seus futuros empregados em todas as interações com você, mesmo num futuro distante?
- É grato por tudo que recebeu e crê estar expandindo e não dilapidando o legado daqueles que vieram antes de você?
- Você está fazendo isso para o bem de todos — ou trabalha somente em benefício próprio?
- Seu coração lhe diz que você não tem escolha a não ser prosseguir com os seus planos?

Se sua resposta a todas essas perguntas for "sim", seu desejo de dirigir uma empresa que vai concorrer com o seu empregador atual está baseado em razões verdadeiras, e você deve ir em frente com o zelo de um tigre faminto.

Se precisa de conselhos quanto à maneira de transmitir esta notícia para o seu patrão, veja o Problema Profissional Difícil nº 4.

Se a sua principal motivação for a vontade de competir, veja o Problema Profissional Difícil nº 89.

8

Em Busca da Grandeza

O sábio se alegra em atribuir a fama aos outros. Ele não procura ligar ao seu nome as coisas que já foram realizadas, mas tem esperança de liberar forças ativas; isto é, ele completa seus trabalhos de tal maneira que estes possam dar frutos no futuro.

— *I Ching*

Problema Profissional Difícil nº 71

Para que eu seja socialmente responsável, que fração da minha vida profissional e do meu salário devo dedicar a obras comunitárias?

Você quer saber que porcentagem deveria dar? Cinco por cento, 10 por cento — não serão suficientes. No mundo dos negócios, a atividade movida por uma força vital exige mais de você. Ela não se contenta com uma parte do seu lucro ou ganhos. Não fica satisfeita com doações correspondentes a cada item que você compra ou vende.

Quantas empresas "socialmente responsáveis" dão uma porcentagem de seus lucros a obras de caridade, supostamente em nome da generosidade, mas na realidade em troca de grandes isenções fiscais e de uma publicidade maciça? Divulgando a sua realização "espiritual" em anúncios de página inteira em jornais e revistas, elas se jactam de fazer contribuições para esta ou aquela causa. O público é seduzido a sentir que está agindo com bondade ao comprar os produtos delas — ainda que estes contenham ervas plantadas por escravos em países do Terceiro Mundo ou venham em embalagens modernas, que aumentam artificialmente o custo da mercadoria. Entretanto, nós respeitamos esses tubarões pelo seu grande coração, sentindo-nos culpados por não igualar os 5 ou 10 por cento que eles dão com contribuições comparáveis.

A vida dos negócios quer mais. Ela quer cem por cento. É verdade. Ela exige que você dê à responsabilidade social tudo o que você tem.

Se você é um profissional liberal — um advogado, por exemplo —, deve aceitar clientes dignos do seu tempo e atenção. Eles poderão ser pobres e desprivilegiados, ou não. Contudo, sempre serão pessoas para quem um veredicto favorável corresponde à sua própria noção de justiça — e não meramente à sua capacidade de manipular o sistema judicial. O trabalho formado pela vida é a maior contribuição que você pode oferecer — e tem muito mais valor para a comunidade como um todo do que se você passasse a sua vida profissional explorando o sistema e depois procurasse mitigar a sua culpa doando um dízimo supérfluo de dinheiro ou de tempo a esse ou àquele grupo merecedor de sua dedicação.

Se você é um industrial, deve fabricar um produto do qual se orgulhe. Não esconder os seus ingredientes ou materiais, as forças e fraquezas, mas os revelar. Resistir ao ímpeto de cobrar o máximo que puder, fazendo o público pagar a conta de uma doação feita à biblioteca da universidade local — mas, ao contrário, só pedir aquilo que é suficiente. Se é um produtor de cinema, escolhe roteiros que não justifiquem nem incitem os instintos mais baixos da humanidade, confiante em que poderá fazer um bom filme sem recorrer à exploração e acreditando também que o público irá apoiar o seu trabalho. Qualquer que seja a sua profissão, você pode orientar toda a sua vida profissional no sentido da responsabilidade social, perguntando-se qual poderá ser a contribuição da sua carreira ou empresa.

Já é suficiente ganhar a vida honestamente, cumprindo uma tarefa simples que não faça mal aos outros, pedindo por ela uma compensação apenas justa, e que lhe deixa tempo e espaço para amar os outros — seus filhos, sua mulher ou marido, seus amigos.

Quando você dirige sua vida profissional segundo os princípios das empresas movidas pela vida, seu coração fica satisfeito. Devido a essa plenitude de coração, você vai querer espontaneamente dar-se aos outros. Isso se tornará uma parte natural — que não exige esforço — do seu dia de trabalho e da sua vida.

Quando realmente dedica a vida inteira ao bem maior, sua vida profissional total se transforma numa contribuição socialmente responsável. Seu salário é destinado a uma causa justa: o sustento de uma pessoa socialmente responsável — Você.

Se você acredita que o conflito entre a honestidade e o pagamento das contas é inevitável, veja o Problema Profissional Difícil nº 66.

Problema Profissional Difícil nº 72

Quero que meus empregados gostem de mim e por isso faço o possível para não fazer comentários negativos. Como posso continuar sendo uma pessoa agradável e ao mesmo tempo fazê-los produzir de acordo com os meus padrões?

Compreenda que toda vez que você resiste à idéia de lhes fazer comentários honestos — baseados nos quais os seus subordinados teriam a oportunidade de se corrigir —, você aumenta a probabilidade de ter de despedi-los depois. O que você prefere: corrigi-los agora ou despedi-los mais tarde?

Se o subordinado em questão for sobrinho do seu chefe, veja o Problema Profissional Difícil nº 30.

Problema Profissional Difícil nº 73

Por mais que me esforce para animar as reuniões de funcionários elas sempre malogram. O que posso fazer para motivar os meus subordinados?

Todo um segmento da área de consultoria de administração foi edificado sobre a idéia de ajudar as empresas a identificar, desenvolver e sustentar as características de um bom líder, capaz de inspirar seus subordinados. A definição dessas características tem variado de ano para o ano. O líder deve ter uma especialização técnica superior? Conhecimento de *marketing*? Deve ser um disciplinador inflexível, inspirando suas tropas a transpor as limitações de suas expectativas atuais? Ou o caminho certo a seguir é uma estratégia mais suave — um relacionamento mais educativo e compassivo com os subordinados?

Ao abordar a resposta para o seu problema, fui inspirada por Rolf Osterberg, que recentemente tratou da questão da liderança no livro *Corporate Renaissance*. Em poucas palavras, ele se recusou a entrar no jogo, acreditando que seria errado tentar definir as características da liderança dentro desses moldes. "Por quê? Pelo simples fato de estarmos discutindo seres humanos e não seres humanos numa certa situação. Portanto, o que estamos na verdade buscando é a definição do bom ser humano. Disso, eu me abstenho."

O que sabemos sobre o líder de Osterberg é que ele atua segundo um novo paradigma, no qual "a medida do trabalho de um homem não é o que ele realizou exteriormente, mas o que se tornou em função desse trabalho".

"Nós não existimos para sobreviver, mas para viver. Nós não existimos para obter coisas — juntar dinheiro, conseguir uma alta posição, ter poder, aumentar bens e, por intermédio deles, provar nosso valor a nós mesmos e aos outros; existimos para aprender, para nos desenvolver e crescer como seres humanos."

Nesse novo paradigma, o líder não toma aulas para se tornar inspirador — ao contrário, ele assume o papel de líder pelo fato de ser uma pessoa inspirada.

Segue-se uma invocação para a nova liderança:

Invocação para Inspirar Outras Pessoas

Que eu saiba que, quando inspiro as pessoas, não é devido ao que faço, mas ao que sou.

Inspiro as pessoas quando partilho com elas o meu verdadeiro entusiasmo pela vida, não só falando e dando de mim, mas também ouvindo e recebendo.

Quando tenho coragem de dizer o que precisa ser dito, lembrando-me que são minhas ações e não minhas palavras que contêm a mensagem.

Quando estou disposto a me pôr nu com confiança e abertura, embora isso me faça ir além do meu próprio nível de conforto.

Quando me lembro de que inspirar as pessoas não está relacionado com o que eu espero *delas*, mas sim com a abertura de um espaço para que *elas* superem o próprio medo de buscar o que realmente desejam.

Problema Profissional Difícil nº 74

Será que uma estratégia administrativa mais democrática faria bem à minha empresa?

A ética de negócios do novo paradigma corretamente condena a hierarquia autocrática e patriarcal considerando-a o dinossauro dos sistemas de administração de empresas. "Igualdade e respeito" são as novas senhas, à medida que as organizações transformam seus organogramas em experimentos sociais.

Contudo, igualdade e respeito não são conceitos fáceis de assimilar — e são ainda mais difíceis de implementar. Aqui, uma compreensão superficial será desastrosa. Foi isso o que aconteceu com uma empresa, uma cadeia de lojas de doces, que caiu vertiginosamente de uma posição de sucesso rápido e prematuro; seus executivos decidiram tornar acessível a toda a empresa o processo de tomada de decisões administrativas. Viam isso como um meio de descentralizar esse processo, dando poder a cada pessoa dentro da empresa para reagir mais rapidamente às exigências, sempre crescentes, enfrentadas pela cadeia em rápida ascensão.

Cada membro da força de trabalho passou a ter direito a um voto de igual peso — desde o empregado mais recente à pessoa que tinha tido a idéia original de fundar a empresa hipotecando a própria casa para levantar os fundos necessários para o novo empreendimento.

Durante um ou dois dias, funcionários de todos os níveis gozaram de total liberdade. O que estavam fazendo — disseram aos repórteres que foram cobrir a história para a seção de negócios dos jornais locais — era o que poderia e deveria ser feito por todas as empresas.

Porém, em pouco tempo eles se viram profundamente envolvidos e tendo de lidar com dezenas de questões — algumas válidas, algumas resultantes de caprichos pessoais — e estavam incapazes e sem disposição para distinguir quais os prontuários. Começou a haver reuniões a respeito de reuniões, e grupos rivais começaram a se formar. O crescimento da empresa foi abruptamente interrompido. A diretoria recuou e assumiu novamente o controle da organização. A ordem foi restabelecida — mas a um preço altíssimo. Muitos dos empregados saíram da empresa. A alta rotatividade de funcionários continuou sendo um dos principais problemas nos anos seguintes.

Muitas empresas bem-intencionadas passaram rapidamente da ordem para o caos — em nome da igualdade.

Considere, por outro lado, uma definição diferente de igualdade. Esta significa simplesmente que todas as pessoas dentro de uma organização têm a mesma oportunidade de desenvolver o seu talento e as suas habilidades, adquirindo assim o direito de assumir mais responsabilidades de liderança.

O *I Ching* nos mostra que: "entre os homens há necessariamente diferenças de elevação; é impossível fazer se manifestar a igualdade universal. Entretanto, é importante que diferenças nos níveis sociais não sejam arbitrárias e injustas, pois se isso acontecer, a inveja e a luta de classes serão as conseqüências inevitáveis."

As diferenças hierárquicas só geram respeito, e não contendas, quando são baseadas em qualidades que refletem o valor individual interior, e não só o desempenho exterior. Essas qualidades podem ser intuitiva e objetivamente detectadas, levando-se em consideração critérios como lealdade e compromisso com a empresa, paixão e força de vontade, disposição para correr riscos, e coragem e humildade, ambas características do verdadeiro líder. Nem todos têm essas qualidades desenvolvidas num mesmo grau.

Se a vontade de democratizar sua empresa nasceu de um mal-estar a respeito da maneira como as coisas vêm sendo conduzidas, talvez o lugar para começar a transformação rumo a uma organização mais justa seja a direção, que terá a tarefa de observar a si mesma com toda a honestidade. O poder e a autoridade exteriores refletem o valor interior? Confúcio afirma que "um caráter fraco numa posição de liderança dificilmente escapará ao desastre".

Se este for o caso dos líderes da sua empresa, estarão eles dispostos a retificar a situação, por meio do trabalho interno de que necessitam para fazer frente às condições presentes? Se isso não ocorrer, estarão preparados para redistribuir a responsabilidade e a autoridade, passando-as aos que estão dispostos a aceitá-las?

Quando isso se definir, sua organização passará a demonstrar saúde e vitalidade — qualquer que seja a forma final assumida pelo organograma.

Se você é a pessoa que detém o poder de forma ilegítima em sua empresa, veja o Problema Profissional Difícil nº 76.

Problema Profissional Difícil nº 75

Ajude-me a agir corretamente. Decidi trabalhar meio período, mas estou aqui há mais tempo e tenho maior responsabilidade. Minha colega trabalha o dia todo e, portanto, a resposta a essa pergunta terá mais impacto sobre a qualidade da vida dela do que da minha. A pergunta: Quem deve ficar com a melhor sala?

O *I Ching* leva muito a sério a questão da distribuição de terras (que engloba a distribuição das salas num edifício comercial). Por mais nobre que seja o seu desejo de agir com justiça nessa situação, você parece estar encarando a questão de um ponto de vista completamente inadequado.

Presumindo-se que sua colega possa trabalhar em algum outro lugar do prédio, as salas que caberão a você e a ela não têm absolutamente nada que ver com a qualidade de vida. Têm a ver, isto sim, com a questão de quem tem o direito de exercer autoridade.

Você está tentando administrar justiça nessa situação. Antes de fazê-lo, porém, precisa ser objetiva. Precisa comprometer-se com a verdade. O tom da sua pergunta leva a crer que, atualmente, você considera menor a sua contribuição para o ambiente de trabalho, pelo simples fato de trabalhar meio período. Ouça cuidadosamente: o valor do que você oferece à sua empresa e o poder que detém em nome da mesma nada têm que ver com o número de horas que você trabalha.

O poder é um reflexo das qualidades que você passou a representar para a empresa. Sua presença contínua no decorrer dos anos é sinal de fidelidade, compromisso e perseverança. Sua decisão de trabalhar meio período significa, além disso, que você tem sabedoria para equilibrar o trabalho com outros aspectos da vida, visando entrar com a máxima energia no escritório todos os dias; que tem coragem para exigir o que quer, mantendo-se firme em sua posição, independentemente do que as outras pessoas possam pensar, e que adquiriu o direito de aproveitar os benefícios que sua empresa tem a oferecer. Seus superiores acham que vale a pena atender às suas necessidades para poder continuar se valendo do seu conhecimento, da sua capacidade e das características que a levaram a escolher um emprego de meio período.

Sua colega simplesmente não fez jus ao direito de ter o poder que você tem. Se a empresa der autoridade e privilégios a uma pessoa que não os tenha merecido legitimamente, ela pode estar certa de uma coisa: haverá abuso de poder.

Você pretende administrar justiça? Então diga a verdade sobre quem você é. A longo prazo, a falsa humildade traz tantos problemas às pessoas quanto o egoísmo. Aliás, a falsa humildade pode ser a mais virulenta forma de arrogância — uma bombástica e grandiosa expressão de modéstia, que tem a audácia de negar a pessoa que você é e de traí-la, trair a sua colega e a sua empresa. Tudo isso acontece quando você abre mão do seu poder sob falsos pretextos.

É melhor deixar uma boa sala desocupada do que dá-la a alguém que exagerou seu próprio *status*. Que ela sirva como uma sala de almoço informal, um espaço extra para conferências ou mesmo como quarto de despejo. Mas não desperdice o seu poder — nem a sua sala.

Se você disse à sua colega que vai ficar com a sala e acha que viu uma sombra de ressentimento no rosto dela, veja o Problema Profissional Difícil nº 23.

Se acredita que não é democrático ficar com a melhor sala, veja o Problema Profissional Difícil nº 74.

Se o seu chefe achar que a sua colega deve ficar com a melhor sala, veja o Problema Profissional Difícil nº 60.

Problema Profissional Difícil nº 76

Fiz uma coisa errada e me sinto culpado com razão. Embora tenha feito o possível para remediar a situação, o mal-estar continua.

Invocação para a Restauração da Integridade

Abalado pelo confronto com aspectos meus de que não gosto, reconheço que a imperfeição faz parte da condição humana.

Agora que fiz o possível para corrigir meus erros, peço humildemente que a compaixão e a fé sejam restauradas.

Não como uma criança, dizendo: "Aqui está o meu verdadeiro eu. Você tem de me amar."

Digo, ao contrário: "Aqui está o meu verdadeiro eu, com todos os seus defeitos. Embora eu prefira que você me ame, estou disposto a assumir as conseqüências."

A culpa me aponta o caminho, enchendo o meu coração de força de vontade, enquanto eu me expando, transformando-me no meu eu superior; este é um ser compassivo e amoroso, maior do que a ira, o medo ou o arrependimento.

Grande o suficiente para conter tudo isso.

Neste momento de reconciliação, afirmo que não renunciarei ao meu direito de ser íntegro novamente — o que inclui o meu direito de cometer erros, de corrigir esses erros e de reivindicar de novo a minha integridade.

Se você continua a se debater com as suas emoções inferiores, embora todos os outros já o tenham perdoado, veja o Problema Profissional Difícil nº 61.

Se a culpa não o deixa dormir à noite, veja o Problema Profissional Difícil nº 91.

Problema Profissional Difícil nº 77

Um cliente meu diz que não vai pagar o que me deve porque os resultados o desapontaram. Como profissional, sou pago para fornecer serviços — e não para garantir resultados. Como enfrentar isso?

A melhor maneira de resolver um problema é superá-lo antes que ele tenha tempo de criar raízes. Você pode fazer isso passando mais tempo com o seu cliente no início do processo, deixando bem claro para ele que você é pago pelos serviços prestados e não pelos resultados obtidos. Se estiver relutante em abordar a questão da garantia com o seu cliente, pergunte-se se você acha que ele vai ter problemas com essa idéia e talvez não contrate os seus serviços. Nesse caso, será ainda mais importante enfrentar diretamente a situação. É melhor esclarecer os critérios do relacionamento entre vocês e se arriscar a perder o cliente do que deixar a questão chegar aos tribunais depois de ter deixado de receber por um trabalho já feito.

Muito bem, mas agora você tem de lidar com a situação presente. A forma pela qual vai enfrentar o cliente depende de você realmente sentir que tem razão — não apenas que fez um bom trabalho, mas que, antes do contrato, foi corajoso e sábio o suficiente para deixar tudo bem claro.

Se você não estiver convicto de que fez tudo o que podia, será tentado a expressar má vontade em relação ao seu cliente sob a forma de fofocas, rumores e queixas; fará todo o possível para debilitá-lo aos poucos, ardilosamente — mas não levará o conflito para campo aberto. Depois de algum tempo, sua estratégia negativa se voltará contra você e irá prejudicá-lo.

Se você deixou de corresponder às expectativas no plano das informações prévias ou do trabalho realizado, o caminho mais heróico que poderá tomar será sentar-se com seu cliente e lhe contar toda a verdade: o que você conseguiu realizar e onde falhou. Nessas circunstâncias, a maioria dos clientes se mostra disposta a negociar. Você poderá se oferecer para trabalhar um pouco mais, visando preencher a lacuna entre a expectativa dele e o que foi efetivamente fornecido, ou diminuir a conta.

Mesmo que, segundo o seu ponto de vista, você esteja claramente com a razão, o *I Ching* indica que você ainda deve estar disposto a fazer concessões: "Levar o conflito até o seu amargo fim traz efeitos negativos mesmo quando uma pessoa tem razão porque nesse caso a inimizade é perpetuada." A meta deve ser a de solucionar o problema o mais rapidamente e da forma mais clara possível, mesmo que isso signifique não receber tudo o que lhe era devido. Assim, você resolverá satisfatoriamente a questão, liberando sua energia para criar novas oportunidades, em vez de ficar enredado em velhos fracassos. Negocie uma nova soma, subtraindo do total o valor que ir em frente terá para você.

Isso não significa que você nunca deve ir aos tribunais. Você o fará, mas somente se não puder negociar com o seu cliente uma solução que o satisfaça mesmo nesse nível mais modesto. Há, afinal de contas, uma questão de princípio envolvida. Se você tiver transmitido as informações adequadas ao seu cliente no início do contrato e realizado o seu trabalho empregando o melhor de sua capacidade, com a melhor das intenções, você terá de impor limites. Se o total a ser recebido o justificar, você deverá contratar um advogado para conseguir o dinheiro que lhe é devido — ainda que seus honorários consumam a maior parte dos ganhos. Alguns advogados trabalham em troca de uma porcentagem da importância a ser recebida. Se esta for muito pequena para que um advogado se interesse pelo acordo, leve o caso ao tribunal de pequenas causas — mesmo que tenha de reduzir o total a ser arrecadado para poder dar queixa lá.

Se você não acha que está com toda a razão, mas normalmente é muito severo consigo mesmo, veja o Problema Profissional Difícil nº 90.

Se você não acha que tem razão, mas espera ganhar algo com essa situação como todo mundo faz, veja o Problema Profissional Difícil nº 63.

Problema Profissional Difícil nº 78

Um empregado de grande mérito cometeu um erro tolo que custará à empresa milhares de dólares. Quem deve pagar o prejuízo?

Você valoriza o seu funcionário — mesmo tendo ele cometido um erro tolo. Isso mostra dois princípios fundamentais da grande liderança: compaixão e lucidez. Agora você procura fazer justiça nessa situação, compreendendo corretamente que nada fazer seria uma demonstração de excesso de fraqueza, enquanto exigir que o empregado pagasse a soma total seria excesso de severidade.

A chave para agir com justiça nessa situação é perguntar a si mesmo o que você espera conseguir. Se sua empresa não estiver lutando para sobreviver, o dinheiro envolvido não deve ser a questão principal. Qualquer organização deve operar baseada no princípio de que erros, tolos ou não, serão cometidos. Assim como você precisa dispor de capital para cobrir desastres naturais, como incêndios e terremotos, deve estar igualmente preparada para cobrir desastres provocados pelo homem. Entretanto, embora mentalmente você se prepare para cobrir o erro do seu funcionário, não deve abrir mão do seu direito de usar essa oportunidade para transmitir a *todos* os seus empregados a mensagem de que a negligência, seja quem for o culpado por ela, trará conseqüências.

Acredite ou não, você pode agir de forma a conseguir que o laço de lealdade e respeito entre você e seus empregados seja fortalecido pela relação mútua.

Aqui está a maneira de fazê-lo: se o seu funcionário é bem como você acredita que seja, tenha certeza de que ele está tão consternado e desconcertado com o erro quanto você. Acredite que ele também gostaria de ver o mesmo reparado de forma justa, para a paz de espírito de ambos. Vocês dois têm isso em comum. Portanto, por que não ir até ele e torná-lo co-participante do processo de decisão? Quais seriam as conseqüências disso? Deixe-o pensar sobre o assunto e dar a sua opinião sobre a estimativa de danos.

Incluindo-o no processo, você estará reafirmando o laço de confiança que o colocou numa posição de responsabilidade, tornando possível, em primeiro lugar, um erro dessa magnitude. Ao saber que ainda é merecedor de seu respeito, ele terá forças para vencer a provação com o espírito intacto. Terá recebido de você a oportunidade de conservar a confiança necessária para continuar a correr riscos e a dar o melhor de si, sempre crescendo, para benefício de seu patrão e de sua empresa.

Diante desse grau de aceitação, não fique surpreso se o seu funcionário exceder suas esperanças e expectativas, oferecendo-se para pagar todo o prejuízo. Já vi patrões absolutamente inflexíveis deixarem-se comover nessas circunstâncias. Com freqüência, eles ficam tão gratos pelo fato de o empregado levar a sério suas responsabilidades que a soma por este proposta é substancialmente reduzida ou até mesmo integralmente perdoada.

Você e seu funcionário foram agraciados com uma grande dádiva, cujo valor é várias vezes maior que o custo potencial para qualquer um dos dois: a oportunidade de demonstrar fé um no outro. O relacionamento que poderão forjar juntos já se mostrou capaz de vencer a prova dos momentos difíceis. Com um empregado como esse, você disporá de uma base de confiança mútua sobre a qual poderá construir uma empresa realmente poderosa.

Se você for o empregado em questão e pensa que somente um tolo se ofereceria para pagar por seu erro, e que o novo paradigma é a mais absoluta bobagem, veja o Problema Profissional Difícil nº 94.

Se você é o empregado e não está conseguindo superar o sentimento de culpa, mesmo tendo se oferecido para pagar a sua parte, veja o Problema Profissional Difícil nº 61.

9

Equilíbrio e Produtividade

O homem superior reduz o que é excessivo e aumenta o que
não é suficiente. Ele pesa as coisas e torna-as iguais.

— *I Ching*

Problema Profissional Difícil nº 79

**Enfrento um grande número de exigências conflitantes no tra-
balho todos os dias. Como estabelecer prioridades sem deixar
cair nenhuma das bolas?**

Você não precisa acrescentar à sua rotina já sobrecarregada a tarefa de
estabelecer prioridades, o que lhe exigiria usar um tempo valioso para dividir
sua carga diária de trabalho em A, B e C — e depois fazer todas essas coisas
de qualquer maneira. O verdadeiro processo de identificar o que é prioritário
exige que você faça escolhas difíceis e tome atitudes firmes.

Antes de poder tomar boas decisões, você terá de lembrar quem você é
em seus momentos de excelência. Você está em sua melhor forma quando
reage ou tem medo? Evidentemente não. Por isso vou lhe pedir para fazer
algo que exige determinação, algo que exige uma grande sabedoria, coragem
e fé.

Afaste-se de sua mesa de trabalho.

Caminhando devagar, conscientemente, saia do escritório e vá para a
rua.

Deixe que o ar fresco penetre no seu organismo bloqueado, devolvendo-
lhe a objetividade e a lucidez. Faça sem pressa uma longa caminhada — con-
temple as nuvens, o vento soprando na sua nuca, sinta o chão sob os seus
pés.

Agora que você está começando a respirar novamente, pode perceber o
quanto está exausto e reage desproporcionalmente aos estímulos. Quantas

vezes, nesse estado, você cometeu erros tolos que exigiram um tempo extra para ser corrigidos? Quantas vezes você se entregou compulsivamente a uma tarefa que poderia ter sido facilmente dada para outra pessoa ou deixada de lado? É mais fácil dizer sim a exigências injustas, devido à exaustão, do que defender com firmeza a sua posição? Há quanto tempo você não tem uma percepção criativa ou um lampejo de intuição — aqueles atalhos simples e elegantes que costumavam ocorrer-lhe naturalmente quando você estava inspirado, e não exausto? Está começando a se lembrar como se sente quando suas energias estão no auge e não na rabeira? Qual o grau de produtividade possível para você?

Enquanto continua a caminhar, pense em estabelecer para si mesmo um ritmo que respeite os seus aspectos físico, emocional e espiritual. Se você andar muito devagar, ficará entediado. Se andar muito depressa, ficará exausto. Que velocidade — que grau dinâmico de tensão — deixa você em sua melhor forma? Assim como a vida, essa caminhada não é uma competição a ser vencida no final. Trata-se de um processo. Passe algum tempo apreciando a paisagem ao longo do caminho. Há uma flor nascendo nas fendas do cimento? Um pássaro bicando uma semente? Caminhe num ritmo apenas suficientemente rápido para que você possa apreciar cada passo e sentir entusiasmo pelas novas surpresas que se apresentarem diante de você. Algumas serão exteriores, como uma gota de chuva que cai no seu rosto; algumas serão interiores, como aquela ideiazinha engraçada, a percepção súbita e essencial que vai reduzir a sua carga de trabalho em um terço!

É só quando o seu coração estiver desacelerando que você estará preparado para começar a estabelecer prioridades. Inicie o processo avaliando honestamente o tempo que você tem disponível. Quantas horas de trabalho lhe estão sendo pagas? Quanto tempo a mais você teria condições de oferecer — sem prejudicar sua necessidade de preservar-se e proteger-se, fora do expediente, para se reenergizar e revitalizar?

Com que freqüência você precisa de um intervalo? Você utiliza integralmente o seu horário de almoço para se revitalizar ou continua com suas atividades, engolindo rapidamente um sanduíche? Se você precisa trabalhar durante a hora do almoço — se a filosofia da empresa, por exemplo, exige que você participe de "almoços de negócios" —, você faz um intervalo logo após para se recuperar?

Se está preocupado com o tempo que isso tudo exige, lembre-se de que, quando você se sente bem, revela-se mais disposto a correr riscos. Como resultado disso, passa menos tempo em reuniões a respeito de reuniões ou obtendo assinaturas em memorandos que visam dividir a culpa se um determinado projeto falhar. Quando está em sua melhor forma, você tem coragem para dizer não a projetos que representam um desperdício de tempo. Protege-se das pessoas e exigências que o desviam de seu curso. Tem mais tempo para realizar o trabalho para o qual foi contratado.

Se, depois de pesar tudo isso, você percebe que mesmo com a produtividade no auge ainda não teria tempo suficiente para completar suas tarefas, tenha coragem para se dirigir ao seu chefe, sabendo que tem o direito de pedir uma carga de trabalho adequada e uma assistência suficiente.

Como estabelecer prioridades? Há somente um item na sua lista: você deve se comprometer a levar a sério sua própria vitalidade.

Se você fizer disso a sua única prioridade, será bem-sucedido — não a despeito da sua decisão de respeitar suas necessidades físicas, emocionais e espirituais, mas *pelo fato* de ter decidido fazê-lo.

Se você interrompe o trabalho com o objetivo de oferecer o melhor de si ao ambiente em que atua e seu chefe lhe diz que, se você tem tempo para fazer um intervalo, é porque não deve estar suficientemente ocupado, veja o Problema Profissional Difícil nº 81.

Se este for o seu primeiro emprego, veja o Problema Profissional Difícil nº 8.

Problema Profissional Difícil nº 80

Tenho um emprego de período integral; ele me consome tanta energia que nada me sobra para dedicar à paixão da minha vida: a escultura. O que posso fazer a respeito?

Arranje um emprego de meio período.

Se você acha injusto sacrificar o seu estilo de vida para buscar a realização de sua paixão, veja o Problema Profissional Difícil nº 52.

Problema Profissional Difícil nº 81

Nossa empresa equipou todos os funcionários com um pequeno arsenal composto de computador portátil e telefone celular, com o objetivo de nos manter num combate corpo a corpo com a concorrência. No início ficamos entusiasmados, mas agora compreendemos que nossos empregadores nos querem ver trabalhando ou disponíveis para contatos profissionais 24 horas por dia. Socorro!

Se o mundo dos negócios é como a guerra, a comunicação entre o quartel-general e as tropas no *front* tem uma importância decisiva, certo?

Entretanto, essa teoria tem um problema. Quem disse que os negócios têm de ser como uma guerra? Como você está descobrindo, a idéia de que os negócios se dão numa espécie de campo de batalha pode ser sedutora, mas em última análise é prejudicial. Embora algumas empresas encorajem a contratação e o treinamento de executivos camicase, os quais acreditam que o emprego os põe em contato com questões pelas quais vale a pena sacrificar a vida, a verdade é que a maior parte das questões enfrentadas rotineiramente pelas pessoas ativas no mundo dos negócios não é digna do sacrifício de uma vida. Além disso, esses temas são geralmente mais complexos do que os conceitos de ganhar ou perder, tudo ou nada, nós contra eles.

O mais saudável é considerar o mundo dos negócios como uma expressão criativa da vida, e não como uma reação destrutiva a ela. A criatividade é um processo orgânico, movido e formado pela vida; e o processo criativo não apenas permite, mas exige ciclos periódicos de caos e incerteza. Você reflete sobre as possibilidades, experimenta coisas novas, corre riscos. Você dá um pouco, recebe um pouco. Obtém pequenas vitórias aqui, perde ali. Fecha-se um contrato, perde-se outro. No conjunto, com o passar do tempo, seu processo interior permanece estimulado e respeitado.

As pessoas cheias de vitalidade constroem empresas vitais e orgânicas. E o que as pessoas aguerridas constroem? Empresas em guerra com seus concorrentes.

Nós esquecemos o que são os negócios. As empresas são o veículo por meio do qual as pessoas fazem uma contribuição justa de seu tempo e energia para a comunidade, em troca de uma importância justa em dinheiro, do qual vivem.

Se o mercado não está disposto a pagar à sua empresa o que ela considera como um preço justo por uma contribuição justa de tempo e energia, a direção tem duas opções. Por um lado — e sua empresa adotou esta política —, ela pode culpar o "inimigo" em nome da "competição global", da "economia", e do "mercado cada vez mais competitivo", com o objetivo de evitar reconhecer o fato de que a empresa já falhou em sua missão. A diretoria optou por se manter no jogo usando os funcionários para compensar a mediocridade da empresa, pedindo-lhe para trabalhar ininterruptamente e exigir que a sua equipe de empregados faça o mesmo — tudo para preservar a ilusão de que a empresa ainda é viável.

Se você for um viciado em adrenalina, que deixou a vida civil em segundo plano e se propôs como objetivo a vitória na guerra dos negócios, essa idéia lhe será bastante atraente. Você não apenas consegue conservar a ilusão de que a empresa para a qual trabalha ainda é viável, mas vive perpetuamente no limite de uma crise que o absorve totalmente. Organizações inteiras são impulsionadas por tais infusões diárias de adrenalina. Se você sacrificar a sua vida cotidiana por um estilo de trabalho alimentado pela ilusão, em pouco tempo você só se sentirá integralmente vivo se estiver envolvido numa crise.

A opção alternativa para a sua empresa é reconsiderar, por meio de um processo de introspecção doloroso mas potencialmente produtivo, se aquilo que a organização está oferecendo realmente tem tanto valor para a comunidade como originalmente se esperava. Baseada naquilo que constatar como verdadeiro, ela poderá seguir o caminho do herói, fazendo o que for necessário para recriar um papel viável para si mesma, que será apoiado pelo mercado.

Nesse meio-tempo, aqui está o meu conselho para você: quando tiver terminado o trabalho justo de um dia, desligue o computador e o telefone. A menos, é claro, que queira usar o seu arsenal para lutar numa guerra digna — encontrar um novo emprego numa empresa movida pela vida e não pelo medo.

Uma orientação final: quando se decidir a procurar esse cargo melhor, busque uma empresa que não esteja no vermelho.

Se você desligar seus aparelhos e for despedido antes de ter a oportunidade de se demitir, veja o Problema Profissional Difícil nº 97.

Se você é viciado em adrenalina, veja o Problema Profissional Difícil nº 84.

Se você não é viciado em adrenalina, mas gosta demais do seu trabalho para se arriscar a defender suas necessidades, veja o Problema Profissional Difícil nº 52.

Problema Profissional Difícil nº 82

Meu chefe me dá mais tarefas do que qualquer pessoa seria capaz de fazer durante as horas de trabalho pelas quais sou paga. Agora, ele marcou uma reunião para me passar ainda mais tarefas. Como devo lidar com isso?

Ele lhe diz: "Pule" — e você responde: "Até onde?" Eis um hábito seu muito, muito antigo. Sabendo disso, você recebe boas e más notícias. A má notícia primeiro: é impossível refrear as velhas emoções. A boa notícia? É possível mudar os velhos hábitos de reação às velhas emoções.

Quando você for dominada pelo ímpeto de pular, use um estratagema para evitar fazê-lo: respire. Rompa o circuito de reação às ameaças. Respire profundamente. Sinta seus pés de encontro ao chão. Sinta a força da gravidade ligando-a ao centro da terra. Quando estiver novamente centrada — mental, física e espiritualmente —, poderá se libertar das reações automáticas e assumir o controle. Será ainda mais fácil se você for ao encontro do seu chefe preparada para isso.

Seu chefe lhe pede para fazer algo que está acima do salário que você recebe. Sabendo disso com antecedência, você tem duas opções. Talvez valha a pena dar a ele o que ele pede. Pode ser que as tarefas "adicionais" sejam na verdade as mais interessantes para você — aquelas que representam uma evolução em seu cargo. Talvez seja útil sacrificar seu tempo para desenvolver novas habilidades e melhorar seu currículo. Sobretudo, se você estiver no início da carreira, seu chefe poderá ajudá-la a subir. Nesse caso, mesmo levando em consideração o fato de ele estar lhe pedindo mais do que lhe paga em dinheiro, a troca poderia ser justa.

Se, por outro lado, não há nada de valor a ser ganho — além de conservar o emprego —, você está sendo explorada. Porém, compreenda, seu chefe talvez nem perceba que está fazendo isso com você. É você que tem de estabelecer limites no relacionamento.

Da próxima vez em que você receber uma cota injusta de tarefas, aproxime-se do chefe e peça-lhe para marcar uma reunião para discutir um processo de planejamento estratégico.

Ao se preparar para esse encontro, avalie cada tarefa e o tempo que se leva para completá-la. Leve em consideração o ritmo no qual você trabalha melhor. Se sempre tendem a aparecer emergências de último minuto — que consomem muito tempo — classifique-as na categoria de "miscelânea".

A seguir, disponha todas as tarefas numa página com o título de "Plano Estratégico".

Quando se encontrar com o chefe, tome a iniciativa de discutir o assunto, sugerindo que você e ele juntos selecionem as tarefas cuja realização é mais importante dentro do tempo disponível. Se o seu emprego for de meio período e você trabalhar num esquema de vinte horas semanais, por exemplo, pare quando ambos tiverem selecionado tarefas que correspondem a vinte horas de trabalho.

Se restarem tarefas adicionais a ser executadas, seu chefe terá as seguintes opções: pagar-lhe as horas suplementares necessárias para completar os itens remanescentes; ou se você não estiver disposta a trabalhar mais horas, ele poderá pedir a outra pessoa na empresa que complete as tarefas ou trazer ajuda externa; ou substituir alguns do itens já selecionados por outros que agora percebe serem mais importantes.

Dessa forma, você pode evitar um relacionamento antagônico e trabalhar com seu chefe na direção de uma mesma meta: um relacionamento justo e produtivo.

Se você se sente culpada por ter uma vida pessoal, veja o Problema Profissional Difícil nº 85.

Se todo o setor no qual você trabalha está estruturado em torno da atividade suplementar e gratuita, que se desenvolve fora do horário do expediente, e você não quer se demitir, porém ainda assim quer uma carga de serviço mais razoável, veja o Problema Profissional Difícil nº 81.

Problema Profissional Difícil nº 83

Às vezes entro no escritório e, desde o meu primeiro contato com a recepcionista, tudo e todos me desagradam. Eles não podem ser tão maus — principalmente porque no dia anterior eu gostava de todos e tudo me parecia bem. Ajude-me a chegar até o fim do dia!

Seu cérebro, embora lhe pareça estressado, está fazendo constatações oportunas. Você reconhece, por exemplo, que é muito difícil que da noite para o dia todas as pessoas com as quais você trabalha tenham se tornado preguiçosas, ingratas, imbecis ou qualquer outra coisa que você queira chamá-las.

Muitos, quando arrastados a um estado de grande tensão como esse, acham que é necessário agir a respeito. Inúmeras disposições de ânimo negativas já acarretaram o sacrifício de um bode expiatório — quando de fato o mau humor nada tem que ver com a realidade externa. Quantas reuniões de funcionários foram feitas "para limpar a atmosfera", quantos empregados foram repreendidos ou despedidos, quando na verdade a atmosfera que precisava ser limpa estava dentro do cérebro do chefe?

É importante saber quando se deve ou não levar a realidade exterior a sério. Se você se sente perturbado dia após dia pela presença de uma pessoa em particular, por exemplo, eis aí um bom indício de que algo exige sua atenção no relacionamento com essa pessoa.

Se, por outro lado, você se sente incomodado por todos num determinado dia, posso assegurar-lhe o seguinte: O problema não está "ali, nos outros". Se as minhas palavras não forem suficientes e você quiser uma outra confirmação da realidade, chame de lado um colega de confiança e pergunte-lhe: "Alguma coisa está acontecendo? Ou é apenas o meu humor?"

Se a pergunta não der em nada, faça um intervalo antes de mergulhar no trabalho para inventariar sua paisagem interior. Você está aborrecido com alguma coisa? No ambiente de trabalho? Na vida particular? Como está se sentindo emocionalmente, fisicamente, espiritualmente?

Se você descobrir que alguma coisa o está incomodando, lide com a situação da melhor maneira possível, dentro do contexto de seu dia de trabalho. Se não for apropriado tomar qualquer providência imediata — ou você não puder se afastar do escritório para cuidar do assunto — prossiga com sua rotina de trabalho, mas tome cuidado para não deixar que seus problemas extravasem, derramando-se sobre espectadores inocentes.

Se você não conseguir identificar o problema, mas continuar a se sentir perturbado, tenha fé e resigne-se ao fato de que talvez, na verdade, *não haja* nada com que você tenha de lidar "lá fora". Isso não significa que você estará condenado a passar o dia entre imbecis imprestáveis. Porém, para transformar seu ambiente de trabalho, você precisa transformar-se antes.

Gostaria de partilhar com você um poderoso exercício espiritual, capaz de modificar o mais terrível dos humores. (Isso me foi ensinado por um mestre zen. Essa prática se revelou tão eficiente que resolvi adotá-la como um exercício diário — um tipo de vacina contra os distúrbios nos relacionamentos interpessoais.) Você não precisa acreditar que ela vai funcionar. Precisa apenas agir "como se" ela funcionasse.

O que é esse exercício de transformação? Simplesmente o seguinte: seja especialmente cortês com a próxima pessoa que cruzar o seu caminho. Pode ser o seu chefe. Pode ser o carteiro. Quem quer que seja, pare um momento para cumprimentá-lo, pergunte-lhe algo sobre a família ou os planos para as férias, expresse gratidão por alguma coisa que você esqueceu de mencionar.

Dirigindo a atenção para a sua própria expansão no sentido de se dar aos outros e não de retrair-se, sem julgá-los nem afastar-se deles, você vai perceber que a energia positiva e a harmonia voltam para você multiplicadas várias vezes. Não há necessidade de "atingir o âmago" do problema antes de pôr isso em prática. Você não precisa esperar até amanhã, quando terá "se levantado da cama com o pé direito".

Como a saúde que volta depois de uma doença, a transformação está sempre a distância de apenas um ato espontâneo de bondade.

Se cada dia é um daqueles dias, veja o Problema Profissional Difícil nº 84.

Problema Profissional Difícil nº 84

Estou desesperado. Não agüento mais. Minha vida profissional é um desastre. O que devo fazer?

Antes de agir, faça a si mesmo esta pergunta importantíssima:

HÁ ALGUMA POSSIBILIDADE DE
EU ESTAR LEVANDO AS COISAS
DEMASIADAMENTE A SÉRIO
NESTE MOMENTO?

Se a resposta for não, você não está levando as coisas demasiadamente a sério neste momento, veja o Problema Profissional Difícil nº 100.

Problema Profissional Difícil nº 85

Meu chefe telefona com freqüência para a minha casa à noite, pedindo-me relatórios de emergência que devem estar prontos às 10 horas da manhã seguinte, e eu não gosto nem um pouco disso. Pensei que gostasse do meu trabalho, mas a minha falta de entusiasmo não está revelando algo diferente?

Os momentos de grande heroísmo — passar a noite em claro para terminar um relatório a tempo ou levantar-se de madrugada durante uma semana inteira para fazer a colheita de um produto agrícola particularmente frágil — podem periodicamente acrescentar uma pitada de excitação à vida de qualquer pessoa. O problema surge quando, depois de dar duro, a pessoa se esquece de voltar à condição anterior, à condição de normalidade.

Se você for uma pessoa relativamente sadia no aspecto mental, tentando levar uma vida normal dentro de uma cultura que justifica e exalta um estado perpétuo de crise como prova de compromisso e responsabilidade, não há como negar que você está com um problema. Porém, ao contrário dos seus superiores, colegas e subordinados que perderam a noção correta das coisas, você tem algo mais. Tem sua vida.

Isso é correto. É bom. É algo positivo que vale a pena querer; algo que as boas empresas querem para os seus funcionários; algo que outros empregados, em outras situações, têm.

Depois de se recuperar da sensação de culpa por não concordar integralmente com o programa de trabalho do chefe, comece a encarar o seu desejo de ir para casa numa hora decente, de ter as noites livres para os seus relacionamentos e para relaxar, de ter fins de semana dedicados à criatividade e à diversão como um tipo diferente de heroísmo daquele demonstrado pelos hipócritas bombásticos que passam por heróis na maior parte das organizações.

Liberto da culpa, capaz de respeitar seus desejos como coisas normais, você poderá formar uma noção clara da filosofia do seu chefe e provavelmente da empresa também. Com lucidez, terá condições de agir.

Vamos considerar algumas das possibilidades.

Talvez a sua maneira mais tranqüila de trabalhar esteja de acordo com a filosofia de sua empresa, e você simplesmente teve a infelicidade de ter como chefe o único viciado em adrenalina em toda a empresa. Se o relacionamento entre vocês for bom, você poderia ter uma conversa franca com ele. Diga-lhe que embora você esteja disposto a respeitar o estilo de trabalho dele, acha prejudicial para o seu bem-estar acompanhar o ritmo em que ele costuma trabalhar. Assegure-lhe que evidentemente espera corresponder às expecta-

Equilíbrio e Produtividade   201

tivas, mas que você trabalha mais e melhor quando tem a possibilidade de relaxar e se revitalizar depois do expediente e nos fins de semana. Como o departamento de RH da empresa deve ter inúmeras provas de que isso é verdade — com o número de funcionários que pedem licença médica por causa de *stress* —, será fácil chamar a atenção do chefe.

Converse com ele o mais depressa possível — antes de cair no sarcasmo ou deixar que o ressentimento tome conta de você —, e talvez você até consiga que ele se alie a você na acomodação do seu pedido. O sucesso dessa estratégia depende do valor que ele dá a você e ao seu trabalho — e do quanto ele confia em você para manter seus altos padrões. Talvez não lhe agrade a idéia de ver você ir para casa às cinco e meia e desligar o telefone, enquanto ele e outros membros da equipe continuam a consumir suas energias até altas horas da noite, mas é bem possível que ele passe a respeitá-lo por isso.

Por outro lado, você talvez descubra que ele prefere ter no seu quadro de funcionários pessoas que partilhem do estilo frenético de trabalho. Se você conversar com ele sobre isso diretamente, antes que as divergências ocultas se manifestem sob a forma de briga, ele poderá ajudá-lo a encontrar um cargo num outro setor da empresa, com um chefe cujas considerações a respeito de qualidade de vida correspondam mais de perto às suas.

Se ocorrer, entretanto, que não somente seu chefe, mas toda a empresa esteja perpetuamente em crise, será o momento de você se perguntar se o que você faz para viver vale o sacrifício. Você concorda com a idéia da empresa de que vale a pena sacrificar a vida para abrir um novo mercado para esta ou aquela marca de salame defumado? Acredita que sua empresa tomou as decisões corretas no que diz respeito ao equilíbrio entre o número de funcionários necessários para fazer o trabalho e o investimento em grande salários para as pessoas que estão no topo da pirâmide? Você realmente concorda com os valores da empresa? Acredita na filosofia organizativa e administrativa e na viabilidade da empresa?

Caso não acredite em nada disso, você não deveria estar preocupado com a possibilidade de ser despedido — e sim planejando quando e como se demitir. Esta também poderá ser uma das ocasiões em que terá de dar duro.

Se você decide conversar com o chefe para discutir seus sentimentos e ele lhe diz que a empresa está em pé de guerra e que abandonar o barco nesse momento seria um ato de traição, veja o Problema Profissional Difícil nº 81.

Se você sente que o seu chefe poderia estar disposto a colaborar com você na criação de um bom relacionamento de trabalho, veja o Problema Profissional Difícil nº 82.

Se o seu chefe decide despedi-lo antes que você tenha tido a oportunidade de conseguir emprego numa empresa mais saudável, veja o Problema Profissional Difícil nº 60.

Problema Profissional Difícil nº 86

As coisas estão indo muito bem para mim. Consegui sair da minha antiga empresa um pouco antes de ela falir — e levei comigo seus principais clientes, que formaram a base da nova empresa que abri. Porém, agora meu marido está ameaçando me deixar se eu não conseguir encontrar mais tempo para a minha vida familiar. Como posso fazê-lo diminuir a pressão sobre mim?

Você diz que as coisas estão "indo muito bem" para você. Contudo, esse juízo não pode ser feito isoladamente. Para saber se você pode crer que a sua sorte vai continuar, você precisa examinar não apenas a sua própria vida, mas os efeitos da sua conduta sobre as pessoas que a cercam — sobre os que trabalham com você, seus amigos, sua família.

O *I Ching* esclarece que "se os efeitos forem bons, a boa fortuna certamente se manifestará. Ninguém conhece a si mesmo. É somente pelas conseqüências de suas ações que um homem pode julgar o que o espera".

Quais são os efeitos das suas ações? Existe alegria e luz, inspiração e companheirismo onde você está? No seu cargo anterior, a influência que você exerceu sobre os outros ajudou-os a crescer? Seu sucesso até agora é testemunho das aspirações mais elevadas da humanidade — serviço e apoio — e não das capacidades humanas inferiores — ganância e competição?

Em sua vida familiar, seus relacionamentos são íntegros e saudáveis? Seu cônjuge e seus filhos estão se beneficiando com o relacionamento entre vocês? Seus filhos estão se desenvolvendo harmoniosamente?

Sua vida está dando bons frutos — ou maus?

Somente quando as suas respostas a essas perguntas forem afirmativas é que você vai saber se as coisas realmente estão "indo muito bem" para você e se pode esperar ou não ter sorte no futuro.

Se as respostas a todas essas perguntas forem afirmativas, veja o Problema Profissional Difícil nº 42.

Se você respondeu "não" e agora o remorso não a deixa dormir à noite, veja o Problema Profissional Difícil nº 91.

Problema Profissional Difícil nº 87

Tenho de entregar um relatório amanhã. Para terminá-lo em tempo, não poderei assistir à peça de terceiro ano de minha filha na escola. Ela é apenas membro do coro. O que devo fazer?

Pense:

> QUAL DAS ESCOLHAS TERÁ
> MAIORES REPERCUSSÕES
> DAQUI A CINCO ANOS?

Se você sente que esse incidente é um sinal de que a sua vida é um desastre absoluto, veja o Problema Profissional Difícil nº 84.

Paz Interior e Prática Espiritual

> A influência sobre os outros deve proceder da própria pessoa. Para serem capazes de produzir tal influência, as palavras têm de ter poder; contudo, só poderão tê-lo se estiverem baseadas em algo real, assim como a chama depende do combustível que a alimenta.
>
> — *I Ching*

Problema Profissional Difícil nº 88

Por mais que tente conservar uma atitude otimista, fiquei deprimido com a dificuldade de achar um emprego. Estou condenado?

Quando se trata de conseguir um emprego, há algo muito mais importante do que conservar uma atitude mental positiva. Esse algo é: mandar seu currículo para as empresas.

Para que a coisa dê certo, você não precisa de uma atitude especial — precisa apenas fazer o seu trabalho. Divulgue seu currículo. Dê telefonemas. Participe de eventos e reuniões em seu campo de atuação.

A chave do verdadeiro poder está em respeitar e aceitar todos os seus sentimentos. Não esmague o medo ou a dor somente para aparentar alegria. Entretanto, por outro lado, você não precisa deixar-se levar pelo drama que a situação representa. Evidentemente, é difícil defrontar-se com aqueles momentos na vida em que a gente sente que não pode fazer nada, mas a verdade é que ninguém pode fazer nada, nunca. Você pode ter uma atitude positiva e mesmo assim continuar procurando emprego por muito mais tempo do que inicialmente imaginou; e pode estar deprimido agora — e receber daqui a cinco minutos uma oferta de trabalho que está além dos seus sonhos mais ambiciosos. Este espetáculo não é nem nunca foi comandado por você.

Quando você está empregado e as coisas vão bem, é fácil esquecer disso. Você se torna arrogante, preguiçoso. Pensa que a abundância em sua vida é uma dádiva, uma recompensa pela sua bondade. A dádiva nesse período mais difícil é o fato de você estar mais próximo de vislumbrar a verdade do que jamais esteve antes. Este é o momento — sua preciosa oportunidade de ver além da realidade cotidiana, de ter uma percepção do grande mistério. Ninguém sabe o que vai acontecer a seguir. Boas notícias — ou más? Como você poderia estar em contato com isso e não sentir medo?

Seu erro é achar que o medo significa algo negativo a seu respeito. Será punido se perder a fé? O reconhecimento do seu medo convida o universo a desistir de você? Você tem de acreditar em si mesmo para fazer jus a grandes oportunidades? A verdade é a seguinte: quando se entregar ao mistério, haverá boas novas para você. Pois não são as atitudes positivas ou negativas que criam a realidade. Existem forças muito maiores do que seus estados de ânimo e emoções agindo em sua vida. Você não pode ser suficientemente bom, esforçar-se, merecer o suficiente ou pensar de forma positiva a ponto de assegurar que as coisas ocorram sempre como você quer. Na verdade, o máximo que pode fazer é influenciar positivamente as circunstâncias que o destino lhe apresenta, seguindo o caminho da conduta correta. Isso você pode fazer quer esteja alegre ou triste, ansioso ou cheio de fé.

Persista em seu trabalho diário de procurar emprego e, independentemente do que possa estar sentindo, você irá acumulando pequenos mas numerosos avanços. Todos os dias, aumente o nível de água em seu reservatório. Quando você tiver armazenado o suficiente, ele transbordará e você fluirá sem esforço para aquilo que o espera a seguir.

Se você está adiando seus telefonemas até que seu estado de espírito seja mais favorável, veja o Problema Profissional Difícil nº 47.

Se você receia que nada de bom irá acontecer novamente em sua vida, veja o Problema Profissional Difícil nº 97.

Problema Profissional Difícil nº 89

Sempre acreditei que o caminho mais rápido para a felicidade era ter, fazer e ser o melhor. Agora que tenho, faço e sou, por que não estou feliz?

Pergunte a si mesmo: "Minha ambição é movida por um desejo de me separar dos outros, mantendo-me acima ou distanciado deles?" Independentemente do que você possa conseguir fazer, somente o sucesso que o une aos outros carrega com ele a experiência de realização que você busca.

Você atrairá a felicidade quando for capaz de transformar o desejo de realizar mais do que os outros numa bênção para eles, assim como para você. Estará aberto à felicidade quando se sentir grato pelo fato de o sucesso das outras pessoas poder servir como inspiração para você, ao mesmo tempo que agradece por aquilo que você, também, já alcançou.

Este é um universo de abundância. Há suficiente para todos nós.

Você pode escolher como se relacionar com a sua ambição: irá se enrijecer para proteger ou se tornar mais flexível para receber?

Se precisa de orientação para se tornar mais flexível para receber, veja o Problema Profissional Difícil nº 93.

Se você aspira conectar-se com o seu Eu Superior, veja o Problema Profissional Difícil nº 99.

Problema Profissional Difícil nº 90

Sinto uma ânsia de avançar o tempo todo, realizar cada vez mais. Nunca consigo relaxar. Será que algum dia serei capaz de encontrar a paz?

Ao contrário das pessoas cujo estado de espírito oscila para cima quando as coisas vão bem e para baixo quando elas vão mal, você encontrou o seu próprio ponto de estabilidade: está constantemente ansioso. O reconhecimento desse fato é o primeiro passo para a experiência de relaxamento que você procura.

Da maneira como as coisas se apresentam, você já tem sabedoria suficiente para compreender que vincular sua experiência interior à realidade externa é equivalente a atrair inevitavelmente a derrota. Onde sua sabedoria falhou, entretanto, foi no fato de você ter usado essa informação intuitiva para resignar-se ao denominador comum mais baixo: o medo constante.

É tempo de tomar uma atitude. Você já deve ter experimentado técnicas de controle da tensão. Talvez tenha aprendido a respirar profunda e lentamente, a fechar os olhos e massagear as têmporas. Contudo, mesmo os melhores instrumentos para o domínio do *stress* serão pouco mais do que paliativos, dando-lhe no máximo um alívio temporário, se você não reconhecer que o desafio presente não se relaciona apenas com ritmo e técnica, mas é, no fundo, uma questão espiritual.

Para aspirar à experiência de relaxamento que procura, você terá de encontrar o ponto em seu coração que é capaz, a todo momento, de se conectar com a sabedoria, a objetividade e o equilíbrio, um ponto de estabilidade interior, grande o suficiente para aceitar tudo o que o destino lhe traz.

Os Superempreendedores Anônimos é um ramo da Sociedade para a Excelência Interior, que cuida da recuperação de seus membros. A seguir, apresento uma Oração usada pelos membros da Sociedade.

ORAÇÃO DOS SUPEREMPREENDEDORES ANÔNIMOS

Ajude-me a desistir de desejar, exigir e forjar recompensas específicas no meu trabalho.

Acredito que, embora as coisas estejam confusas e conturbadas neste momento, estou sendo sempre guiado para o meu objetivo superior, da maneira mais rápida e direta possível.

Se a jornada às vezes parece longa e difícil, é porque ainda sou um principiante e tenho muito a aprender.

Quando, devido à inquietação e à frustração, sou tentado a tomar um atalho, sabendo que o mesmo não é compatível com o meu desejo de integridade e honestidade, dê-me lucidez para perceber que uma imitação rápida e forçada produzirá meramente uma ilusão de sucesso.

Quando me decepciono ao longo do caminho, sem raiva, sem revolta contra mim mesmo, sem julgar ninguém, simplesmente faço as correções que me são possíveis. Se não consigo encontrar nada que precisa ser corrigido, ou se chego àquele ponto em que, se eu aumentar o meu esforço, estarei sacrificando a minha vitalidade e bem-estar total, tenho a paciência de esperar.

Peço-lhe que me ajude a ter amor por mim mesmo, em qualquer estágio do processo, confiante em que, sendo eu quem sou, vindo de onde venho, e nas circunstâncias presentes em minha vida, estou sempre fazendo o melhor que posso.

Quando me defronto com a privação, transformo a raiva em gratidão pela prática diária que você me deu sob a forma do meu emprego — uma experiência que me proporciona a oportunidade de lançar minhas raízes profundamente no solo para melhor apoiar o propósito superior que você destinou para mim.

AMÉM

Problema Profissional Difícil n° 91

Tenho um problema no trabalho que está me impedindo de dormir à noite. Quanto menos durmo, menor é a minha clareza mental. O que posso fazer para voltar a dormir bem antes de a questão ser resolvida?

Quando você está com um problema, seu cérebro analítico fica repassando programas que visam localizar as soluções e repercussões possíveis, as hipóteses mais catastróficas e assim por diante. Dizer a si mesmo que você deve parar de pensar sobre o problema para conseguir dormir tem aproximadamente o mesmo resultado que dizer a si mesmo para não pensar num elefante cor-de-rosa.

Portanto, o que fazer? Você talvez não seja capaz de parar de pensar na questão que está enfrentando, mas tem a possibilidade de tirar o pensamento do hemisfério esquerdo do seu cérebro, o hemisfério analítico, e entrar em contato com os recursos interiores do hemisfério direito, o hemisfério espiritual-intuitivo. A função do hemisfério esquerdo é processar informações; já o hemisfério direito do cérebro tem a capacidade de se desapegar das coisas. O hemisfério esquerdo age para manter o controle; o hemisfério direito pode ajudá-lo a encontrar uma perspectiva mais ampla. Em outras palavras, o hemisfério direito do cérebro pode ajudá-lo a dormir.

Existe uma forma eficaz de inverter os canais, do lado esquerdo para o direito?

Sem dúvida. É o que se chama de rezar.

A oração reestrutura os circuitos mentais, rompendo os sistemas secundários de *feedback* negativo e permitindo ao ser humano contatar um material mais profundo. Geralmente, esse material mais profundo assume o comando enquanto você dorme, sob a forma de sonhos que resolvem seus problemas no nível do subconsciente. Também é possível que você mergulhe num sono aparentemente sem sonhos, para acordar de manhã com uma solução nova e criativa em sua mente.

A oração é um instrumento eficiente no mundo dos negócios e sua prática deveria ser uma exigência para todos os alunos de pós-graduação em administração de empresas. (E antes que você ria dessa idéia, saiba que toda a vanguarda dos professores nas faculdades de administração de empresas das universidades de Stanford e Harvard, entre outras, têm adotado disciplinas espirituais em seus cursos em caráter experimental, como parte de um arsenal mais amplo de técnicas de desenvolvimento do hemisfério direito do cérebro.)

Que oração você deve usar? Sugiro que acenda a luz, pegue papel e caneta e escreva a sua própria.

A seguir, apresento um formato simples, inspirado numa oração usada nos programas de doze etapas, que vai lhe permitir começar exatamente onde você está — com seu hemisfério esquerdo do cérebro chegando às raias da demência — e concentrar sua energia numa direção mais vital. Você poderá rezar segundo esta forma sempre que a ocasião o exigir, ou rezar orações de sua própria criação.

Preparação para uma Oração Formada pela Vida

Em primeiro lugar, responda às perguntas abaixo,
preenchendo os espaços em branco:

PARTE UM

A questão mais importante em minha mente esta noite é:

(a) _____

Em relação a esse problema, sinto que:

(b) _____

(Descreva sua dificuldade: "estou confuso", "fracassei", "fiz besteira", "estou perdido".)

Quando penso nessa questão, as emoções que sinto são:

(c) _____

(Raiva, vergonha, medo, etc.)

Dou à Presença Maior o nome de:

(d) _____

(Deus, universo, eu superior, sorte, etc.)

Agora você está preparado para escrever sua primeira prece. Pegue suas respostas da Parte Um e coloque-as nos espaços em branco adequados.

Minha Oração Formada pela Vida

Amado (d) _____

Este sou eu. São estes os meus problemas. Esta noite estou particularmente preocupado com (a) _____.

Em relação a essa situação, fiz o que podia e admito que

(b) _____. Sinto (c) _____ a respeito dessa questão e do meu papel nela. Não sei mais o que fazer sobre isso. Na verdade, desisto.

Portanto, (d) _____, é Sua vez agora.

Pego (a) _____

e minha (c) _____

e os coloco em Suas mãos, confiando em que Você fará o melhor para mim e para todas as pessoas envolvidas. Descanso tranqüilo, sabendo que, enquanto durmo, Você está criando possibilidades para mim, que se originam fora de minhas expectativas existentes e experiências passadas.

Estou em paz.

AMÉM

Quando tiver terminado a sua oração, leia-a tantas vezes quantas julgar necessário, até realmente sentir as palavras e acreditar nelas. Na hipótese mais grave, você poderá ler a prece durante toda a noite. Ainda assim, estará melhor do que estaria se tivesse passado a noite inteira acordado se preocupando.

Contudo, o resultado mais provável é que, uma vez tendo "absorvido" a oração, você comece a relaxar naturalmente e sem esforço. Vai se sentir agradavelmente sonolento. Quando isso acontecer, ponha de lado a caneta e o papel e apague a luz.

Se o seu cérebro ainda quiser trabalhar, deixe sua mente percorrer ao acaso toda a extensão da sua prece. Talvez haja uma frase que realmente o atinja. ("Estou em paz", ou "Eu os coloco em Suas mãos", ou "É a Sua vez" são boas possibilidades.) Repita-a até adormecer.

Se der o melhor de si à prece e ainda assim não conseguir obter uma boa noite de sono, veja o Problema Profissional Difícil nº 92.

Problema Profissional Difícil nº 92

Estou no fim da minha resistência. Fiz tudo o que sabia fazer e não cheguei a lugar nenhum. Socorro!

Quanto mais disposto você estiver a desafiar o *status quo*, mais depressa chegará aos limites do seu grau atual de capacidade e se encontrará num terreno novo e estranho — com freqüência nos níveis exterior e interior ao mesmo tempo. Esse estado de perplexidade não é sinal de que há algo de errado com você, mas de que você está agindo corretamente.

Infelizmente, saber disso não diminui o incômodo que você está sentindo neste momento. Você se acostumou a trilhar seu próprio caminho, a navegar dentro de limites que lhe são familiares, usando os instrumentos e a capacidade que se mostraram úteis no passado. É horrível admitir que tudo aquilo

Paz Interior e Prática Espiritual

que funcionou tão bem numa outra época não funciona mais agora. A última coisa que você deseja é admitir isso e pedir ajuda. Entretanto, o *I Ching* nos alerta para o fato de que "se um homem tentar caçar numa floresta desconhecida sem um guia, ele se perderá".

Nessas circunstâncias, não é nenhuma desgraça buscar ajuda externa: um consultor administrativo, um terapeuta, um instrutor, um amigo.

"Obrigar-se a dar o primeiro passo, mesmo quando este envolve um certo grau de abnegação pessoal, é um sinal de clareza interior. Aceitar ajuda numa situação difícil não representa uma tragédia. Se a pessoa certa para ajudá-lo for encontrada, tudo irá bem", aconselha o *I Ching*. "Nem um falso orgulho nem uma falsa reserva deveriam nos deter."

Como fazer para encontrar "a pessoa certa para ajudá-lo"? Você tem razão de ter medo que, abrindo-se com alguém, você possa estar deixando que essa pessoa tenha poder sobre você. Seu guia, protegido pelo disfarce profissional, parecerá sábio e forte, enquanto você estará sendo forçado a confrontar as partes do seu território interior que são fracas e nebulosas.

A melhor maneira de evitar que a outra pessoa tenha poder sobre você é compreender que, por mais grave que seja a situação na qual você se encontra, está buscando ajuda de livre e espontânea vontade e não devido ao desespero. Você trilha o caminho do herói e não da vítima. Não *precisa* tomar medidas drásticas para assegurar a sua sobrevivência. Ao contrário, busca apoio e orientação em sua corajosa jornada pela vida, baseado na força e na humildade. A diferença está em que a *necessidade* provém do medo, enquanto o caminho que você escolheu é motivado pela inspiração.

Quando se sente inspirado a procurar ajuda, você tem em mente que a sua tarefa suprema é estar sempre em contato íntimo com o seu próprio conhecimento interior.

Você não deve jamais permitir que o seu consultor-orientador-terapeuta se introduza entre você e o seu eu superior. Nenhum ser humano nessa posição detém o segredo da sua felicidade. Ao contrário, o guia certo para você será alguém que facilite a sua comunicação íntima com a sua sabedoria interior.

Confúcio nos ensina que o homem superior conhece a força e também a fraqueza; "Por isso, todos os seres o procuram".

Se você busca freneticamente a paz interior, veja o Problema Profissional Difícil nº 96.

Se você sabe que precisa de ajuda, mas não consegue se decidir entre as muitas opções de que dispõe, veja o Problema Profissional Difícil nº 49.

Se está tão entusiasmado com a sua terapeuta que mal consegue esperar para contar a todas as pessoas que trabalham com você o quanto ela poderia ajudá-los também, veja o Problema Profissional Difícil n° 40.

Problema Profissional Difícil nº 93

Medito todos os dias, mas ao enfrentar a condução de manhã para o trabalho já estou ansioso e tenso — e essa situação vai piorando ao longo do dia. O que estou fazendo de errado?

O *I Ching* afirma que o problema de alcançar a serenidade tem ocupado a humanidade desde tempos remotos.

Uma das maneiras de conseguir um coração sereno é a meditação. Ela é um instrumento útil para educar a mente dispersiva, fazendo-a permanecer concentrada naquilo que você está fazendo, quer seja respirar na posição do lótus ou digitar um relatório complicado num escritório barulhento. Aquietando a mente, você pode também abrir espaço para intuições e percepções que, de outra forma, ficariam perdidas em meio à atividade que abarrota o restante de seu dia.

Entretanto, a meditação, por mais agradável e eficiente que seja em si mesma, pode se mostrar às vezes um amigo inadequado nas horas difíceis, quando você se confronta com as realidades da vida diária. O desafio é pôr em prática a lição de um coração sereno, aprendida durante a meditação, e levá-la do seu local de recolhimento para o escritório. A melhor maneira de fazer isso é praticar sua meditação segundo um ponto de vista mais amplo e vital.

Uma abordagem mais favorável à conservação de uma perspectiva espiritual poderá ajudá-lo em sua transição. Os "Sete Passos para a Excelência Interior", que se seguem, traduzem princípios espirituais em ações práticas. Esses passos podem ser incorporados ao seu ritual particular pela manhã, juntamente com a prática da meditação. Além disso, você pode voltar a eles periodicamente no decorrer do dia, para reafirmar sua fé quando e onde isso for mais necessário.

Sete Passos para a Excelência Interior

1. Renuncio à ilusão de ser capaz de controlar tudo o que acontece comigo e com as pessoas que eu amo.
   Eu aceito.
2. Confio no universo, acreditando que as forças que nele estão em jogo vão além da minha compreensão e me beneficiam em todos os momentos da minha vida.
   Eu confio.
3. Estou disposto a aceitar tudo o que eu sou, inclusive meus medos e limitações, e compreendo que para ser bem-sucedido preciso primeiro estar integralmente vivo.
   Eu me disponho.
4. Para alcançar meus objetivos, eu dou tudo o que tenho, lembrando-me que "tudo" inclui um tempo para cuidar de mim mesmo, num ritmo que contribua para a minha vitalidade total.
   Eu me dou.
5. Agora estou preparado para pedir a realização dos meus desejos mais profundos. Faço em voz alta as minhas súplicas, seguro de que o universo quer que eu tenha tudo o que preciso para viver uma vida de sucesso e abundância.
   Eu peço.
   (Neste momento diga três coisas que gostaria que o universo lhe desse.)
6. Estou receptivo às possibilidades que vêm de fora das minhas expectativas e experiências atuais.
   Eu recebo.
7. Tenho coragem para fazer o que se apresenta a seguir, com gratidão pelo fato de o meu eu de todos os dias ser suficiente.
   Eu sou suficiente.

Se você decidir reunir-se com outras pessoas, formando um grupo de apoio ou de colaboração, ou talvez ligar-se a outros membros da Sociedade para a Excelência Interior em sua comunidade, descobrirá que é inspirador e útil trabalhar esses passos por meio da leitura em voz alta.

Faça o seguinte: escolha um voluntário para ler os passos em voz alta. Depois de cada passo, o grupo irá reafirmá-lo em uníssono, dizendo em voz alta as palavras que estão em negrito. Ao chegarem no passo nº 5, cada um dos membros do grupo, a começar pelo líder voluntário, pedirá três coisas que gostaria que o universo lhe desse. Depois, o grupo como um todo confirmará cada pedido com as palavras "Nós o ouvimos".

Quer esses passos sejam trabalhados em grupo, quer o sejam individualmente, os "Sete Passos para a Excelência Interior" o colocarão de volta em terreno sólido, aumentando sua capacidade de reagir bem a qualquer incidente que o seu dia de trabalho lhe apresentar. As coisas nem sempre serão como você quer; porém se você acreditar que as forças que estão em ação são mais poderosas do que a limitada perspectiva humana é capaz de compreender, a ansiedade e a tensão irão diminuir.

Você será deixado consigo mesmo, para se apresentar em sua melhor forma. Despido de ilusões de grandeza, se mostrará tão lúcido e criativo quanto possível — o quanto for necessário para chegar ao melhor resultado possível. Você terá conseguido um coração sereno.

Problema Profissional Difícil nº 94

A espiritualidade é bobagem. Caia na realidade! O que você tem a dizer sobre isso?

Vocês, que chamam a espiritualidade de "bobagem", acham que têm uma compreensão mais sólida da realidade do que o restante de nós. Aqueles dentre vocês que são "realistas" retratam a espiritualidade como uma espécie de superficialidade sorridente — uma tentativa infantil de lidar com os desafios que a vida apresenta, adotando costumes de escola dominical e apelando ingenuamente para a bondade dos homens. Aqueles dentre vocês que são "puristas" confundem a espiritualidade com as armadilhas de alguns aspectos das religiões institucionalizadas, acreditando que levar coração e alma ao ambiente de trabalho significa impingir as próprias crenças a espectadores inocentes. Vocês que são "autodidatas" e "auto-suficientes" argumentam que só vocês têm a estrutura necessária para seguir o seu caminho sozinhos, enquanto os fracos recorrem às imagens espirituais como um refúgio para as dores e dificuldades da vida.

Entre os que se sentem "apreensivos" quanto à espiritualidade no mundo dos negócios encontra-se Tom Peters, autor de *In Search of Excellence*; recentemente, ele escreveu um artigo sobre as suas reservas quanto a essa questão, que foi publicado em *Executive Edge*, um boletim dedicado a administradores de empresas. Em seu ensaio, intitulado "Spirituality in Business: A Negative Vote" [Espiritualidade nos Negócios: Um Voto Negativo], Peters distingue entre o "fortalecimento" e a "espiritualidade". O desempenho de pessoas e organizações fortalecidas, de acordo com Peters, tem um toque de vigor e virilidade, ilustrado por pessoas como o falecido Bill McGowan, chefe da MCI, e o antigo presidente da CNN, Burt Reinhardt. As organizações fortalecidas são, "em grande medida, um subproduto de um trabalho ético, responsável, cheio de espírito e entusiasmo".

Por outro lado, Peters descreve a espiritualidade como um paternalismo empresarial, que põe os empregados no colo em vez de exigir deles padrões elevados de desempenho, tudo isso alimentado por uma retórica complacente que deveria ser antes deixada em casa do que introduzida no ambiente de trabalho.

"Quando o assunto é o lado espiritual da liderança, tenho vontade de sair correndo", escreve Peters.

"É suficiente que eu me entregue de corpo e alma ao trabalho, respeite colegas, clientes e fornecedores, e desempenhe minhas funções com imaginação, eficiência e bom humor. Por favor, não me peçam para fazer parte do Clube do Canto Gregoriano também."

Ironicamente, eu gosto da descrição que Peters faz das empresas e pessoas fortalecidas. Na superfície, não encontro nenhuma discrepância entre as filosofias empresariais fortes, dedicadas, inspiradas, cujo perfil ele traça, e o tipo de espiritualidade madura que muitos defensores do novo paradigma praticam. De fato, por meio da descrição de alguns de seus heróis profissionais mais rabugentos, Peters revela inadvertidamente um apreço por qualidades que são, por sua própria natureza, espirituais.

Peters afirma que não "liga a mínima" para o fato de as pessoas que ele respeita, como o diretor executivo da G. E., Jack Welch, serem profundamente espirituais ou não. Porém, *espiritualidade*, segundo o *The American Heritage Dictionary*, deriva da palavra *espírito*, que significa simplesmente "o princípio vital ou a força motriz que tradicionalmente se acredita estar dentro dos seres viventes".

Poucos discordariam se eu dissesse que uma pessoa não pode ser forte, viril, inspirada ou apresentar qualquer uma das outras qualidades que Peters admira, a menos que seja um ser vivente, que traz dentro de si um princípio vital ou força motriz.

O que importa não é saber se nós somos ou não seres espirituais, mas sim as crenças que nós, enquanto seres espirituais, defendemos e encarnamos. Joseph Campbell ensinou que as crenças da pessoa sobre a natureza do trabalho e da vida determinam a maneira como ela lida com a carreira. Se para você este é um universo de castigos e recompensas, você será atraído pelos modelos de autoridade externa baseados no antigo paradigma. Se você acredita num universo amoroso, que trabalha para que você seja bem-sucedido, estará aberto aos modelos do novo paradigma, que fortalecem o indivíduo.

Neste mundo, os seres devoram uns aos outros? Nesse caso, os negócios serão como uma guerra. Ou será que a natureza humana é essencialmente boa e amorosa? Nesse caso, o ambiente de trabalho irá valorizar a comunicação e o trabalho em equipe. Quer isso nos agrade, quer não, todos acreditamos em alguma coisa. Contudo, quando sua visão de mundo é inconsciente, você se torna uma vítima de suas próprias crenças.

A alternativa que lhe resta é trazer suas crenças à consciência, por meio da honestidade e da auto-avaliação. Somente assim você será capaz de escolher as suposições e crenças que irá adotar, as quais darão um determinado matiz às suas decisões e à sua conduta no trabalho e na vida.

Se você decidir adotar os princípios espirituais apresentados neste livro e praticá-los no emprego, correrá o risco de ser malcompreendido por alguns — mas terá uma vida profissional extraordinária.

A criação de uma cultura empresarial na qual as pessoas são encorajadas a fazer uso dos seus recursos interiores e são libertadas das limitações da autoridade externa arbitrária — tornando-se assim capazes de tomar decisões profissionais melhores, encontrar as soluções mais criativas e assumir riscos — é a expressão dessa espiritualidade: a própria antítese do paternalismo empresarial. Quando as empresas se fundam sobre bases éticas e morais, derivadas do desejo genuíno de servir à comunidade mais ampla, isso se relaciona com a expressão do princípio vital inerente às pessoas — e não com o rebaixamento dos padrões de desempenho. O sacrifício das necessidades e desejos pessoais, com o objetivo de defender alguma coisa maior do que nós mesmos, é o resultado de uma espiritualidade madura — não tem nada que ver com "pegar os empregados no colo". Além disso, o uso de palavras que revelem pensamentos e sentimentos autênticos e a partilha de intenções honestas requerem de uma pessoa que ela escale os picos da coragem espiritual; não se trata de uma saída fácil e infantil.

Em parte, Peters não gosta da espiritualidade porque ele, como muitos outros que reagem negativamente à aplicação de princípios espirituais no ambiente de trabalho, resiste e se opõe à introdução das religiões organizadas nas empresas. Contudo, a espiritualidade nada tem que ver com canto gregoriano ou com trabalho missionário (embora evidentemente ela possa incluir essas expressões religiosas).

A verdadeira questão quanto à espiritualidade é saber se você está disposto a realizar o trabalho pesado prescrito nas páginas deste livro, a se tornar consciente dos seus processos interiores — isto é, trazer à luz suas crenças inconscientes, libertando-se das que deixaram de ser úteis para você e identificando maneiras novas e mais profundas de se relacionar com o ambiente de trabalho, a vida e o universo.

Ralph Waldo Emerson dizia que todas as pessoas têm de fazer uma escolha essencial: têm de escolher entre a verdade e o repouso.

Aquele que optar pelo repouso "vai aceitar o primeiro credo, a primeira filosofia, o primeiro partido político que encontrar – provavelmente os de seu pai. Com isso, ele obterá descanso, comodidade e reputação; mas fechará as portas da verdade".

"Aquele em cujo íntimo o amor à verdade predomina... submete-se à inconveniência da dúvida e da opinião imperfeita, mas torna-se um candidato à verdade, o que não ocorre com o outro."

Se você escolhe o amor à verdade, preferindo-o ao repouso, acaba por libertar-se de todos os laços que o mantêm preso.

Você se desliga da realidade convencional, mas passa a respeitar as leis mais elevadas do seu próprio eu.

Não se pode ter a verdade e o repouso ao mesmo tempo.

Se você escolher a verdade, vai trilhar um caminho muito mais difícil. Estará com freqüência totalmente envolvido pela luta — consigo mesmo, com o universo e com Deus.

Sua vida será uma vida de perguntas, e não de respostas.

No geral, você estará sozinho.

Seu caminho o levará ao vazio.

Com freqüência você será envolvido pela mais absoluta escuridão.

Conhecerá o desespero.

Diante disso, por que abandonar a segurança e mergulhar no desconhecido da espiritualidade?

Porque essa é uma maneira de ser na vida que abre um grande espectro de possibilidades.

Se você sentir que a vida é mais do que as coisas que você já conhece — se estiver começando a compreender que não faz sentido continuar fazendo coisas que nunca deram certo —, qual é a sua alternativa?

Se você acha que as pessoas que acreditam nessas coisas estão seriamente necessitadas de ajuda psiquiátrica, veja o Problema Profissional Difícil nº 40.

Problema Profissional Difícil nº 95

Por um lado, eu quero alcançar o sucesso no mundo em grande estilo — mas, por outro, quero dispor do tempo e espaço necessários para que eu me desenvolva espiritualmente. Qual das duas coisas é a melhor?

Não existe uma resposta universal para essa pergunta. Aliás, a verdadeira pergunta não é: Qual delas é a melhor? Mas sim: Como eu defino espiritualidade? Quando você tiver respondido sozinho a essa pergunta, saberá o que é correto para você. O homem superior pode elevar-se às alturas e desempenhar um papel importante no mundo — ou recolher-se à solidão e se desenvolver.

O *I Ching* nos ensina que todos devem escolher livremente, de acordo com a lei interior de cada um: "Se a pessoa agir com coerência e for sincera consigo mesma, encontrará o caminho apropriado. Esse caminho será correto para ela e não implicará culpa."

O que a espiritualidade significa para mim? Depois de refletir cuidadosamente durante vários anos, cheguei à conclusão sincera de que a espiritualidade é simplesmente a parte de mim que aspira à realização.

A espiritualidade se manifesta para mim como uma espécie de "saudade" constante e sem motivo — uma aspiração agridoce que passei a prezar ainda mais do que o que eu costumava chamar de felicidade. Na época em que o meu objetivo fundamental era ser "feliz", eu investia grande parte da minha energia vital na proteção do meu frágil bem-estar, defendendo-o de influências externas. Eu me isolava do perigo representado pelos relacionamentos íntimos; meu interesse nas outras pessoas limitava-se àquilo que elas podiam fazer por mim. Minha diversão predileta era a fofoca — uma afirmação competitiva de minha posição no mundo, por meio da comparação entre níveis de sucesso.

Eu trabalhava bastante — com freqüência prejudicando-me a mim mesma — para obter as coisas que eu considerava capazes de me fazer feliz — coisas como casas, empregos, contratos prestigiosos. Entretanto, uma vez que a "felicidade" assim conseguida vinha de fora de mim, ela também era passível de ser destruída por fatores externos. A felicidade que um dia prezei tanto transformou-se num amigo inconstante e pouco confiável — presente quando o sol estava brilhando, mas que me abandonava ao primeiro sinal de chuva.

Quando decidi que a minha felicidade seria fortalecida pela espiritualidade, meu relacionamento com as outras pessoas e com o mundo ao meu redor se aprofundou. Expandi meus horizontes emocionais, incluindo neles um sentimento de compaixão e empatia pelos meus semelhantes. Em resumo, atualmente passo mais tempo sentindo dor — não apenas a minha própria, mas também a do mundo exterior a mim. Trata-se de um estado que passei a considerar como um estado de "vida plena".

Uma vez que é assim que eu percebo a espiritualidade, trilho agora um caminho de autodesenvolvimento que me exige mergulhar na corrente da vida, e não me afastar dela. Embora eu ainda sinta muitas vezes o impulso emocional de recuar, de me isolar da vida diária, compreendo que para mim esse desejo contém um elemento de escapismo. Talvez eu sempre estarei sujeita ao impulso de me proteger; tenho de me manter firme para me assegurar de que não irei usar de forma incorreta meus objetivos espirituais.

Embora a minha fantasia seja nada menos do que flutuar livremente no néctar da união com o universo — sem quaisquer preocupações ou obrigações, e sem outra responsabilidade que não a de sentir o amor universal correndo em minhas veias —, atualmente tenho dois filhos crescendo sob os meus cuidados, marido, amigos e família que me desafiam a me elevar espiritualmente, traduzindo minha compaixão universal em atos de bondade particulares e localizados.

Neste momento, sei que o meu trabalho é procurar alimento espiritual, da melhor maneira e o mais freqüentemente que me for possível e ampliar os limites da minha consciência superior, aplicando o conhecimento que me é revelado na minha vida e, assim espero, nas vidas daqueles com quem estou em contato. Embora eu passe uma boa parte do meu tempo anotando as minhas reflexões, meditando, andando ao ar livre e lendo livros de filosofia, minha perspectiva agora é a de me desenvolver com o objetivo de oferecer mais de mim mesma *ao* mundo. Em outras palavras, descobri que não precisa haver discrepância entre o desempenho de um papel ativo no mundo e o desenvolvimento espiritual.

Com freqüência, eu digo que quando uma pessoa aplica a espiritualidade ao mundo dos negócios, sua carreira floresce. Neste caso, o inverso também é verdadeiro: Se você deixar a espiritualidade entrar no seu trabalho, isso também dará a ela uma oportunidade de desabrochar.

Se você está desapontado por não ter um emprego que reflita a profundidade do seu anseio espiritual, veja o Problema Profissional Difícil nº 59.

Problema Profissional Difícil nº 96

Estou ansioso para encontrar a paz interior. Comprei 14 livros sobre o assunto e recebi dezenas de folhetos oferecendo cursos, mas sinto-me confuso. Por onde devo começar?

Você é tão ambicioso no caminho espiritual quanto é na carreira. Não sabe que o desejo — mesmo de algo nobre como a paz interior — facilmente faz nascer a ansiedade?

Sua prática espiritual deve ser simplesmente a seguinte: relaxe. Não se apresse. Espalhe os livros e folhetos diante de si e apenas permaneça na companhia deles. Sente-se silenciosamente na presença deles, sem abrir uma única página ou ler uma só palavra. Deixe a própria existência deles influenciá-lo.

Quando conseguir se sentir calmo — depois de uma hora, uma semana ou um ano — aí sim poderá pegar um deles. Se nenhum o atrair mais do que os outros com os olhos abertos, estenda o braço na direção deles com os olhos fechados. Não há certo ou errado em relação a isso. Confie em seus instintos. Simplesmente faça contato com eles.

Aproxime esse livro ou folheto do seu coração e deixe que ele se dê a você. Não o abra nem leia. Em vez disso, sente-se em silêncio e sinta-lhe a presença. Quando perceber que ele está lhe transmitido sua sabedoria — quer isso leve uma hora, uma semana ou um ano —, então poderá abri-lo.

É só quando tiver renunciado à sua ambição que você poderá lê-lo com confiança.

Agora você está preparado para começar. Comece em qualquer ponto do livro — abra as páginas ao acaso. Leia uma única palavra. Uma frase. Um parágrafo. Leia lentamente e com atenção. Aprecie a sabedoria que as palavras contêm — não por causa do que elas farão por você, mas sim por tudo que você tem dentro de si para oferecer a elas.

Esse é o caminho para encontrar aquela paz interior que não dura apenas uma hora, uma semana ou um ano — mas que permanecerá com você para sempre.

Se você se sente ansioso o tempo todo, veja o Problema Profissional Difícil nº 99.

Problema Profissional Difícil nº 97

Fui despedido depois de muitos anos. Minhas perspectivas de um emprego ou salário equivalentes são mínimas. Como manter um estado de ânimo positivo enquanto procuro outra coisa?

Segundo o *I Ching,* enquanto a natureza íntima do homem permanecer interiormente mais forte e mais rica do que qualquer coisa que o destino lhe ponha no caminho, a boa sorte não o abandonará. Para o homem superior tudo é motivo de crescimento — mesmo a queda.

Num momento como esse, quando lhe é negado um papel externo a ser desempenhado no mercado de trabalho, o homem superior aproveita a oportunidade para refinar seu caráter. O *I Ching* explica que ele é como um poço sendo revestido de pedras. É verdade que o poço não poderá ser usado enquanto o trabalho estiver em andamento, "mas este não será feito em vão; o resultado é que a água permanece limpa. Na vida também há momentos em que um homem precisa colocar-se em ordem".

Durante esse tempo ele nada poderá fazer pelos outros, porém o seu trabalho não será menos importante porque, ao desenvolver seus poderes e capacidades por meio do crescimento interior, ele se tornará capaz de realizar muito mais no futuro.

A que tipo de trabalho o *I Ching* está se referindo? O trabalho difícil de aceitar um novo desafio — um desafio interior, maior do que qualquer outro que você tenha enfrentado no passado. "Nós não devemos nos preocupar nem procurar moldar o futuro, abstendo-nos de interferir nas coisas antes do momento correto. Devemos fortalecer tranqüilamente o corpo físico, com comida e bebida, e a mente, com a gratidão e a alegria. O destino se manifestará no devido tempo e assim estaremos preparados."

Permanecer contente — parar de se preocupar, de forçar as coisas, de antagonizá-las — é o trabalho difícil que o *I Ching* lhe pede para fazer. Mas como, e a pergunta se justifica, você poderá encarar com seriedade sua vida e suas responsabilidades sem sofrer ou lutar para sair das terríveis dificuldades em que se encontra e voltar ao normal tão depressa quanto possível?

A resposta está no conceito de duração. Segundo o *I Ching*, duração é o "movimento de auto-renovação de um todo organizado e firmemente integrado". Antes que se possa recomeçar, é preciso chegar ao fim. Isso se faz por meio de um movimento para dentro ou de contração. Quando o final é atingido, o mesmo movimento transforma-se num novo começo; esse movimento é então dirigido para fora, torna-se expansivo.

Na natureza podemos observar a duração no processo da divisão celular, na metamorfose da lagarta em borboleta, a cada vez que respiramos, inspirando e expirando o ar dos nossos pulmões.

Afastar-se da vida pública, seja por escolha própria ou por força do destino, e render-se à duração, não representa um estado de repouso. Ao contrário, a duração corresponde à criatividade em seus níveis mais profundos — significa *aceitar* as circunstâncias, e não *ir contra elas*. Quando se tem de reagir a uma crise como a que você descreve, dar-se tempo e espaço para alimentar o espírito, em seu nível mais elevado, é o caminho mais rápido e direto de volta ao papel ativo no mundo exterior que você espera retomar na própria vida. Essa é a lei do movimento que acompanha a linha de menor resistência.

Meu amigo John é um bom exemplo disso. Eu o conheci quando ele acabava de ser dispensado de seu cargo de consultor administrativo numa empresa industrial de renome. Estava deprimido e ansioso. Um amigo lhe deu o meu livro *Excelência Interior* para ler. John ficou tão entusiasmado com a idéia de se relacionar espiritualmente com o trabalho que seu primeiro impulso foi me pedir emprego. Tomou um avião e veio me conhecer.

A proposta de John era desenvolvermos juntos palestras com o objetivo de levar esse material às empresas. Tratava-se de uma grande idéia, mas nem ele nem eu tínhamos o capital necessário. Eu já estava escrevendo este livro e ele não tinha condições de investir nem o tempo nem os recursos necessários para dar início a esse tipo de atividade.

Sua decepção foi grande, mas nesse momento, sustentado pelos princípios espirituais da excelência interior, John refreou a autocomiseração.

Enquanto continuava a procurar um novo emprego, ele alimentava o entusiasmo que a idéia de um *workshop* sobre administração espiritual de empresas havia despertado nele. Como seu histórico profissional estivesse ligado ao setor industrial, sentia-se particularmente motivado pela percepção da relação que existe entre os princípios administrativos baseados no novo paradigma e a preocupação com a preservação do meio ambiente. John não sabia como essa idéia poderia ser posta em execução, nem mesmo se viria a se concretizar, mas ele confiava em seu espírito, permitindo-se apreciar o caos da criatividade interior sustentada pela fé.

À medida que ampliava seus contatos, ele ia tornando conhecidas suas credenciais como consultor administrativo — mas seu entusiasmo fluía mais livremente quando ele comunicava seu amor pela transformação. De fato, ao longo do caminho, enquanto comparecia a todos os eventos empresariais que apareciam, ele conseguiu sugerir a quase toda a população de Denver que lesse o meu livro. Escreveu a respeito dessa obra a funcionários do governo, a pessoas de destaque no mundo dos negócios, a centros de convenções. Foi o maior responsável pela colocação do livro na lista dos mais vendidos em pelo menos um veículo de comunicação da imprensa em Denver.

Continuou nessa linha de atuação por meses a fio. Eu sabia que seus recursos financeiros eram limitados e logo iriam se esgotar. Finalmente, recebi um telefonema de John.

Paz Interior e Prática Espiritual

Ele tinha levado as coisas o mais longe que conseguira — e ainda não havia uma oferta sólida de trabalho em vista. Todas as empresas em que podia pensar haviam recebido seu currículo. John telefonara para elas tantas vezes que, se ligasse novamente, estaria sendo inoportuno. Seu telefone continuava mudo.

Entretanto, ele tinha uma idéia e queria o meu conselho. Em seus dias de executivo, tinha viajado tanto que agora tinha direito a uma passagem aérea de ida e volta para qualquer lugar do mundo. O que eu achava de ele fazer uma viagem de duas semanas para visitar Portugal? Como estávamos numa época de baixa estação, ele poderia hospedar-se naquele país sem gastar muito. Conhecer Portugal era um sonho que John acalentara durante toda a sua vida. Porém, partir naquele momento, em meio ao processo de procura de emprego, estava em desacordo com todos os preceitos da filosofia contemporânea de motivação para o sucesso.

Senti-me inspirada a contar-lhe a história do poço sendo revestido de pedras; ao ouvi-la, ele tomou a decisão de viajar. Ele já tinha feito tudo o que podia. Exteriormente, empenhara-se em divulgar a informação de que estava disponível para o trabalho. Interiormente, havia explodido em criatividade e agitara uma grande quantidade de limo. Agora era o momento de deixá-lo assentar.

Não tive notícias de John depois daquelas duas semanas em Portugal. Na verdade, nada soube dele durante vários meses.

Finalmente, recebi uma carta. Tratava-se de um aviso de mudança de endereço acompanhado de uma nota. Ao chegar de volta a Denver, ele encontrou uma mensagem na secretária eletrônica, deixada por uma das pessoas a quem havia recomendado *Excelência Interior*. Segundo a mensagem, havia uma pessoa que John tinha de conhecer. Tratava-se de um ativista ambiental. Ele procurava alguém que não apenas estivesse qualificado para atuar na área de consultoria administrativa, mas tivesse paixão pela transformação; essa pessoa iria assumir as rédeas de uma prestigiosa organização ambiental e dirigi-la segundo os princípios do novo paradigma.

Era um emprego que ultrapassava os sonhos mais ambiciosos de John. Ele não teria sido capaz de imaginar um cargo como aquele — e contudo, ao olhar para trás e analisar o ano que passara desempregado, percebeu que tinha se preparado o tempo todo para um trabalho desse tipo.

Ao suportar um período como esse com alegria — sem se deixar oprimir por ele —, você leva a sua agilidade ao máximo. Como John, você deve permanecer alerta, pronto para perceber e reagir bem aos primeiros sinais de transformação — compreendendo que o final foi alcançado pelo movimento interior e se tornou, de acordo com a lei cósmica, um novo começo.

Se você olha à sua volta e fica bravo porque outras pessoas conservaram seus empregos, enquanto você perdeu o seu, veja o *Problema Profissional Difícil nº 89*.

Se você não sabe mais o que fazer quanto à possibilidade de ser despedido, veja o *Problema Profissional Difícil nº 92*.

Se você sente que o seu impasse não tem solução, veja o *Problema Profissional Difícil nº 100*.

Se não consegue manter uma atitude positiva, por mais que tente, e pensa que isso é o prenúncio da ruína, veja o *Problema Profissional Difícil nº 88*.

Problema Profissional Difícil nº 98

Quando comecei a seguir o caminho espiritual, abandonei a minha carreira, que consumia muito tempo e energia, para levar uma vida mais simples. Agora estou entediado. O que devo fazer a seguir?

Enquanto você se apoiar nos aspectos exteriores da vida — seja o dinamismo de uma carreira ou a simplicidade — para se sentir feliz, seu estado de espírito irá oscilar de acordo com as circunstâncias. Embora você ache que suas ocupações não lhe proporcionaram o que você esperava, o *I Ching* dá ao seu estado o nome de "opressão interior".

Você está buscando soluções espirituais e pensa que as decisões que tomar a respeito de sua vida vão lhe trazer paz e contentamento. Contudo, a verdade é que está pisando em terreno perigoso quando usa os recursos espirituais para reprimir seus sentimentos, em vez de aproveitar sua dor como um preâmbulo para o confronto e a aceitação das contradições agridoces da vida.

Essa categoria de opressão interior é chamada de fuga. A fuga pode assumir formas variadas:

- Em nome da humildade, você pode negar a realização das suas metas, sujeitando-se a trabalhar abaixo do seu verdadeiro nível de competência.
- Em nome do crescimento, você pode passar de uma situação opressiva para outra, evitando confrontar a inevitabilidade da dor como parte da condição humana.
- Em nome da renúncia, você poderá confundir erroneamente a simplicidade com a resignação ou a inércia.
- Em nome da auto-aceitação, você pode limitar seus padrões, com o objetivo de justificar sua própria indolência.
- Em nome da auto-realização, você pode se tornar egoísta e autocomplacente.

Nesse estado de fuga, você sempre será tentado a chegar aos extremos, porque ainda não terá desenvolvido a estabilidade de espírito necessária para sustentar as qualidades interiores de caráter que são o pré-requisito do sucesso.

Onde e como pode você dar início ao desenvolvimento de um espírito estável? O lugar para começar é onde você está, no momento presente; sinta a dor do seu tédio. Permaneça com ele. Conheça-o bem. Enquanto você o explora, ele começará a mudar. A dor irá diminuir e desaparecer. Ao fim e ao cabo, quando ela se transformar em entrega, suavizada pela profundidade do seu compromisso de buscar a verdade, você não terá de se perguntar o que fazer a seguir. Já estará integralmente envolvido no processo.

Se você acha que tem de escolher entre o sucesso e a espiritualidade, veja o Problema Profissional Difícil nº 95.

Problema Profissional Difícil nº 99

Sempre me sinto como se alguma coisa não estivesse completamente certa. O que fazer para me libertar dessa nuvem que paira sobre mim?

Alguém perguntou um dia a Confúcio: "A um homem que conseguiu eliminar a agressividade, o orgulho, o ressentimento e a ambição, o senhor chamaria de um homem verdadeiro?"

Confúcio respondeu: "Eu diria que ele é uma pessoa muito rara."

INVOCAÇÃO PARA A PAZ INTERIOR

Sei que a minha ansiedade é um desejo veemente de união com o meu eu superior e com o amor que tenho consciência de poder dar e receber.

Agindo movido pela fé, desvio a minha atenção daquilo que me falta e procuro oportunidades de me dar aos outros.

Alegro-me, sabendo que posso mergulhar no rio do amor quando eu bem entender.

Não preciso ter tudo neste momento para ser digno de dar e receber amor.

Para esse extraordinário propósito, meu eu comum é suficiente.

Problema Profissional Difícil nº 100

Cheguei ao fundo do poço e acho que não tenho mais forças para começar de novo.

Isso também passará.

Se tudo lhe parece perfeito e você se sente como se fosse o rei do mundo, veja a resposta ao Problema Profissional Difícil nº 100.

Índice de Invocações

Invocação para a Excelência, 89

A Invocação do Herói, 98

Invocação para Novos Inícios, 101

Invocação para Melhores Relacionamentos Profissionais, 116

Invocação para Aquele que Defende Sozinho os seus Ideais, 135

Invocação para os que Correm Riscos, 145

Invocação para Tempos Difíceis, 152

Invocação para a Pessoa que Fracassou, 155

Invocação para os que Estão Passando por uma Transição, 159

Invocação para Inspirar Outras Pessoas, 182

Invocação para a Restauração da Integridade, 186

Oração dos Superempreendedores Anônimos, 208

Invocação para a Paz Interior, 228

Escreva a sua Própria Oração Formada pela Vida

Preparação para uma Oração Formada pela Vida

Em primeiro lugar, responda às perguntas abaixo preenchendo os espaços em branco:

PARTE UM

A questão mais importante em minha mente esta noite é:

(a) _____

Em relação a esse problema, sinto que:

(b) _____

(Descreva a sua dificuldade: "estou confusa", "fracassei", "fiz besteira", "estou perdido".)

Quando penso nessa questão, as emoções que sinto são:

(c) _____

(Raiva, vergonha, medo, etc.)

Dou à Presença Maior o nome de:

(d) _____

(Deus, universo, eu superior, sorte, etc.)

Agora você está preparado para escrever sua primeira prece. Pegue suas respostas da Parte Um e coloque-as nos espaços em branco adequados.

Minha Oração Formada pela Vida

Amado (d) _____
    Este sou eu. São estes os meus problemas. Esta noite estou particularmente preocupado com (a) _____.
    Em relação a essa situação, fiz o que podia e admito que
(b) _____. Sinto (c) _____ a respeito dessa questão e do meu papel nela. Não sei mais o que fazer sobre isso. Na verdade, desisto.
    Portanto, (d) _____, é Sua vez agora.
    Pego (a) _____
e minha (c) _____
e os coloco em Suas mãos, confiando em que Você fará o melhor para mim e para todas as pessoas envolvidas. Descanso tranqüilo, sabendo que, enquanto durmo, Você está criando possibilidades para mim, que se originam fora de minhas expectativas existentes e experiências passadas.
    Estou em paz.

AMÉM

Declaração dos Direitos do Ser Humano Suficientemente Bom

1. Ainda que eu me ache ganancioso, burro, tolo, emotivo, preguiçoso e mau, mereço ter chefes, clientes, fornecedores, familiares, amigos e subordinados que me respeitem.
2. Tenho o direito de me proteger contra a exploração.
3. Tenho o direito de assumir uma posição clara na minha atitude exterior e nas minhas crenças e deixar o mundo dançar segundo a minha música para variar.
4. Eu sou alguém.
5. O universo me ama e me apóia — exatamente como eu sou.
6. O universo tem planos para mim, melhores do que qualquer coisa que eu tenha imaginado para o meu bem.
7. Confio no universo e em mim mesmo, e sou grato por tudo o que recebi — por mais doloroso que tenha sido — porque isso me permitiu chegar ao momento presente.
8. Não sou apenas um peão no tabuleiro. Também tenho poder.
9. Se você não apoiar a minha declaração de direitos com todo o seu coração, toda a sua alma e toda a sua força, afaste-se de meu caminho.
10. Confio na magia e no milagre que é a minha vida e, embora possa ser triste e assustador deixar para trás o costume de ser maltratado, espero com alegria aquilo que vem a seguir.

Diálogo com seu Eu Superior

Qual é a situação em sua vida que você mais anseia por resolver no presente?

Que resultados você gostaria de alcançar acima de tudo?

Como tentou resolver a situação até agora?

Qual foi o ponto dessa estratégia que não funcionou?

Como você se sente em relação a essa situação?

Que juízos fez a respeito dessa situação — ou do papel que desempenhou nela até o presente?

Que recompensa ou benefício você recebeu pelo fato de essa situação existir em sua vida?

De que outra maneira — mais favorável — poderia você obter o mesmo benefício?

Qual é a verdade a respeito dessa situação?
O que você tem de admitir a respeito dessa situação?
O que você poderá mudar nessa situação?
O que você gostaria de ver acontecer?
Como você seria afetado se essa situação se resolvesse?
Que aspecto de sua vida você estaria disposto a mudar para obter a solução que gostaria?

TOME DE VOLTA SUAS PROJEÇÕES

1. Pense num incidente negativo que ocorreu entre você e uma outra pessoa e que você gostaria de resolver. Nesse incidente, qual era a principal qualidade negativa que a outra pessoa personificava? Seja o mais específico possível.
2. Antes de você conhecer essa pessoa, quem mais em sua vida também tinha essa qualidade negativa?
3. Como você tem expressado essa qualidade negativa em sua própria vida — fazendo aos outros (ou a você mesmo) aquilo que não aprecia nessa pessoa ou tentando agradar aos outros para evitar manifestar essa qualidade?
4. O que você admira secretamente nessa qualidade?
5. Que benefício lhe poderia advir se você deixasse que uma dose dessa qualidade entrasse em sua vida?

SETE PASSOS PARA A EXCELÊNCIA INTERIOR

1. Renuncio à ilusão de ser capaz de controlar tudo o que acontece comigo e com as pessoas que eu amo.
   Eu aceito.
2. Confio no universo, acreditando que as forças que nele estão em jogo vão além da minha compreensão e me beneficiam em todos os momentos de minha vida.
   Eu confio.
3. Estou disposto a aceitar tudo o que eu sou, inclusive meus medos e limitações, e compreendo que para ser bem-sucedido preciso primeiro estar integralmente vivo.
   Eu me disponho.

4. Para alcançar meus objetivos eu dou tudo o que tenho, lembrando-me de que "tudo" inclui um tempo para cuidar de mim mesmo, num ritmo que contribua para a minha vitalidade total.
Eu me dou.

5. Agora estou preparado para pedir a realização dos meus desejos mais profundos. Faço em voz alta as minhas súplicas, seguro de que o universo quer que eu tenha tudo o que preciso para viver uma vida de sucesso e abundância.
Eu peço.
(Neste momento diga três coisas que gostaria que o universo lhe desse.)

6. Estou receptivo às possibilidades que vêm de fora das minhas expectativas e experiências atuais.
Eu recebo.

7. Tenho coragem para fazer o que se apresenta a seguir, com gratidão pelo fato de o meu eu de todos os dias ser suficiente.
Eu sou suficiente.

Bibliografia Comentada

Alcoólicos Anônimos. *Alcoholics Anonymous*. Alcoholics Anonymous World Services, Inc., 1987.
Este é o livro que me ensinou a orar.

Anthony, Carol K. *The Philosophy of the I Ching*. Anthony Publishing Co., 1981.
Anthony traça um retrato sólido do pano de fundo histórico e cultural do I Ching, *a partir do qual uma pessoa pode começar a se familiarizar com esse clássico.*

Autry, James. *Life + Work*. William Morrow, 1994.
A missão de Autry é pegar os princípios espirituais e aplicá-los ao ambiente das grandes empresas.

Boland, Jack. *Master Mind Goal Achiever's Journal*. Master Mind Publishing Company, 1992.
A estratégia Master Mind mostrou-me o caminho para tomar princípios filosóficos e transformá-los num processo preventivo. Inspirada nisso, desenvolvi as idéias apresentadas pela primeira vez em Inner Excellence: Spiritual Principles of Life-Driven Business [*Excelência Interior — Um Livro Pioneiro que Estabelece a Ligação entre a Ética nos Negócios e a Espiritualidade*, publicado pela Editora Pensamento, São Paulo, 1994.], *nos "Sete Passos para a Excelência Interior". (Os membros da Igreja Unity, particularmente Heidi Sherman e Scott Sherman, ministro da Unity Church de Palm Beach, Flórida, encorajaram-me desde o início a trabalhar com este livro.)*

Boorstin, Daniel J. *The Creators*. Random House, 1992.
Os perfis de pessoas heróicas de todos os tempos, inclusive Confúcio, nos oferecem suficientes detalhes circunstanciais para nos lembrar que a grandeza quase nada tem que ver com a felicidade no sentido convencional.

Breton, Denise e Christopher Largent. *The Soul of Economies*. Idea House, 1991. Hazelden, 1994.
"A economia não existe para aumentar os preços ou acumular lucros. Ela existe para servir às necessidades da humanidade. Nessa atividade, a escassez, assim como o risco, gera desafios econômicos, mas ela nada diz a respeito de como a economia deve enfrentar esse desafio. Isso cabe a nós decidir."

Chopra, Deepak, M.D. *Ageless Body, Timeless Mind*. Harmony Books, 1993.
Chopra fez uma ponte — sempre necessária — entre o misticismo indiano e a ciência ocidental.

236   *Como Confúcio pediria um aumento de salário?*

Dominguez, Joe e Vicki Robin. *Your Money of Your Life.* Viking/Penguin, 1993.
Este livro nos mostra como levar a vida de forma que o dinheiro esteja a nosso serviço — e não a nossa vida a serviço do dinheiro.

Emery, Stewart. *The Owner's Manual for Your Life.* Doubleday, 1982.
Por meio dos meus estudos iniciais com Stewart Emery e Carol Augustus, entrei em contato com o pensamento de Abraham Maslow e Carl Jung. A primeira vez em que me fizeram uma pergunta que era uma variante de: "Haverá uma possibilidade de você estar levando as coisas demasiadamente a sério no presente?" foi em um dos seus workshops *"Actualizations".*

Fields, Rick. *Chop Wood Carry Water: A Guide to Finding Spiritual Fulfillment in Everyday Life.* Tarcher, 1984.
Este foi um dos primeiros livros a popularizar a idéia de que não há necessidade de haver discrepâncias entre a espiritualidade e os negócios.

Furlong, Monica. *Zen Effects: The Life of Alan Watts.* Houghton Mifflin Company, 1986.
"Sou um místico apesar de mim mesmo, este tratante incorrigível de sempre; com isso, sou um exemplo vivo da compaixão constante de Deus pelos pecadores ou, se preferirem, da natureza de Buda num cão ou da luz brilhando na escuridão. Pensando bem, onde mais poderia ela brilhar?" — Alan Watts.

Gawain, Shakti. *Living in the Light.* [*Vivendo na Luz*, publicado pela Editora Pensamento, São Paulo.] Nataraj Publishing, 1992.
As afirmações de Shakti lançaram as bases para a minha compreensão de que podemos usar as palavras e a emoção para provocar uma mudança genuína no nosso coração. As descrições sinceras da sua vida e do seu processo, à medida que ela vai percorrendo o caminho espiritual, são inspiradoras e instrutivas.

Giles, Lionel. *The Analects of Confucius.* The Easton Press, 1976.

Godfrey, Joline. *Our Wildest Dreams.* Harper Business, 1992.
"A mudança do sistema é uma meta com a qual as mulheres têm estado envolvidas desde o tempo das sufragistas... Será que nós seremos capazes de defender nossos valores e descobertas e transformar as normas, ao mesmo tempo que insistimos em participar desse jogo?"

Groves, Dawn. *Meditation for Busy People.* New World Library, 1993.
Conselhos simples e práticos sobre meditação para pessoas muito ocupadas. Uma introdução útil ao assunto.

Harman, Willis, Ph.D. e John Hormann. *Creative Work.* [*O Trabalho Criativo*, publicado pela Editora Cultrix, São Paulo, 1992.] Knowledge Systems, Inc., The Institute of Noetic Sciences, 1990.
Além de ter escrito um dos primeiros livros sobre o tema, no qual introduz e legitima o conceito de um novo paradigma no mundo dos negócios, Willis incorporou o espírito do I Ching *em seus escritos e na maneira como escolheu viver sua vida.*

Bibliografia Comentada

Jampolsky, Gerald G., M.D. *Love Is Letting Go of Fear*. Bantam Books, 1981.
"Reivindico a minha liberdade exercitando deliberadamente o meu poder de ver as pessoas e os acontecimentos com Amor e não com medo."

Kim, Richard. *The Classical Man*. Masters Publication, 1982.
Enquanto eu me preparava para receber a faixa marrom de karatê, meu sensei, Sam Samarrai, aluno do mestre Richard Kim, contou-me a história do caranguejo australiano. Por meio dos meus estudos no Zen Bei Butoku-Kai aprendi o segredo do verdadeiro poder: a oposição dinâmica entre força e relaxamento.

Marrs, Donald. *Executive in Passage*. Barrington Sky Publishing, 1990.
"Então, você quer mudar sua vida? Bem, as leis da realidade última lhe permitirão isso, mas você terá de estar disposto a se aventurar por territórios desconhecidos durante algum tempo... É pela própria superação dos desafios e pela dissolução do medo que você vai substituir as velhas regras pela sabedoria necessária para criar a nova vida que está buscando."

May, Rollo. *Freedom and Destiny*. W.W. Norton, 1981.
Tenho uma grande dívida de gratidão para com Rollo May por me ajudar a superar o mito de que "é possível ter tudo" e me mostrar os usos e o valor da limitação.

Naisbitt, John e Patricia Aburdene. *Megatrends for Women*. Random House, 1992.
John Naisbitt foi o Paul Revere do novo paradigma — anunciando e legitimando a aplicação de princípios espirituais ao ambiente das grandes empresas.

O'Brien, Paul. *Synchronicity*. Visionary Software, 1991.
Uma versão facilmente acessível do I Ching *em software. Por intermédio do "lançamento das moedas" eletrônico, o programa pode oferecer uma oportunidade de harmonia e equilíbrio em meio à rotina de um dia de trabalho, sem atrair muita atenção. 1820 SW Vermont Suite A, Portland, Oregon 97219.*

Osterberg, Rolf. *Corporate Renaissance*. Nataraj Publishing, 1993.
"O propósito fundamental de uma empresa é servir como um campo para o desenvolvimento pessoal daqueles que ali trabalham. A produção de bens e serviços, e os lucros, são subprodutos."

Peck, M. Scott, M.D. *The Road Less Traveled*. Touchstone, 1978.
A afirmação inovadora de Peck de que a vida é dura e nem sempre se pode fazer alguma coisa a respeito disso apresentou pela primeira os conceitos de entrega e de libertação para muitas pessoas de minha geração. Por meio desse livro e de trabalhos subseqüentes, aprendi a ver os vícios e a ansiedade como um anseio de união.

Phillips, Michael, *et al. Simple Living Investments for Old Age*. Clear Glass Publishing, 1984.
Entrei em contato pela primeira vez com esse pequeno livro por intermédio de Roger Pritchard, da Financial Alternatives, Berkeley, Califórnia. Enquanto driblo os desafios da meia-idade, fui inspirada a conceber os investimentos para o futuro como aquelas experiências que cultivam o caráter e a paixão, e não como um acúmulo de riquezas em detrimento de mim mesma.

Ray, Michael e Rochelle Myers. *Creativity in Business*. Doubleday, 1986.
Baseado num curso inovador da Stanford University Business School, este livro é um recurso excelente, que divulga muitas ferramentas e técnicas do novo paradigma às pessoas da área administrativa. O livro introduz um processo chamado de as Dez Perguntas Básicas, capaz de conduzir as pessoas eficientemente pelo ciclo de questionamento criativo. Meu "Diálogo com o Eu Superior" usa a estrutura de pergunta e resposta e incorpora o trabalho de diálogo em voz alta, as idéias dos Doze Passos e o I Ching *num processo de 14 perguntas.*

Senge, Peter. *The Fifth Discipline*. Doubleday, 1990.
Para transformar o mundo dos negócios, temos de começar a pensar em nós mesmos e nas nossas empresas como parte de um sistema maior.

Shah, Idries. *Tales of the Dervishes*. E.P. Dutton, 1970.
Este livro contém histórias de supostos mestres sufis, contadas no decorrer dos últimos mil anos. Foi uma dessas supostas histórias orais dos sufis que inspirou a resposta ao último problema difícil do meu livro. Pelo que me lembro, na história um rei perguntou qual era o segredo da paz interior. Foi-lhe dado um anel numa caixa, mas disseram-lhe que não a abrisse até ser tomado pela maior tristeza de sua vida. Um dia sua filha morreu. Achando-se incapaz de seguir em frente, ele lembrou-se da caixa e a abriu. No anel havia a seguinte inscrição: "Isto também passará."

Stone, Hal, Ph.D. e Sidra Winkleman, Ph.D. *Embracing Ourselves*. New World Library, 1989.
O livro e a vida profissional de Hal e Sidra nos proporcionaram ferramentas novas e importantes de acesso e diálogo com nossas vozes interiores.

Ueland, Brenda. *If You Want to Write: A Book About Art, Independence and Spirit*. Graywolf Press, 1987.
O sábio livro de Brenda oferece acesso ao processo criativo, tão útil para o homem de negócios quanto para o escritor.

Wilhelm, Richard. *The I Ching*. [*I Ching — O Livro das Mutações*, publicado pela Editora Pensamento, São Paulo, 1993.] Prefácio de Carl Jung. Princeton University Press, 1950.
Minha mais fervorosa esperança é que você seja suficientemente inspirado pelo meu livro para seguir seu coração até a fonte. Sou profundamente grata pela orientação que esse livro me deu nos últimos vinte anos — ele não apenas me proporcionou uma educação espiritual em ampla escala, mas também ofereceu respostas inteligentes e específicas às minhas perguntas pessoais.

Yutang, Lin. *The Wisdom of Confucius*. Modern Library, 1938.
Uma introdução ao confucionismo.

Instrutores

Gayle, Robin — Mestre em Teologia, MFCC, San Anselmo, Califórnia.
Robin é uma conselheira extraordinária em questões espirituais e psicológicas. Dirige um grupo permanente que oferece orientação e apoio a mulheres corajosas o suficiente para desafiar o *status quo* e explorar a questão da independência pessoal.

Norman, John — Curador psíquico e professor, Corte Madera, Califórnia.
Por intermédio de John, desenvolvi instrumentos e técnicas de proteção e canalização de energia, incluindo o quadrado das rosas, apresentado neste livro.

Rand, Yvonne — Goat.In.The.Road, 1821 Star Route, and Green Gulch Farm Zen Center, Sausalito, Califórnia 94965.
Yvonne conduz *workshops* para o ensinamento da prática do zen. A meditação da ida ao escritório do chefe e a meditação do meio-sorriso são exercícios tradicionais zen.

Temenos Associates, San Anselmo, Califórnia.
A Temenos promove *workshops*, nos quais oferece uma introdução a uma ampla gama de práticas espirituais e psicológicas. Aprendi os conceitos de projeção e diálogo em voz alta no *workshop* Pathways II dessa organização.

Dê o Próximo Passo

Este livro é apenas o começo. Você também pode desenvolver um relacionamento pessoal e constante com o *I Ching*. Carol Orsborn recomenda a edição de Wilhelm, disponível nas livrarias.

Se você quiser permanecer o ano todo em contato com pessoas atualizadas com os princípios do novo paradigma, poderá fazer parte do grupo de profissionais da área administrativa organizado por Carol Orsborn: a Society for Inner Excellence (Sociedade para a Excelência Interior). Incluído na taxa anual está o folheto informativo mensal, *Inner Excellence: The Bulletin of Success and Spirituality.*

Para filiar-se, envie um cheque nominal a Inner Excellence na Society for Inner Excellence, P.O. Box 159061, Nashville, Tenn. 37215-9061.

Outros trabalhos de Carol Orsborn, disponíveis no mercado: *Enough Is Enough: Simple Solutions for Complex People* (New World Library, 1992) e *Excelência Interior — Um Livro Pioneiro que Estabelece a Ligação entre a Ética nos Negócios e a Espiritualidade,* Editora Pensamento, São Paulo, 1994. Seu *workshop* de oito fitas cassete, "Fall in Love with Your Life: The 7 Secrets to Life-Driven Success", pode ser adquirido por meio da Zygon International, 18368 Redmond Way, Redmond, Wash. 98052.

Carol Orsborn encontra-se disponível para palestras e *workshops*. Seu telefone de contato é (615) 831-2790.